JN256031

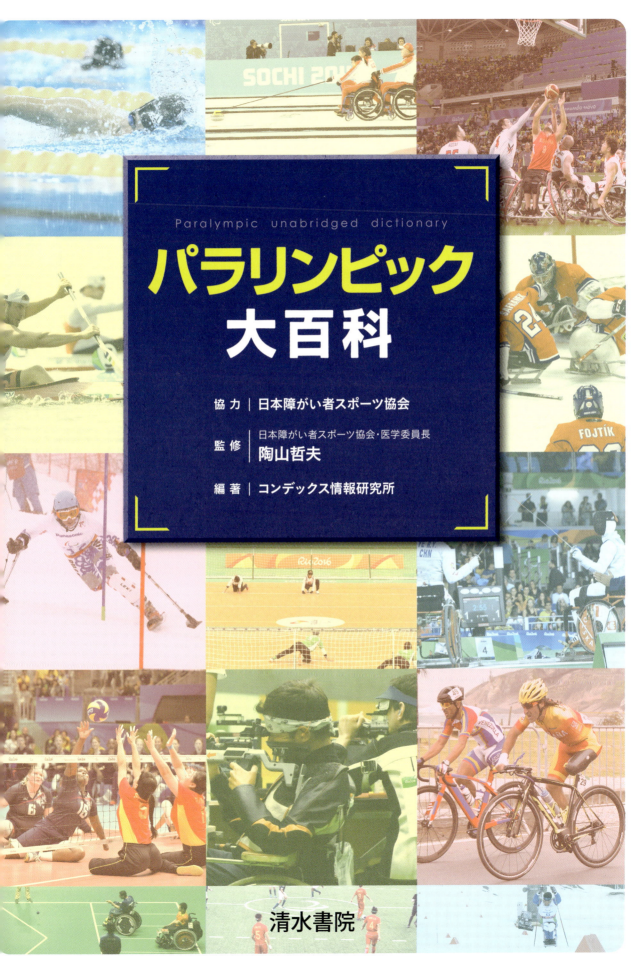

Paralympic unabridged dictionary

パラリンピック大百科

協 力 | 日本障がい者スポーツ協会

監 修 | 日本障がい者スポーツ協会・医学委員長
陶山哲夫

編 著 | コンデックス情報研究所

清水書院

パラリンピック大百科　　もくじ

冬季競技

障がい者スポーツに参加するには

は じ め に

　現在のパラリンピックは、1943 年にロンドン郊外のストーク・マンデビル病院において、医師のルートヴィッヒ・グットマン卿がスポーツを脊髄損傷者の治療に取り入れたことに始まります。1952 年にはオランダの参加を得て第 1 回国際ストーク・マンデビル大会が開催され、国際的に障がい者スポーツの効果が認知されました。本邦における障がい者スポーツの原点は、1964 年第 2 回東京パラリンピックにあり、以後、次第に全国的な興隆を見ています。当初はリハビリテーションの一環としてスポーツが導入されていましたが、次第に福祉的意味合いから競技そのものを楽しみ、競い合う競技へと発展してきています。

　競技スポーツの最高のパフォーマンスとアスリートの祭典は、国際パラリンピック委員会（International Paralympic Committee、IPC）が主催するパラリンピックでありますが、その精神的モットーは「普通の人（健常人）を鼓舞する」とされています。パラリンピック競技を見ると、障がいのある方のパフォーマンスは素晴らしく、また強さ・速さ・高さ・技術の巧みさなどに感動を覚えると多くのメディアが取り上げております。しかし多数の方々には、分かりやすい参考書がきわめて少ない事に気付かれると思います。

　この「パラリンピック大百科」では、競技の歴史、競技のルール、競技用具、世界で活躍するトップアスリートたち、注目の日本人選手たち、世界記録など、図表を用いて盛り込まれ、初心者にも分かりやすく解説されています。

　東京 2020 パラリンピックを迎えるに当たり、是非一読されることをお勧め致します。

　　　　　　　　　　　　　　日本障がい者スポーツ協会・医学委員長　陶山 哲夫

パラリンピックって
どんなもの？

障がい者スポーツと パラリンピック

がい者スポーツとは

　生まれつき、または病気や事故などさまざまな理由で障がいのある選手が、それぞれの能力を活かしてできるようにルール設定されたスポーツのことです。一般の競技のルールを変更して行われるものだけでなく、障がい者スポーツ独特の競技もあります。いずれも障がいがあっても安全に競技ができるよう、ルールを一部変更したり、用具を工夫したりして、楽しく安全にスポーツが行えるようになっています。

●障がい者スポーツならではのルール

柔道	視覚障がいの選手のみ参加するので、相手と組んでから試合開始
水泳	飛び込みでスタートするのが難しい選手は、水中からスタートしてよい
シッティングバレーボール	プレー中はでん部を床につける
車いすバスケットボール	ダブルドリブルはなし、ボールを保持したまま 3 回続けて車いすをこぐとトラベリング
車いすテニス	2 バウンド後の返球が可能

ラリンピックとは

　オリンピックと同じ年に同じ開催地で、オリンピック開催後に行われる、障がい者スポーツの国際大会です。「パラリンピック」という言葉は「もう 1 つの (parallel)」＋「オリンピック (olympic)」という意味が込められています。

　パラリンピックの生みの親とも言われるルートヴィッヒ・グットマン博士の「失われたものを数えるな、残された機能を最大限に活かせ」という言葉をモットーに、選手たちは自らの限界に挑戦し続けています。

パラリンピックに出場するのは、オリンピックと同じように「標準記録」と呼ばれる厳しい基準をクリアしたトップクラスのアスリートたちです。手足が不自由だったり、切断していたり、目が見えにくかったりと、障がいの種類や程度はさまざまですが、公平に競えるよう、ルールや用具に工夫が凝らされています。

第1回パラリンピックでは、今では行われていない競技も含めて8つの競技が行われました。第1回から継続して行われているのはアーチェリー・陸上競技・水泳・卓球・車いすバスケットボール・車いすフェンシングの6競技です。

その後、回を重ねるごとに冬季大会が開催されるようになったり、さまざまな障がいを持った選手の参加が増えたりするのに従って、競技数も増えています。2014年のソチ・パラリンピックでは5競技72種目、2016年のリオデジャネイロ・パラリンピックでは22競技528種目が行われました。2018年平昌パラリンピックでは6競技が、2020年東京パラリンピックでは22競技が実施される予定です。

1960年ローマ・パラリンピック（第9回国際ストーク・マンデビル競技大会）の実施競技

陸上競技　　水泳　　卓球　　車いすフェンシング　　アーチェリー
車いすバスケットボール　　スヌーカー＊1　　ダーチェリー＊2

2018年平昌パラリンピック冬季競技大会の実施予定競技

アルペンスキー　　パラアイスホッケー　　車いすカーリング
パラクロスカントリースキー　　パラバイアスロン　　パラスノーボード

2020年東京パラリンピック夏季競技大会の実施予定競技

陸上競技　　水泳　　車いすテニス　　ボッチャ　　卓球　　柔道
車いすフェンシング　　パワーリフティング　　アーチェリー
自転車（ロード・トラック）　　トライアスロン　　馬術　　射撃　　ローイング
カヌー　　車いすバスケットボール　　シッティングバレーボール
ウィルチェアーラグビー　　ゴールボール　　5人制サッカー
パラバドミントン　　パラテコンドー

＊1　**スヌーカー**　ビリヤードの一種
＊2　**ダーチェリー**　ダーツのような的を洋弓で射て得点を競うゲーム

障がい者スポーツの歴史

　パラリンピックは、1960 年に行われた国際ストーク・マンデビル大会から 50 年あまりの間に大きな発展を遂げてきました。「失ったものを数えるな、残された機能を最大限に活かせ」というグットマン博士の言葉は、今も受け継がれています。

　パラリンピックの発展を中心に障がい者スポーツの歴史を振り返ってみましょう。

障がい者スポーツのまり

　障がい者スポーツの歴史は古く、紀元前の昔から、障がいのある人々が運動を行っていたという記録があります。その後も、医師によって治療としてのスポーツが行われるようになったという記録も残っています。

　障がい者スポーツが注目され始めたのは、1917 年の第一次世界大戦終戦後のこと。イギリスで身体障がい者自転車クラブや英国片上肢ゴルフ協会が創立されるなど、障がいのある人々が自発的にスポーツを楽しむようになりました。

障がい者スポーツの展

　障がい者スポーツがさらなる広がりを見せたのは、第二次世界大戦終戦後。戦争でけがをし、身体に障がいを負った兵士たちのけがの治療、いわゆるリハビリテーションとして広まりました。

　スポーツによって体力をつけた患者たちは、精神的にも著しい回復を果たしていきました。障がい者スポーツによるリハビリテーションという新たな取り組みが、患者たちの精神面での治療にもつながり、彼らに生きる意欲や目的をもたらしたのです。

1924 年

●**第 1 回国際ろう者スポーツ競技大会**

（第 1 回夏季デフリンピック競技大会）

世界で初めて、障がい者のためのスポーツ大会がフランスのパリで開催される。

1944 年

戦争でけがをし、身体に障がいを負った兵士たちのけがの治療（リハビリテーション）のために、ストーク・マンデビル病院に脊髄損傷科が設立され、**ルートヴィッヒ・グットマン博士**が初代科長に。スポーツを介した治療を行う。

「障がい者スポーツの父」
ルートヴィッヒ・グットマン博士
（1899 ～ 1980）

写真：Press Association ／アフロ

ドイツ出身の神経医学者。「手術よりスポーツを」という方針を立て、スポーツを治療に取り入れました。そして、パラリンピックにつながる障がい者スポーツの基礎を作りあげました。

1945 年

第二次世界大戦終戦

1948 年

●**ロンドン・オリンピック**

（イギリス）

ロンドン・オリンピックの開催に合わせ、ストーク・マンデビル病院で車いす患者によるアーチェリー大会が開かれる。

1952 年

●**ヘルシンキ・オリンピック**（フィンランド）

●**第 1 回国際ストーク・マンデビル大会**

オランダも参加して、国際大会となる。

1960 年

●**ローマ・オリンピック**（イタリア）

●**第 9 回国際ストーク・マンデビル大会**

（第 1 回パラリンピック夏季競技大会、イタリア・ローマ）

ベルギー、イタリア、フランスが加わり、国際ストーク・マンデビル大会委員会が設立される。大会には 23 か国の選手が出場。

● 東京オリンピック
（日本）

● 国際身体障がい者
スポーツ大会
（第 2 回パラリンピック夏季
競技大会、日本・東京）

東京で開催、日本が初参加。第
1 部を「国際ストーク・マンデ
ビル大会」、第 2 部を国内大会
として実施。21 か国の選手が
出場。

パラリンピック発展の
きっかけとなった東京大会

1964 年の東京オリンピックの後に、
同じく東京を舞台に国際身体障がい者
スポーツ大会（のちに第 2 回パラリン
ピック大会）が開催されました。

この大会は 2 部制で行われました。
第 1 部は第 1 回大会と同じように車い
すの選手が出場する競技大会、第 2 部
は視覚や聴覚に障がいのある選手が参
加する競技大会でした。

競技に参加できる障がいの種類も広
がり、それまで以上に多くの人々が障
がい者スポーツを楽しむようになりま
した。

夏季パラリンピックの開催地と実施競技

回	開催年	開催都市	参加国数	参加人数	
1回	1960 年	ローマ（イタリア）	23 か国	400 人	
2回	1964 年	東京（日本）	21 か国	378 人	
3回	1968 年	テルアビブ（イスラエル）	29 か国	750 人	
4回	1972 年	ハイデルベルグ（旧西ドイツ）	43 か国	984 人	
5回	1976 年	トロント（カナダ）	40 か国	1,657 人	
6回	1980 年	アーネム（オランダ）	42 か国	1,973 人	
7回	1984 年	ニューヨーク（アメリカ）／ストーク・マンデビル（イギリス）	54 か国	2,102 人	
8回	1988 年	ソウル（韓国）	61 か国	3,057 人	
9回	1992 年	バルセロナ（スペイン）	83 か国	3,001 人	
10回	1996 年	アトランタ（アメリカ）	104 か国	3,259 人	
11回	2000 年	シドニー（オーストラリア）	122 か国	3,881 人	
12回	2004 年	アテネ（ギリシャ）	135 か国	3,808 人	
13回	2008 年	北京（中国）	146 か国	3,951 人	
14回	2012 年	ロンドン（イギリス）	164 か国	4,237 人	
15回	2016 年	リオデジャネイロ（ブラジル）	159 か国	4,333 人	
16回	2020 年	東京（日本）	―	―	

1967 年	●第6回国際ろう者スポーツ競技大会

1967 年
●第6回国際ろう者スポーツ競技大会
（第6回冬季デフリンピック競技大会）

西ドイツのベルヒテスガーデンで開催される。日本人選手団が初参加。

1968 年
●第1回スペシャルオリンピックス夏季世界大会

スペシャルオリンピックスが設立され、アメリカのシカゴで知的障がい者のための競技大会が開かれる。

1975 年
●第1回フェスピック大会
（旧極東・南太平洋身体障害者スポーツ大会）

日本の呼びかけで、極東・南太平洋地域の身体障がい者のスポーツ大会が大分県別府市で開催される。

競技数	実施競技の変遷
8	陸上競技、水泳、卓球、車いすフェンシング、アーチェリー、車いすバスケットボール、スヌーカー、ダーチェリー
9	新競技：パワーリフティング
10	新競技：ローンボウルズ
10	デモンストレーション競技*：射撃、ゴールボール
13	新競技：射撃、ゴールボール、スタンディングバレーボール
13	新競技：シッティングバレーボール、レスリング　中止：スヌーカー、ダーチェリー
18	新競技：自転車、馬術、ボッチャ、脳性まひ7人制サッカー　再開：スヌーカー
17	新競技：柔道　中止：馬術、レスリング　デモンストレーション競技：車いすテニス
16	新競技：車いすテニス　中止：スヌーカー、ローンボウルズ
17	再開：馬術　デモンストレーション競技：ウィルチェアーラグビー、セーリング
20	新競技：ウィルチェアーラグビー、セーリング、知的障がい者バスケットボール
19	新競技：5人制サッカー　中止：スタンディングバレーボール、知的障がい者バスケットボール
20	新競技：ローイング
20	―
22	新競技：カヌー、トライアスロン
22	新競技：パラバドミントン、パラテコンドー　中止：脳性まひ7人制サッカー、セーリング

*デモンストレーション競技：次回パラリンピックから正式競技に加わる予定の競技

1976 年

●**インスブルック・オリンピック冬季大会**（オーストリア）

モントリオール・オリンピック（カナダ）

●**トロントリンピアード**

（第 5 回パラリンピック夏季競技大会、カナダ・トロント）

視覚障がい者と切断の選手が初参加

●**第 1 回国際身体障害者冬季競技大会**

（第 1 回パラリンピック冬季競技大会、スウェーデン・エンシェルツヴィーク）

切断者と視覚障がい者による冬季スポーツの競技会が開催される。日本人選手 2 人が非公式に参加した。

1980 年

●**レークプラシッド・オリンピック冬季大会**（アメリカ）

モスクワ・オリンピック（ソビエト連邦）

●**第 2 回国際身体障害者冬季競技大会**

（第 2 回パラリンピック冬季競技大会、ノルウェー・ヤイロ）

日本選手団が冬季パラリンピックに初参加。

冬季パラリンピックの開催地と実施競技

回	開催年	開催都市	参加国数	参加人数	
1 回	1976 年	エンシェルツヴィーク（スウェーデン）	16 か国	53 人	
2 回	1980 年	ヤイロ（ノルウェー）	18 か国	299 人	
3 回	1984 年	インスブルック（オーストリア）	21 か国	419 人	
4 回	1988 年	インスブルック（オーストリア）	22 か国	377 人	
5 回	1992 年	ティーニュ／アルベールビル（フランス）	24 か国	365 人	
6 回	1994 年	リレハンメル（ノルウェー）	31 か国	471 人	
7 回	1998 年	長野（日本）	31 か国	571 人	
8 回	2002 年	ソルトレークシティ（アメリカ）	36 か国	416 人	
9 回	2006 年	トリノ（イタリア）	38 か国	474 人	
10 回	2010 年	バンクーバー（カナダ）	44 か国	502 人	
11 回	2014 年	ソチ（ロシア）	45 か国	547 人	
12 回	2018 年	平昌（韓国）	―	―	
13 回	2022 年	北京（中国）	―	―	

● Olympic for the Disabled

（第 6 回パラリンピック夏季競技大会、オランダ・アーネム）

「障がい者のためのオリンピック」という大会名で行われ、脳性まひ者の出場が認められた。

1984 年

● ロサンゼルス・オリンピック（アメリカ）

● 第 7 回国際身体障害者スポーツ大会

（第 7 回パラリンピック夏季競技大会、アメリカ／イギリス）

アメリカ・ニューヨークとイギリス・ストーク・マンデビルで分裂開催。先天性欠損や低身長などの身体障がい者が初参加した。

パラリンピックの意味が変わった?!

当初、車いすの選手のためのスポーツ大会だったため、「下半身まひ者の（paraplegia's）オリンピック」という意味で使われていた「パラリンピック」。その後、その他の身体障がい者も参加するようになり、大会の意味合いが変わってきたため、「もう 1 つの（parallel）オリンピック」を表す合成語として使われるようになりました。

国際オリンピック委員会と国際パラリンピック委員会が協力し合うようになってからは、「もう 1 つのオリンピック」という名前にふさわしい世界最高峰の障がい者スポーツ大会に成長しました。現在では、オリンピック、サッカー FIFA ワールドカップに次ぐ、世界第 3 位の規模を誇るスポーツ大会となっています。

競技数	実施競技の変遷
2	アルペンスキー、クロスカントリースキー
3	新競技：アイススレッジスピードレース
3	—
4	新競技：バイアスロン
3	中止：アイススレッジスピードレース
5	新競技：アイススレッジホッケー　再開：アイススレッジスピードレース
5	—
4	中止：アイススレッジスピードレース
5	新競技：車いすカーリング
5	—
5	—
6	新競技：パラスノーボード
—	—

1985 年	オリンピックと同じ年に開催する国際身体障がい者スポーツ大会の正式名称が「パラリンピック」となる。	

1985 年

オリンピックと同じ年に開催する国際身体障がい者スポーツ大会の正式名称が「パラリンピック」となる。

1988 年

●**ソウル・オリンピック**（韓国）

●**ソウル・パラリンピック**（韓国）

「パラリンピック」が正式名称となる。初めてオリンピックとパラリンピックが連動し、同じ会場で行われた。

1989 年

国際パラリンピック委員会（IPC）が創設される。

1992 年

●**アルベールビル・パラリンピック冬季大会**（フランス）

●**ティーニュ／アルベールビル・パラリンピック冬季大会**（フランス）

知的障がいと視覚障がいのデモンストレーションイベントを開催。

夏季パラリンピック

回	開催年	開催都市	参加人数	金	銀	銅	合計	メダルランキング
1回	1960 年	ローマ（イタリア）	不参加	—	—	—	—	—
2回	1964 年	東京（日本）	53	1	5	4	10	13 位
3回	1968 年	テルアビブ（イスラエル）	37	2	2	8	12	16 位
4回	1972 年	ハイデルベルグ（旧西ドイツ）	25	4	5	3	12	15 位
5回	1976 年	トロント（カナダ）	37	10	6	3	19	15 位
6回	1980 年	アーネム（オランダ）	37	9	10	7	26	16 位
7回	1984 年	ニューヨーク（アメリカ）／ストーク・マンデビル（イギリス）	17 35	9	7	8	24	22 位
8回	1988 年	ソウル（韓国）	141	17	12	17	46	14 位
9回	1992 年	バルセロナ（スペイン）	75	8	7	15	30	16 位
10回	1996 年	アトランタ（アメリカ）	81	14	10	13	37	10 位
11回	2000 年	シドニー（オーストラリア）	151	13	17	11	41	12 位
12回	2004 年	アテネ（ギリシャ）	163	17	15	20	52	10 位
13回	2008 年	北京（中国）	162	5	14	8	27	17 位
14回	2012 年	ロンドン（イギリス）	134	5	5	6	16	24 位
15回	2016 年	リオデジャネイロ（ブラジル）	132	0	10	14	24	64 位

国際パラリンピック委員会とは？

1989 年には、パラリンピックの主催に加えて、障がい者スポーツを国際的に取りまとめ、発展のために支援していく組織として、国際パラリンピック委員会（IPC）が設立されました。2017年7月現在においては、179 の国と地域がこの委員会に参加しており、各国に国内パラリンピック委員会が設置されています。

日本では、1999 年に日本パラリンピック委員会（JPC）が発足し、日本障がい者スポーツ協会の中の組織として、障がい者スポーツとパラリンピックを広める活動を行っています。

オリンピックとの同時開催

2000 年のオーストラリアのシドニー大会期間中に、「オリンピックの開催国は、オリンピック終了後に続けてパラリンピックを開催する」ことが決まりました。そして、2008 年に中国で行われた北京大会から、オリンピックとパラリンピックが1つの大会として運営されるようになり、同じ会場や選手村を使用するようになりました。そして、2012 年のロンドン大会では、「オリンピック・パラリンピック」と並んで表記されるようになりました。

パラリンピックでの日本の活躍

はじめて日本が金メダルを取ったのは、1964 年東京大会の卓球男子ダブルス。それ以来、480 個のメダルを獲得してきました。

冬季パラリンピック

回	開催年	開催都市	参加人数	金	銀	銅	合計	メダルランキング
1回	1976 年	エンシェルツヴィーク（スウェーデン）	不参加	—	—	—	—	—
2回	1980 年	ヤイロ（ノルウェー）	5	0	0	0	0	—
3回	1984 年	インスブルック（オーストリア）	12	0	0	0	0	—
4回	1988 年	インスブルック（オーストリア）	14	0	0	2	2	14 位
5回	1992 年	ティーニュ／アルベールビル（フランス）	15	0	0	2	2	19 位
6回	1994 年	リレハンメル（ノルウェー）	27	0	3	3	6	18 位
7回	1998 年	長野（日本）	70	12	16	13	41	4 位
8回	2002 年	ソルトレークシティ（アメリカ）	36	0	0	3	3	22 位
9回	2006 年	トリノ（イタリア）	40	2	5	2	9	8 位
10回	2010 年	バンクーバー（カナダ）	41	3	3	5	11	8 位
11回	2014 年	ソチ（ロシア）	20	3	1	2	6	7 位

1994 年

- ●リレハンメル・オリンピック冬季大会（ノルウェー）
- ●リレハンメル・パラリンピック冬季大会（ノルウェー）

国際パラリンピック委員会主催の初めてのパラリンピック。

1996 年

- ●アトランタ・オリンピック（アメリカ）
- ●アトランタ・パラリンピック（アメリカ）

参加する国と地域がはじめて 100 を超える。陸上競技と水泳に知的障がい者が初参加。

1998 年

- ●長野オリンピック冬季大会（日本）
- ●長野パラリンピック冬季大会（日本）

日本初の冬季パラリンピックを開催。

2000 年

- ●シドニー・オリンピック（オーストラリア）
- ●シドニー・パラリンピック（オーストラリア）

陸上競技、水泳、卓球、バスケットボールへの知的障がい者の参加が正式に認められる。

注目　よりクリーンに、公平に競える「競技スポーツ」へ

　知的障がい者は 1996 年のアトランタ大会からパラリンピックに参加しています。しかし、2000 年のシドニー・パラリンピックのバスケットボールで金メダルを取ったチームのほとんどの選手は、知的障がい者と偽った健常者でした。これは、障がい者スポーツが「リハビリのためのスポーツ」から、記録や勝敗を競う「競技スポーツ」に変化しつつあるために起きてしまった問題ともいえます。

　それ以降、障がいの判定基準などをきちんと制度にできた競技のみ、正式競技として実施されることになりました。そのため、2002 年のソルトレークシティ・パラリンピック以降は知的障がい者の競技が行われないこともありました。2012 年のロンドン・パラリンピック以降は、他の競技と同じように明確な「クラス分け」の手順を踏んで選手の資格認定が行われるようになりました。

2001 年	●第 19 回デフリンピック

この回から「聴覚障がい者の（デフ）オリンピック」をあらわす「デフリンピック」が正式名称となる。
国際オリンピック委員会と国際パラリンピック委員会が協力を約束する。

2004 年	●アテネ・オリンピック（ギリシャ） ●アテネ・パラリンピック（ギリシャ）

競技性の高まりとともに、世界記録が続出する。知的障がい者の競技は卓球とバスケットボールのみ、公開競技として行われた。

2012 年	●ロンドン・オリンピック・パラリンピック（イギリス）

この大会から「オリンピック・パラリンピック」と両大会が併記されるようになる。陸上競技・水泳・卓球に知的障がい者が正式参加。

2020 年	●東京オリンピック・パラリンピック（日本）

世界初の同都市 2 度目のパラリンピック。

2020 年、ふたたび東京へ

　2013 年 9 月 7 日、アルゼンチンのブエノスアイレスで行われた国際オリンピック委員会総会によって、2020 年のオリンピック・パラリンピックが東京で開催されることが決定しました。1964 年の東京、1998 年の長野と合わせて、日本で開かれる 3 回目のパラリンピックとなります。同じ都市での 2 度目のパラリンピックが開催されるのは、世界で初めてです。

　前回の東京大会では「リハビリのためのスポーツ大会」だったパラリンピックですが、2020 年には「世界最高峰の障がい者スポーツの祭典」としての大会となります。日本、そして世界の障がい者スポーツのさらなる普及と発展が期待されています。

クラス分け

障がいの種類や程度が違っても、公平に競えるよう、いくつかのルールが設定されています。障がいの種類や程度を細かく分ける「クラス分け」、チームごとの極端な差をなくす「持ち点制」、公平なタイムを競うための「計算タイム制」などがあります。

公平な競技のために

車いすに乗った選手と片足に義足をつけた選手が同じ100mを走った場合、タイムだけでどちらがどれだけ優れたアスリートかを決めることができるでしょうか。脚に障がいを持つという点では同じですが、同じ基準で速さを競うことはできません。

「障がい」と一口にいっても、その種類はさまざまで、程度も人によって異なります。その中で優れたアスリートを公平に決めるために、障がい者スポーツでは、車いすの選手は車いす同士で、視覚障がいの選手は視覚障がいの選手同士でなど、障がいの種類や程度によって細かくクラスを分け、そのクラスの中で順位を競っています。

車いすの選手は車いす同士で、

義足の選手は義足同士で、

視覚障がいの選手は

視覚障がい同士で、

同じ種類、同じ程度の障がいのある選手同士なら、対等に競える！

また、競技によっては「クラス分け」がなかったり、同じクラスでも程度の違いが記録に影響したりすることもあります。そのような競技では、障がいの種類や程度による出場機会の偏りをなくす「持ち点制」や、障がいの程度に左右されない公平なタイムを競うための「計算タイム制」など、勝敗を公平に決めるための独自のルールがあります。

クラス分け

　障がいの程度が軽い選手と重い選手が競う場合、単純に障がいの軽い選手が有利になってしまうこともあり得ます。そこで、同じ種類かつ同程度の障がいの選手同士で公平に競い合うために、クラスを分けて競技を行います。

　クラスの分け方は競技によって違います。競技性を持った大会では、原則としてクラスの判定を受けていないと記録を公認できません。そのため、大会参加前にクラス分けの判定を受けることが必須です。

●水泳

　泳法や障がいの種類・程度をアルファベットや数字で表記します。

例）SB14

「知的障がいクラス（14）の平泳ぎ（SB）」を示しています。

クラス	種目
S	自由形
	背泳ぎ
	バタフライ
SB	**平泳ぎ**
SM	個人メドレー

この分類はジャパンパラ競技大会のクラス分けです。パラリンピックなどの大会では競技人口の問題などで、クラスによって参加できる種目が限られることもあります。

クラス	障がいの種類・程度	
1	身体の機能に関する障がい（切断、脊髄損傷、脳性まひなどの肢体不自由）	重い ↑
2		
3		
4		
5		
6		
7		
8		
9		
10		
11	視覚障がい	↓ 軽い
12		
13		
14	**知的障がい**	―
15	聴覚障がい	―
21	S10、S13 に満たないほど軽い障がい	―

注目　クラス分けの基準って？

　競技によって必要な身体機能や技術が違うため、クラス分けの規則も競技ごとに違います。パラリンピックの競技については、国際パラリンピック委員会の「国際クラス分け基準」に基づいて、各競技の国際競技連盟や国際障がい者団体がクラス分け規則を作っています。

●自転車

障がいの種類によって使用する自転車が違います。

C クラス（C1 〜 5）		T クラス（T1・T2）	
	切断やまひなどの四肢や体幹に障がいのある選手が対象。通常の二輪自転車を使用。		まひなどで体幹に重度な障がいのある選手が対象。三輪自転車を使用。
B クラス		H クラス（H1 〜 H5）	
	視覚障がいの選手が対象。二人乗りの自転車を使用。		下肢に障がいのある選手が対象。手でこぐハンドバイクを使用。

●アルペンスキー

障がいの種類によって使用するスキーや方法が違います。パラクロスカントリースキー、パラバイアスロンもこれら 3 つのカテゴリーに分けて行われます。

スタンディングカテゴリー（立位、LW1 〜 LW9）	シッティングカテゴリー（座位、LW10 〜 LW12）	ビジュアリーインペアードカテゴリー（視覚障がい、B1 〜 B3）
上肢や下肢の障がい。1 本または 2 本のスキーをはいて走行する。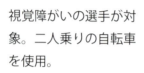	下肢の障がい。座って乗るシットスキーに乗って走行する。	視覚障がい。ガイドとともに走行する。

注目 クラス分けってどうやって決めるの？

　クラス分けのクラスは自己申告ではなく、クラス分け委員が選手一人ひとりの障がいの種類や程度をチェックして決めています。筋力や動作、体を動かせる範囲、欠損部分のデータなどをチェックします。さらに、大会では実際に競技している様子も観察し、徹底的なチェックをした結果、クラスが決められます。

持ち点制

「持ち点制」とは、チーム競技で選手それぞれの障がいに応じてポイントをつけ、出場する選手の合計点に上限を設けてチーム編成させる制度です。これにより、チームによって障がいの軽い選手ばかりが集まるなど、選手の能力ではなく障がいの程度によって勝敗が左右されないようにしています。

また、どの選手も試合に出場するチャンスが得られるようになります。既定の合計点数以内なら、組み合わせは自由に決められます。

持ち点制の実施方法

❶選手ごとに「持ち点」を決める

選手それぞれに対して障がいの程度により、持ち点を決めます。障がいが軽いほど点数が大きく、障がいが重いほど小さくなります。

❷1チームの合計点に上限を設ける

選手各自に持ち点が決められますが、コート上で戦う1チームの合計点の上限も決められています。試合の途中で選手交代をするときも、合計点の上限を守らなければなりません。

●持ち点制が採用されている競技

車いすバスケットボール（1チーム5名）	ウィルチェアーラグビー（1チーム4名）
1.0〜4.5の合計14点以内	0.5〜3.5の合計8点以内

障がいが軽い → 障がいが重い

車いすバスケットボール

4.5点
軽度の下肢障がい。体を左右どちらの方向にもひねることができる。

3.0点
下肢にわずかに筋力があり、骨盤で体を支えることができる。

1.0点
腹筋や背筋の体幹機能がなく、車いすの背もたれから離れたプレーができない。

ウィルチェアーラグビー

3.5点
体幹機能がしっかりしていて、腰をひねってプレーできる。片手でボールや車いすを扱える。

2.0点
ひじを伸ばせる。身を乗り出してボールをキャッチしたりパスしたりできる。

0.5点
腹筋や背筋の体幹機能がなく、握力が無い。ひじから手首の間を使って、車いすを操作する。

計算タイム制

　自転車、アルペンスキーやパラクロスカントリースキー、パラバイアスロンでは、障がいの種類によってカテゴリーを分け、そのカテゴリーごとに競技を行っています。しかし、同じカテゴリー内でも各選手の障がいの重さ（程度）はさまざまです。

　そのため、選手ごとに障がいの種類や程度によって「係数」を決め、実際のタイムにそれをかけて「計算タイム」を算出します。勝敗は「計算タイム」の速さで決まります。

計算タイム制の実施方法

❶選手ごとに「係数」を決める

　選手それぞれに対して障がいの程度により、「係数」を決めます。障がいの程度が軽いと係数が大きくなり（最大100%）、重くなるごとに係数が小さくなります。

例)

障がいの程度	両足の太ももから下の切断で義足を使用	片足の切断
係数	80%	90%

❷実走タイムに係数をかけて「計算タイム」を算出

　実際のタイム（実走タイム）に係数をかけて「計算タイム」を算出し、順位を決めます。

実走タイム×係数＝計算タイム

	A選手	B選手
実走タイム	100秒	90秒
係数	80%	90%
計算タイム	80秒	81秒

　実走タイムではB選手の方が早いですが、より障害が重いA選手の方が係数が小さい分、計算タイムは早くなります。このように計算タイム制があることで、障がいの程度にかかわらず公平にタイムを競うことができます。

義肢
装具

パラスポーツでは、障がいのある選手の動きをサポートするために義手・義足や車いすなど、さまざまな用具が使われています。一般生活で使用されるものと違い、競技用の用具には選手が力を発揮できるようにするための工夫があります。

選手と競技に合わせて進化した義手・義足

パラスポーツでは、腕や足を切断した選手が義手や義足を使用します。その精度や選手との相性によって、選手の成績にも大きく影響します。競技用の義手や義足は、「走る」「跳ぶ」「こぐ」などの動きを可能にするために独特の形をしています。

スポーツ義足

選手の体格や障がいのある部分や筋力に合わせて、一つひとつオーダーメイドで作られます。装着したときの感覚や身体へのなじみやすさなど、実際に使ってみないと選手の身体にぴったりと合うかわからないため、選手と義肢装具士との間で何度もやりとりを繰り返して作り上げていきます。

陸上競技のトラック種目などで使われる義足はアルファベットの「J」の形をしています。反発力をばねにした走りやすいかたちに工夫されています。

スポーツ義手

球技やアーチェリーなど手を使う競技はもちろん、走ったり跳んだりする陸上競技においてもスポーツ義手は用いられます。スタートするときの補助のほか、走ったり跳んだりする際には、脚の力だけではなく、手や腕で身体のバランスをとったり、反動をつけたりするためです。選手の体格や能力、競技への適性などをふまえて、長さや重さ、形など、選手に合わせた義手が作られます。

夏季 パラリンピックの競技

競技の数だけ？ さまざまな競技用具

競技に使われる車いすは、日常生活で使われる車いすとは異なり、競技の特徴に合わせて進化した、独自の性能を備えています。競技用車いすの多くには、すばやい動きができるよう、車輪がハの字型に取り付けられています。

陸上競技用（レーサー）

後方に2つの大きな車輪、前方に1つの車輪がついています。転んでも壊れにくく、スピードが出やすいように軽く丈夫に作られています。トップクラスの選手では、時速36kmを記録することもあり、マラソンの下り坂では、時速50kmものスピードが出ることもあります。

車いすテニス用

プレー中は前後に体重がかかることから、転倒を防止するために小さいキャスターがついています。ボールを追いかけすぐに加速できるよう、車いすの重心は通常より前に置かれ、車輪はハの字型になっています。

車いすバスケットボール用

軽くて丈夫なつくりで、スピードを出したり、急停止したり、すばやく回転したりと、ぶつかり合いなどの激しい動きから細かい動きまで行うことができます。車輪はハの字型になっています。

ウィルチェアーラグビー用

激しいプレーに耐えられるよう、頑丈に作られています。攻撃型の車いすは、小回りがきくよう凹凸がありません。守備型の車いすは、相手の動きをブロックするためのバンパーが前に飛び出しています。

自転車競技では、義肢を使用する選手の身体と自転車を義手・義足で固定させるようになっています。そのため、両下肢のない選手でも参加が可能です。その他、さまざまな障がいに対応するための競技用自転車があります。

ハンドバイク

足を使って走れない選手のための、手でこぐ自転車です。仰向けに乗るタイプと、膝をついて前かがみに乗るタイプがあります。

タンデムバイク

視覚障がいのある選手のための、2人乗りの自転車です。前には健常者が乗ってハンドルやブレーキ操作を行い、後ろに乗った選手が爆発的な脚力でペダルをこぎます。

3輪自転車

平衡感覚に障がいのある選手は、バランスのとりやすい3輪自転車を使用します。

注目　その他の夏季競技の用具

ランプ（ボッチャ）

　障がいによって投球が難しい選手はランプでボールを転がします。

アイマスク（5人制サッカー・ゴールボール）

　選手たちの視力を公平にするために、アイマスクを着用してプレーします。

ボール（5人制サッカー・ゴールボール）

　音が出るように鈴が入っています。この音を手掛かりに、ボールの位置や転がり方、スピードなどを把握します。

冬季 パラリンピックの競技

冬季競技ならではの装具

スキーやスケートなども障がいの程度や内容によってさまざまな工夫が凝らされています。

■ チェアスキー

下肢に障がいを持つ選手がアルペンスキーで使用する、座って滑るスキー。

■ アウトリガー

ストックの代わりに使用します。先端に短いスキー板がついているので、バランスをとりやすくなっています。

■ シットスキー

2本のクロスカントリー用スキーの上に正座で乗れるシートを取り付けたもの。下肢に障がいを持つ選手がパラクロスカントリーやパラバイアスロンといった競技で使用します。普通のスキーと同様、ストックを使用します。

■ スレッジ

パラアイスホッケーで使用される、スケートの刃を2枚付けた専用のそりです。

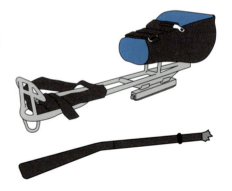

■ スティック

シュートやパスに使うブレードと、前進・後進・ターンに使う先のとがったつめ（ピック）が組み合わさっています。

注目 その他の冬季競技の用具

デリバリースティック（車いすカーリング）

低い姿勢で投球できない選手のために開発されました。

ビームライフル（バイアスロン）

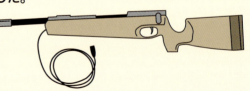

音によって的の中心までの距離が分かるので、視覚障がいのある選手でも射撃が可能です。

夏季競技

陸上競技

陸上競技とは？

・陸上競技は、障がい者スポーツの中でも歴史が古く、第1回ローマ大会（1960年）から正式競技とされており、競技人口も多くなっています。

・パラリンピックの陸上競技は、オリンピックと同じように、トラック競技、フィールド競技とロード競技が行われます。トラック競技では、短距離走や長距離走やリレー、フィールド競技では、走り高跳びや走り幅跳びといった跳躍競技、砲丸投げややり投げといった投てき競技が行われます。

・オリンピックと基本的に同じルールですが、種目やクラスによって、義手や義足、車いすなどの用具を活用して競技を行います。

パラリンピックに参加できる障がいの種類

肢体不自由	立位	●
	車いす	●
	脳性まひ	●
視覚障がい		●
知的障がい		●

※リオデジャネイロパラリンピック時点

競技の歴史

- 陸上競技は、障がい者スポーツの中でも歴史が古く、第1回のローマ大会（1960年）から正式競技とされています。
- パラリンピックにおける種目数も最も多く、健常者スポーツにおける陸上競技と同様、競技人口も多い競技です。

はじまり

陸上競技のはじまりはとても古く、紀元前9世紀頃にさかのぼります。

古代ギリシアで行われた「古代オリンピック」では、第1回大会（紀元前776年）から「スタディオン走*」という短距離走が行われていました。

その後第14回大会（紀元前724年）においてスタディオンの2倍の距離の「ディアウロス走」（中距離走）、第15回大会（紀元前720年）から「ドリコス走」（長距離走）、円盤投げなどの競技が行われるようになります。

＊「スタディオン」とは、「スタジアム（競技場）」を意味し、1スタディオン=192.27mの距離を競走していたとされています。

パラリンピックでの歴史

パラリンピックでの陸上競技は、第1回ローマ大会（1960年）から行われており、大変歴史の古い競技です。第1回大会においては、「砲丸投げ」「やり投げ」「こん棒投げ」などのフィールド競技の種目が行われました。

トラック競技種目が初めて行われたのは、第2回東京大会からです。車いす競走がトラック競技として初めて行われました。さらに、ロード競技種目であるマラソンが初めて行われたのは、第7回ニューヨーク・アイレスベリー大会で、車いすマラソンが行われました。

2016年の第15回リオ大会では、陸上競技は177種目が行われ、パラリンピック競技全528種目のうち、最も多い種目数となっています。この大会には146か国から1140人もの選手が参加しました。メダル獲得数上位3か国は中国（金32個、銀23個、銅12個）、アメリカ（金16個、銀15個、銅11個）、イギリス（金15個、銀7個、銅11個）となっています。

競技の ルール

・障がいによるけがのおそれなどを考慮して、一部のルールが変更されています。
・種目やクラスによっては、義手や義足、車いすなどの用具を活用したり、ガイドランナーがついたりして競技を行います。

競技場

　マラソン以外の競技は陸上競技場で行われます。陸上競技場は、「トラック」「フィールド」の大きく2つのエリアに分けられます。マラソンは競技場外のロードで行われ、ゴールは競技場内に設定されることもあります。

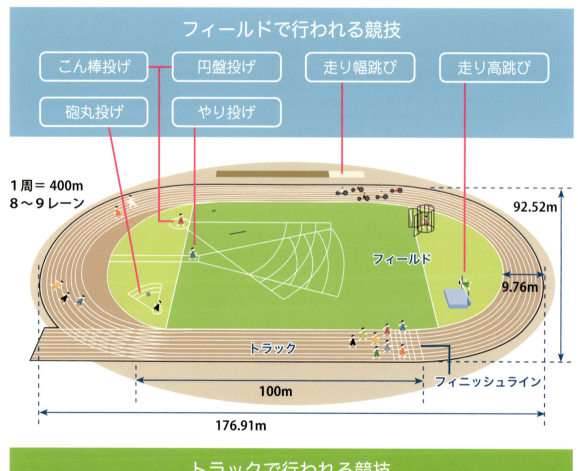

フィールドで行われる競技

こん棒投げ　円盤投げ　走り幅跳び　走り高跳び

砲丸投げ　やり投げ

1周＝400m
8〜9レーン

92.52m

フィールド

9.76m

トラック

フィニッシュライン

100m

176.91m

トラックで行われる競技

100m　200m　400m　800m　1500m

5000m　4×100mリレー　4×400mリレー

種目

トラック

男女ともに8種目がそれぞれ行われます。

100m、200m、400 m、800m、1500m、5000 m、
4 × 100 mリレー、4 × 400 mリレー

フィールド

●走り幅跳び

ルールはオリンピックと同じですが、視覚障がいのクラスでは、踏み切り板の代わりに「踏み切り区域」が設けられ、コーラーの合図で跳びます。

●走り高跳び

ルールはオリンピックと同じですが、切断、もしくはそれと同等の障がいの選手によって行われます。

●円盤投げ

直径20cm ほどの円盤を投げ、どれだけ遠くに投げられるか、その距離を競います。2.5m のサークル内から投げて、34.92 度のライン内に円盤が入った場合に有効試技と認められます。円盤がラインに触れたり、投てき者がサークルの外に出ると無効試技（ファール）となります。

・スターターの合図は英語のみ。400 mまでの競走（4×100 mリレー、4×400 mリレー含む）において合図は「On your marks（オン・ユア・マークス：位置について）」「Set（セット：用意）」という言葉を用いる。すべての競技者が「Set」となった時、スタート合図がなされる。

・跳躍種目の１つである三段跳びはリオ大会から正式種目から外れた。

・コーラーは跳躍種目（走り幅跳び、走り高跳び）につく。

・走り高跳びではコーラーは、踏み切る位置や跳ぶバーの高さを声や手拍子で教える。

・パラリンピックならではのこん棒投げがある代わりに、パラリンピックではオリンピックにはあるハンマー投げがない。

・こん棒を片方の手で握って投げる。着地エリアの方向を向いて投げても、後ろ向きになって頭越しに投げてもよい。

●こん棒投げ

　こん棒投げは、パラリンピックならではの競技です。障がいによって握力がなく、特に障がいが重くやり投げができない脳性まひや車いすの選手（F31、F32、F51 など）を対象に行われます。やり投げと同じルールで行われ、投げ方は自由です。

●やり投げ

　男子は長さ 2.6 〜 2.7 m、重さ 600 〜 800 g、女子は長さ 2.2 m、重さ 600 g のやりを投げて、その距離を競います。また、脚やお尻が浮かないようにするため、投てき台に身体を固定することが認められています。

●砲丸投げ

　男子は直径 11 〜 13cm、女子は直径 9.5cm の砲丸を投げ、その距離を競います。砲丸の重さは、障がいによって異なります。

　視覚障がい者による投てき種目では、投げる方向を、「コーラー」が声をかけるだけでなく、実際に教えて示すこともあります。

番外編

●スラローム

　現在のパラリンピックでは採用されていませんが、第2回東京大会などで行われていた車いすのための種目です。全長30mのコースに置かれた12の旗門を、白の旗門は前進、赤の旗門は後進しながら通過していき、その所要タイムで勝敗が決まります。旗門を倒すと5秒が加算されます。

・車いすの操作テクニックを競うスラロームは、過去のパラリンピックを始め、現在でも多くの障がい者スポーツ大会で行われている。

ロード

●マラソン

　距離は42.195kmでオリンピックと変わりません。視覚障がい者の場合、「ガイドランナー」と呼ばれる伴走者が、パラリンピックの場合には、1人に限り認められ、3位以内になった場合には、伴走者にもメダルが授与されます。

・ガイドランナーが途中で交代した場合には、たとえ3位以内になったとしても、伴走者にメダルは与えられない。

クラス分け

- パラリンピックでは、選手たちが公平に競技できるよう、クラス分け委員によるクラス分けが行われます。
- 基本的に番号が小さいほど、障がいの程度は重くなります。
- リオ大会では全部で177種目が実施されました。

T（Track）はトラック競技、F（Field）はフィールド競技を意味します。

出場できる種目は、障がいが「視覚障がい」「知的障がい」「車いす（座位）」「立位」のどれに当たるかによって決められています。

◎＝全種目
○＝半分以上
△＝半分以下
出場可を表します。
（×は出場不可）

クラス	障がいの種別	出場できる種目		
		トラック	フィールド	ロード
T／F11～14	視覚障がい	◎	○*1	◎
T／F20	知的障がい	△*2	△*3	×
T／F30～34	脳性まひ（車いす）	◎	○*4	◎
T／F35～38	脳性まひ（立位）	○*5		
T／F40～41	低身長症（立位）	△*6	○*8	◎
T／F42～47	切断・機能障害（立位）	○*7		
T／F51～54　F55～57	頸髄損傷、脊髄損傷、切断、機能障がい（車いす）	◎	○*9	◎

＊1　走り幅跳び、三段跳び、やり投げ、砲丸投げ、円盤投げに出場できます。
＊2　400m、1500mに出場できます。
＊3　走り幅跳び、砲丸投げに出場できます。
＊4　やり投げ、砲丸投げ、円盤投げ、こん棒投げに出場できます。
＊5　100m、200m、400m、800m、1500m（T35を除く）、リレーに出場できます。
＊6　100mに出場できます。
＊7　100m、200m、400m、800m、1500m、リレーに出場できます。
＊8　走り幅跳び、走り高跳び（切断などのみ）、やり投げ、砲丸投げ、円盤投げに出場できます。
＊9　砲丸投げ、円盤投げ、こん棒投げに出場できます。

競技用具

・障がいのために難しい動作を補うため、パラリンピックの陸上競技においては、さまざまな用具が用いられます。
・用具は各競技の特性に合わせて、年々進化しているため、これらを最大限に活用して持てる限りのパフォーマンスを発揮することも、勝負を分ける重要な要素となります。

競技用車いす「レーサー」

日常生活用の車いすとは異なり、大きな後輪が特徴です。重量は8〜10kg程度のものが多く、フレームは軽くて丈夫なアルミニウムやチタンで作られています。シートの左右と前に計3個の車輪が取り付けられ、多くの選手は前かがみに正座する体勢で座ります。マラソンの下り坂では、時速50キロメートルものスピードが出ることもあり、車いすを操る高度な技術が必要です。

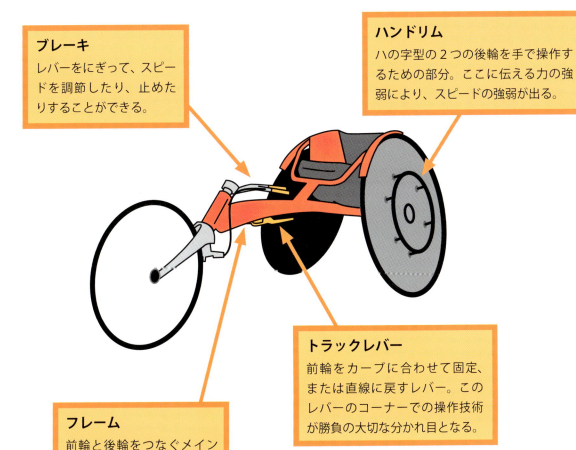

ブレーキ
レバーをにぎって、スピードを調節したり、止めたりすることができる。

ハンドリム
ハの字型の2つの後輪を手で操作するための部分。ここに伝える力の強弱により、スピードの強弱が出る。

トラックレバー
前輪をカーブに合わせて固定、または直線に戻すレバー。このレバーのコーナーでの操作技術が勝負の大切な分かれ目となる。

フレーム
前輪と後輪をつなぐメインフレーム。軽くするため、中は空洞になっている。

比較的障がいの軽い選手は正座の姿勢で座ります。体勢を低くすることで、空気の抵抗を減らして、スピードを上げることができるからです。

腹筋が機能しないような障がいの重い選手は、自力で上半身を起こすことができません。そのため、重心を後ろにした着座姿勢をとります。

義手と義足

義手と義足を合わせて「義肢」ともいいます。義肢をはじめとする補装具に求められるのは、強度な耐久性と高度な機能です。

リオ・パラリンピックでは、10名の義手・義足の日本人選手が出場しました。

最近では技術の開発が進み、細かい部分まで進化が続いています。

義手
上肢切断の選手が走る際や投てきを行う際に使用します。義手を用いることによって、クラウチングスタートが可能となったり、投てきを行う際には身体のバランスをとることができます。

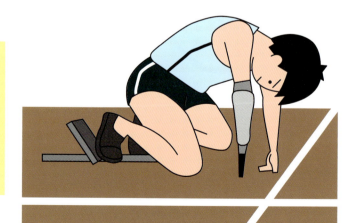

義足

陸上競技用の義足も日常用の義足と基本的に構造は同じですが、コネクターの下に板バネがつくという違いがあります。

砲丸投げの選手の義足。靴をはかせることで左右のバランスを調整することも。

トラック種目の選手がつける義足。現在は、パーツごとに組み立てた骨格構造が主流です。
また、どの部分で切断しているかで義足の種類は変わってきます。例えば、足首で切断している人は「足根（そっこん）義足」、膝下で切断している人は「下腿（かたい）義足」、膝関節で切断している人は「膝離断（ひざりだん）」、膝上で切断している人は「大腿（だいたい）義足」となります。

大腿部切断者用

ソケット
切断して残された脚を覆い、義足と脚をつなぐ役割がある部品であるソケットは、義足の重要パーツです。体になじみやすい形状にすることは高い技術を必要としますが、選手の生命線ともなります。

コネクター
ソケットとチューブをつなぐところ。コネクターの位置は、使う人の体重をしっかり支えられることと、義足の動かし方に注意して決められます。

膝継手
膝関節の機能を果たす部分です。

アダプター

チューブ

ソール

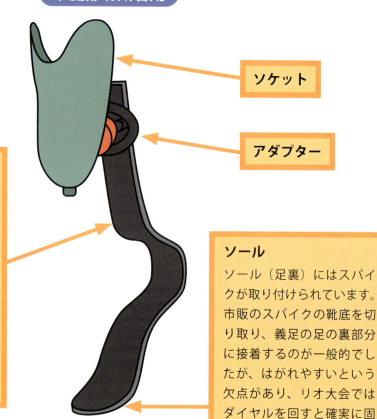

下腿部切断者用

ソケット

アダプター

足部

主にカーボン（炭素繊維強化プラスチック）ファイバー製で、軽量かつ弾力性をもち、強力な「板バネ」効果を持っています。その結果、反発力が高く、着地の衝撃を和らげ、それを前への推進力に変えることができます。アルファベットの「J」のような形をしているのが特徴です。

ソール

ソール（足裏）にはスパイクが取り付けられています。市販のスパイクの靴底を切り取り、義足の足の裏部分に接着するのが一般的でしたが、はがれやすいという欠点があり、リオ大会ではダイヤルを回すと確実に固定できる機能的なものも使用されました。

写真：Press Association ／アフロ

フライングがあった場合には、審判員が旗を使って選手に知らせます。

スタートシグナル

聴覚に障がいのある選手が参加する競技大会においては、スタートの合図を選手たちが正確に把握することができるようスタートシグナルが用いられます。スタートの合図に合わせて、シグナルが光り、目でスタートのタイミングをはかることができるようになっています。

注目 リレーはタッチが勝敗を分ける！

パラリンピックのリレーでは、上腕切断の選手もいるため、バトンは使いません。代わりに手で次の走者にタッチするのがルールです。このタッチは、オリンピックのバトンの受け渡しと同じように、定められた範囲内で行わなければなりません。しかし、パラリンピックには、腕のない選手もいれば、義足の選手もいるため、オリンピックのバトンの受け渡し以上に、むずかしく、タッチミスが必ず起こるとさえいわれています。現に、リオ大会では1着だったアメリカが範囲内でのタッチを行うことができずに失格。4着の日本チームが3位に繰り上がり、銅メダルを獲得しました。

世界で活躍！トップ・アスリートたち

義足のジャンパー
マルクス・レーム

　マルクス・レーム選手（ドイツ）は、右足が義足の走り幅跳び選手です。2015 年にカタールで行われた障がい者陸上世界選手権では、自身が持つ障がい者走り幅跳び世界記録を大幅に更新する 8m40cm を記録し優勝。ロンドン五輪の金メダルを超える記録を出しました。

　リオ・パラリンピックにおいても、大会新記録となる 8m21cm を跳び、ロンドンに続き大会 2 連覇を果たしています。リオ五輪の金メダル記録 8m38cm には 17cm 届きませんでしたが、義足のアスリートが健常者と互角に競える時代がきたことを印象づけました。

車いす陸上のスター
タチアナ・マクファデン

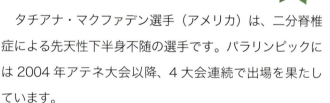

　タチアナ・マクファデン選手（アメリカ）は、二分脊椎症による先天性下半身不随の選手です。パラリンピックには 2004 年アテネ大会以降、4 大会連続で出場を果たしています。

　リオ・パラリンピックにおいては、400m、800m、1500m、5000m の種目で 4 冠を達成。100m とマラソンでは銀メダルを獲得しています。

　更に、クロスカントリースキーにも挑戦し、生まれ故郷のロシアで開催された 2014 年ソチ冬季大会では 1km スプリントで銀メダルに輝きました。

注目の日本人選手たち

初出場で銀メダル獲得
佐藤友祈

　競技歴は 2012 年からと浅いですが、2015 年世界選手権では 400 m 金メダル、1500 m 銅メダルと急成長。そして初出場したリオ・パラリンピックでは、400 m、1500 m ともに銀メダルを獲得しました。

　21 歳で突如高熱に襲われ、脊髄炎を発症。おへそから下の不随と左腕の重いまひを患い、一時は家に引きこもり、体重も 20kg 増加したといいます。しかし、2012 年のロンドン・パラリンピックで疾走する車いす選手の姿に感動し、努力を重ねた結果、わずか 4 年間で銀メダル獲得という快挙を達成しました。

彗星のごとく現れたニューヒロイン
辻 沙絵

　生まれつき右腕の肘から先がない先天性前腕欠損ですが、国体にも出場するハンドボール選手として活躍。スポーツ推薦で入学した日本体育大学でハンドボール部に所属していましたが、大学 2 年生の時にハンドボール部監督から障がい者陸上への転向を打診されます。しばらくはハンドボールとの兼部をしていましたが、2015 年世界選手権で 6 位入賞を果たし、陸上部への転部を決意します。

　初出場したリオ・パラリンピックにおいては、400 m で銅メダルを獲得して話題となりました。

世界記録

リオ・パラリンピックにおいては、世界記録がいくつも更新されました。主なものは次のとおりです。

種目	クラス	名前	国	記録
男子 400m	T13	ムハンマド・アムクーン	モロッコ	47.15
女子 4×100m リレー	T35-38	フェンフェン・ジャン ジュンフェイ・チェン インリ・リー シャオイェン・ウェン	中国	50.81
女子 4×400m リレー	T53／54	インジェ・リー ウェンジュン・リゥ ホンジュアン・ジョウ リホン・ゾウ	中国	3：32.11
女子 砲丸投げ	F35	ジュン・ワン	中国	13m91
女子 円盤投げ	F41	ラウア・トゥリーリ	チュニジア	33m38

注目　リオ・オリンピック優勝タイムを4人も上回った！

　リオ・パラリンピック男子1500m（T13＝視覚障がい）では、リオ・オリンピックの優勝タイムを上回る記録を4人の選手が出しました。オリンピックでは、駆け引きをめぐりスローペースでしたが、目が不自由な選手たちが争ったパラリンピックでは各選手が全力を出して走った結果です。さらに、優勝したアブデラティフ・バカ選手の記録は、世界記録となりました。

順位	名前	国	記録
オリンピック　優勝	マシュー・セントロウイッツ	アメリカ	3:50.00
パラリンピック優勝	アブデラティフ・バカ	アルジェリア	3：48.29（世界記録）
2位	タミル・デミッセ	エチオピア	3:48.49
3位	ヘンリー・カーワ	ケニア	3:49.59
4位	フォーダ・バカ	アルジェリア	3:49.84

水泳

水泳とは？

・水泳は、障がい者スポーツの中でも歴史が古く、第1回ローマ大会（1960年）から正式競技として実施されています。

・初期は車いすの選手のみで行われていましたが、現在は切断、脳性まひ、視覚障がい、知的障がいと幅広い選手の参加が認められています。

・オリンピックと基本的に同じルールですが、スタートやゴールで壁にぶつかるおそれのある視覚障がいの選手や、その他飛び込んでのスタートが困難な選手に対しては、特別のルールが認められています。

パラリンピックに参加できる障がいの種類

肢体不自由	立位	●
	車いす	●
	脳性まひ	●
視覚障がい		●
知的障がい		●

※リオデジャネイロパラリンピック時点

- 水泳は、第1回のローマ大会（1960年）から正式競技として行われ幅広い障がいを持つ選手が出場しています。
- パラリンピックの水泳競技は水泳のみです（例えば飛び込みなどの種目はありません）。

はじまり

　競泳の歴史は、はっきりしませんが、水泳は人類の誕生のころから生活のために必要不可欠で、およそ9000年前に人が泳いでいる姿の壁画があったこと、当時の絵画や彫刻から古代ギリシア時代には水泳が盛んであったことが分かっています。

　アテネで開催された第1回オリンピック大会（1896年）ではすでに正式競技として行われていましたが、このときは男子100m自由形（実質は平泳ぎ）の1種目のみで、しかも競技会場は、港の海面でした。女性が最初に参加したのは、第5回ストックホルム大会（1912年）が最初です。100m自由形、400mチームリレー、ダイビングが行われました。

オリンピックでの4泳法

　第1回アテネ大会（1896年）では100m自由形（実質は平泳ぎ）のみでした。第2回パリ大会（1900年）には背泳ぎが加わると同時に、自由形にクロール泳法が登場します。第3回セントルイス大会（1904年）では平泳ぎが、第16回メルボルン大会（1956年）にバタフライが独立種目となり、4泳法が出そろうこととなりました。

クロール

平泳ぎ

背泳ぎ

バタフライ

パラリンピックでの歴史

パラリンピックでの水泳は、第1回ローマ大会（1960年）から正式競技として行われています。第1回大会では、男子は25m自由形、50m自由形、25m背泳ぎ、50m背泳ぎ、25m平泳ぎ、50m平泳ぎ、3×50mメドレーリレーがクラスごとに行われ、女子もメドレーリレーを除いた男子と同様の種目が行われました。

バタフライが種目として登場したのは、第5回カナダ・トロント大会（1976年）からです。それにより、従来は3泳法で行われていたメドレーリレーも初めて4泳法で実施されることになりました。

第15回リオ大会では、水泳競技だけでクラス別に152種目が行われました。この大会には、79か国から593人の選手が参加し、メダル獲得上位3か国は中国（金37個、銀30個、銅25個）、ウクライナ（金25個、銀24個、銅25個）、イギリス（金16個、銀16個、銅15個）となっています。

競技の ルール

- 競技場もルールも基本的にオリンピックと同じです。
- スタートやゴールで壁にぶつかるおそれのある視覚障がいの選手や、その他飛び込んでのスタートが困難な選手に対する特別ルールがあります。

競技場

　水泳はオリンピックで使用されるプールがそのまま使われます。片道50mの『長水路』と言われるプールが基本です（これに対して、小学校にあるような片道25mのプールを『短水路』といいます）。

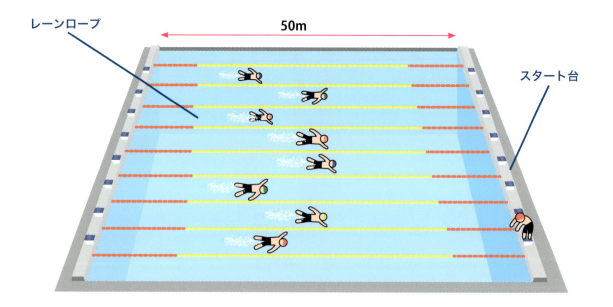

レーンロープ　50m　スタート台

競泳で行われる7種目

| 自由形（クロール） | 平泳ぎ | 背泳ぎ | バタフライ |

個人メドレー（バタフライ→背泳ぎ→平泳ぎ→自由形の順に泳ぐ）

| メドレーリレー | フリーリレー |

種目

●自由形（クロール）、平泳ぎ、バタフライ

　ルールはオリンピックと同じですが、視覚障がいのクラスではターンの位置やゴール地点が分からず、壁にぶつかってしまうおそれがあるため、壁を知らせるための「タッピング」が義務づけられています。

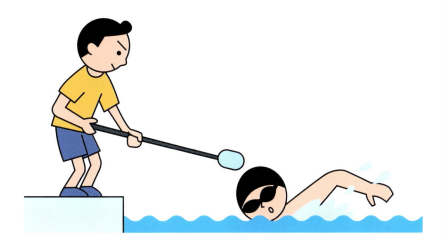

　また、障がいの程度によって、飛び込みによるスタートが難しい場合には、水中からのスタートも認められています。

・タッピングの距離は、種目によって異なるが、特に平泳ぎとバタフライでは、頭が水面から出るタイミングでしか合図できないため、その時々で変化することになる。

・飛び込みによるスタートが難しい場合とは、例えば下肢に障がいがある場合などをいう。

水　泳

・擦り傷を防ぐために、スタート台にタオルを敷くことなども許される。

さらに、上肢あるいは下肢（または両方）に欠損があってスタート台の上で静止することが難しい選手の場合には、コーチによって静止するのを補助してもらうことも認められています。

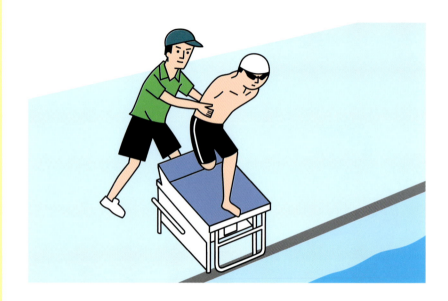

●背泳ぎ

オリンピックの水泳と同じように、スタート台に設置されたスターティンググリップを握って、水中からスタートします。ただし、握力等の関係からスターティンググリップを握ることが難しい場合は、補助具等の使用が認められています。

・パラリンピックに出場するためには、国際パラリンピック委員会水泳部門（IPC-SW）の定める標準記録を突破することが最低条件となる。

用語 ✐

標準記録
陸上競技や水泳などの競技大会において、出場・参加を許可する基準として主に大会主催者により選手に対して設定される共通の基準値をいう。

スターティンググリップを握った通常のスタート方法

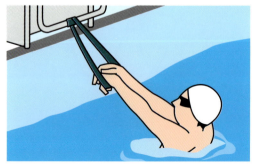

ベルトを握ってスタートする方法

ベルトを握ることが
できない場合には、
手首の辺りにベルト
をかけて身体を支え
ます。

取り付け式用具を
使ったスタート方
法。スターティン
ググリップの角度
と高さを、障がい
に合わせて調整し
ます。

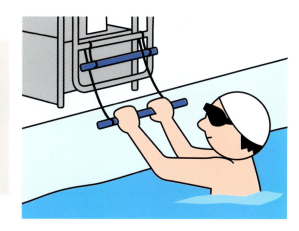

　さらに、切断によりスターティンググリップを握ることができな
い場合は、ひもやタオルを口にくわえてスタートの体勢をとること
も認められています。

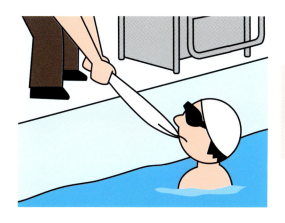

ひもやタオルを口に
くわえることで身体
を支えながらスター
トをします。

背泳ぎの場合にも、上肢または下肢（または両方）に欠損があってスタート時の体勢が不安定な選手の場合、コーチによって静止するのを補助してもらうことも認められています。

足の裏が壁から離れないようにスタートまで固定します。これを「フィートスタート」といいます。

・フィートスタートでは、スタートの合図と同時に固定していた体を開放することで選手は泳ぎ始める。

両腕がないために、スターティンググリップを握ることのできない背泳ぎの選手の場合、コーチが選手の体をスタートの合図まで固定することもあります。

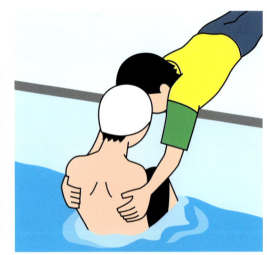

・他に、バタフライの際の片手タッチや、背泳ぎのスタートの時に、片手でスターティンググリップを握ることが許されることがある。

　この他、障がいにより、どうしても出来ないことがある場合、ルールが一部変更されます。例えば頭など上半身の一部でタッチしたり、平泳ぎなどで片手タッチが認められます。

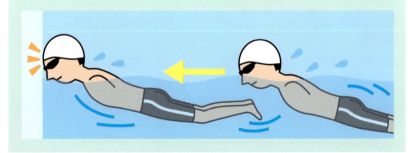

●個人メドレー

2012 年のロンドン大会では、重度障がい者（SM1 ～ 4）に限って、バタフライを除いた 3 泳法（背泳ぎ→平泳ぎ→自由形）のみで 150m の個人メドレーとして行われていましたが、2016 年リオ大会からは、重度障がい者に限らず（SM6 ～ 11、13 ～ 14）、4 泳法（バタフライ→背泳ぎ→平泳ぎ→自由形）200m の個人メドレーが実施されました。

●フリーリレー

基本的に自由形の 4 人がリレーでつなぎます。リオ大会では男女の 4×100 m と男女混合の 4×50m が実施されました。

●メドレーリレー

4 泳法（バタフライ→背泳ぎ→平泳ぎ→自由形）の各選手がリレーでつないでいきます。リオ大会では、男女とも 4×100 m が実施されました。

・リオ大会においても、重度障がい者（SM1 ～ 4）は、バタフライを除いた 150m の個人メドレーで実施された。

「フリーリレー」「メドレーリレー」においては、重度障がい者（S1 ～ 5）の選手は、引継ぎの後に、最後の選手が泳ぎ終わるまでタッチ板から離れた位置で、水中に残っていることが許されています。また、視覚障がい者の引継ぎでは、2 人のタッパーを置いて、タッチと引継ぎを知らせることができます。

 用語

タッパー
タッピングバーで選手にターンやゴールのタイミングを知らせる役割の人をいう。

クラス分け

- パラリンピックでは、選手たちが公平に競技できるよう、クラス分け委員によるクラス分けが行われます。
- 基本的に数字が小さいほど、障がいの程度は重くなります。
- リオ大会では全部で 152 種目が実施されました。

　数字が小さいほど障がいが重く、例えば、身体障がいのクラスでは、1～4 が重度、5～6 が中度、7 以上は軽度のクラスとなっています。

障がいの種類 ＼ 泳法	SB（平泳ぎ）	S（自由形・背泳ぎ・バタフライ）	SM（メドレー）
身体障がい（肢体不自由）	1～10	1～9	1～10
視覚障がい	11～13	11～13	11～13
知的障がい	14	14	14

平泳ぎは、自由形などの S 種目とは下肢の動かし方が異なるため、別に分類されています。　メドレーも、下肢の動かし方が異なる平泳ぎが入ってくるため、別に分類されています。

障がいの目安としては、以下のとおりです。
S5 クラス＝水泳に関する身体機能が 50～60％失われている
S7 クラス＝水泳に関する身体機能が 20～30％失われている

競技用具

- 水泳は他の競技と比べて、障がいのある選手であっても特別な用具を必要とする場面は多くはありません。
- 視覚障がいの選手に対しては壁への激突を回避するなどへの特別な配慮が用具を使って行われています。

タッピングバー

視覚障がいの選手が競技を行う場合、ターンやゴールの地点がわからず、プールの壁に接触したり、恐怖心から泳ぐスピードを落としてしまう可能性があります。

このような状況を回避するため、視覚障がいの選手が参加する競技においては、壁を知らせるための合図を出すことが義務付けられており、『タッピングバー』と呼ばれる用具によって、この合図を行います。

持ち運びしやすいように、柄の部分の長さを調整出来るようになっています。タッピングバーは各国チームがそれぞれ独自に工夫して作成することが認められています。例えば、日本チームが使用するタッピングバーは、弾力性のある釣り竿を改良したものが使われており、その品質の高さから、海外チームからの問い合わせも入るほどだといいます。

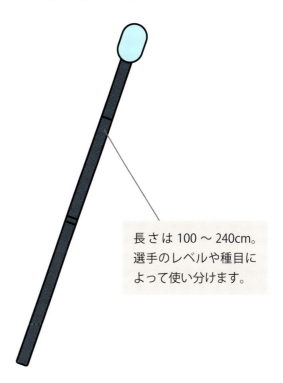

長さは 100 〜 240cm。選手のレベルや種目によって使い分けます。

ゴーグル

視覚障がいのうち、最も障がいの重いクラス（S11）の選手（義眼の選手を除く）は、光を完全に遮断した黒塗のゴーグルの着用が義務付けられています。これは、障がいの程度にかかわらず、レースを公平に行うための配慮です。レース後は、競技委員によるゴーグルの検査がなされます。

世界で活躍！ トップ・アスリートたち

リオ大会では世界記録を更新
ブラッドリー・スナイダー

　元米海軍の軍人で、2011年アフガニスタン従軍時に受けた爆撃によって両目を負傷し、一切の視力を失いました。

　視力を失ってちょうど1年後、2012年ロンドン・パラリンピックで金メダルを獲得、一躍ヒーローとなります。その後いったんは休養していましたが、2015年にイギリスで行われた世界選手権では50m、100m、400m自由形の3冠を獲得。2016年リオ大会では100m自由形で世界記録を更新しました。日本の木村敬一選手とはライバルでもあり、友人でもあります。

パラリンピックで14個の金メダル
ダニエル・ディアス

　上肢と下肢に障がいを持って生まれましたが、16歳で始めた水泳では、4か月で4泳法を習得したといわれています。

　初めて出場した2008年北京パラリンピックでは、金メダルと銀メダルが各4個、銅メダル1個の9個のメダルを獲得。さらに2012年のロンドン・パラリンピックでは6個もの金メダルを獲得します。2016年の地元ブラジルで行われたリオ・パラリンピックにおいても、50m、100m、200mの自由形と50m背泳ぎで金メダルに輝き、その勢いはとどまることを知りません。

注目の日本人選手たち

日本のエース
木村敬一

木村選手は、先天性疾患のため2歳のときに全盲となりましたが、小学校4年生のとき母の勧めで水泳を始めました。

2008年に北京パラリンピックに初出場。2012年のロンドン・パラリンピックでは平泳ぎとバタフライでそれぞれ銀メダル、銅メダルを獲得して日本のエースへと成長。2016年リオ・パラリンピックでは、「金メダルに一番近い男」と期待され、惜しくも金メダルは逃しましたが、銀メダル2個、銅メダル2個を獲得し、エースの意地を見せてくれました。

「水のプリンセス」が愛称の人気選手
一ノ瀬メイ

イギリス人の父と日本人の母をもつ一ノ瀬選手は、先天性右前腕欠損症でしたが、1歳半で水泳を始め、2012年には中国で行われたアジアパラに13歳という史上最年少で出場しました。

メイン種目を200m個人メドレーと決めて初出場したリオ・パラリンピックにおいて、同種目では残念ながら全体の13位にとどまりましたが、100m自由形では自己ベストを更新する好記録を出しました。2020年東京大会でさらなる躍進が期待されている有望株です。

進化を続ける注目選手
中島啓智

知的障害のある中島選手は、母の勧めで、体を鍛えるために3歳から水泳を始めます。

17歳で初出場したリオ・パラリンピック。この大会で、男子200m個人メドレーにおいて銅メダルを獲得します。これは自己ベストを更新する2分15秒46のタイムでした。

2017年に行われた日本知的障害者選手権水泳競技大会においても、50mバタフライ（日本新記録）、100m自由形において1位を獲得。東京大会での活躍が期待される若手選手です。

世界記録

リオ・パラリンピックにおいては、世界記録がいくつも更新されました。主なものは次のとおりです。

種目	クラス	名前	国	記録
男子 100m 背泳ぎ	S6	テイ・トウ	中国	1:10.84
バタフライ	S13	イハル・ボキ	ベラルーシ	0:53.85
400m 自由形	S8	オリバー・ハインド	イギリス	4:21.89
女子 100m 自由形	S3	ズルフィア・ガビドゥリナ	カザフスタン	1:30.07
背泳ぎ	S6	リンリン・ソン	中国	1:21.43
	S14	ベサニー・ファース	イギリス	1:04.05
バタフライ	S13	レベッカ・マイヤーズ	アメリカ	1:03.25
400m 自由形	S8	ラキーシャ・パターソン	オーストラリア	4:40.33

注目　イルカのような泳ぎで世界を魅了！

　リオ・パラリンピック男子 100m 背泳ぎ（S6 ＝運動機能障がい）で世界記録を樹立した中国の鄭涛（テイ・トウ）選手。子どもの頃に感電事故で両腕を失った鄭選手ですが、2012年のロンドン・パラリンピックでは 100m 背泳ぎで金メダル、50m バタフライで銀メダル、200m 個人メドレー、50m 自由形で銅メダルと大活躍。今回のリオ・パラリンピックではついに世界記録へと達します。両腕がないためにキックのみで世界一となったその泳ぎは、「まるでイルカのように美しい」と世界を驚嘆させました。

車いすテニス

車いすテニスとは？

・車いすテニスは、車いすに乗って行うテニスです。

・障がい者スポーツとしての歴史は浅く、パラリンピックで正式競技として採用されたのは、第9回バルセロナ大会（1992年）からですが、テニスの4大大会においても車いす部門が設けられるなど、競技として急速に発展しています。

・パラリンピックにおいては、2バウンドでの返球が認められている以外、オリンピックと基本的に同じルールです。特に重い障がいを負った選手が出場するための「クアード」と呼ばれる種目があります。

パラリンピックに参加できる障がいの種類

肢体不自由	立位	●
	車いす	●
	脳性まひ	●
視覚障がい		
知的障がい		

※リオデジャネイロパラリンピック時点

- 車いすテニスは、本格的な競技となってからまだ歴史の浅い
スポーツですが、競技として急速に発展しました。
- パラリンピックで正式競技となった 1992 年当初は 4 種目
でしたが、現在は 6 種目が行われています。

はじまり

　障がい者が車いすでテニスをレジャーとして楽しむことは昔からありましたが、競技として本格的に始まったのは、1976 年といわれています。その年、アクロバットスキーの競技中のけがによって下半身不随の障がいを負った当時 18 歳の少年が、車いすの改良を行い、仲間と共にルールを決めるなどして競技スポーツとして成立させたといわれています。

　日本に紹介され本格的に普及したのは、1980 年代といわれており、1984 年に福岡県で第 1 回国際車いすテニス大会が開催されました。

競技の発展

　2000 年代に入ると、車いすテニスは、一般のテニスの主要大会においてエキシビションマッチとして行われるようになります。そして、全豪オープン、全仏オープン、ウィンブルドン選手権、全米オープンといったテニスの 4 大大会（グランドスラム）に車いすテニス部門が相次いで創設され、大会開催期間中に同一会場で公式な試合が開催されるまでになっていきました。

パラリンピックでの歴史

　パラリンピックでの車いすテニスは、第 8 回韓国ソウル大会（1988 年）で公開競技となり、第 9 回スペインのバルセロナ大会（1992 年）から正式競技として行われています。当初は男女のシングルスとダブルスの 4 種目でしたが、第 12 回アテネ大会（2004 年）から、「クアード」という重度の障がいのある選手が出場するための種目（「クアードシングルス」「クアードダブルス」の 2 種目）が加わり、合計 6 種目となりました。

競技の ルール

・車いすテニスは、一般のテニスと同じコート、ゲームの進め方で行われますが、一部ルールが変更されています。
・パラリンピックにおいては、重い障がいを負った選手のための「クアード」という種目が実施されています。

競技場

　車いすテニスのコートは、一般のテニスと同じコートが使われ、大きさやネットの高さなどもすべてそのまま同じ状態で行われます。したがって、例えばクレー（土）のコートで行う場合には、車いすが土で止まりやすいため、腕力が必要とされたりします。

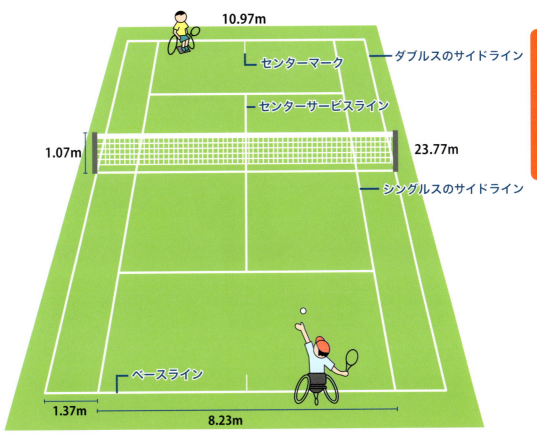

10.97m

センターマーク

ダブルスのサイドライン

センターサービスライン

1.07m

23.77m

シングルスのサイドライン

ベースライン

1.37m

8.23m

車いすテニス

パラリンピックで行われる6種目

男子シングルス	女子シングルス	クアードシングルス
男子ダブルス	女子ダブルス	クアードダブルス

基本ルール

ゲームの進め方

●試合の開始

　サーブを打つ権利をコイントスによって決めます。コイントスで勝った方は、「最初にサーブを打つ側になる権利」か「最初にレシーブをする側になる権利」かあるいは「最初どちら側のコートでプレーするか選ぶ権利」の3つの中から、1つを選ぶことができます。

サーブを打つ

レシーブをする

コートを選ぶ

用語

コイントス
硬貨もしくは同様のものを投げて、2者のいずれかが表か裏かどちらが出るかを予想して宣言した上で、予想通りの結果だった場合、その者に権利が与えられる。宣言は基本的に、コインが空中にある間に行う。

●サーブ

　ゲームの最初のサーブはコートの右側から行い、その次のサーブは反対側（左側）から行われます。サーブは自分が打つサーブの対角線上のサービスコートに打ち込みます。もしサーブを失敗（フォルト）した場合、1回目はやり直すことができますが、2回続けて失敗すると「ダブルフォルト」となり、相手にポイントが入ります。

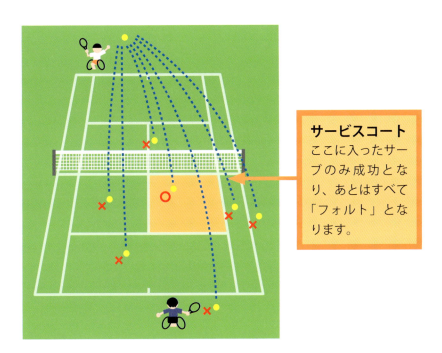

サービスコート
ここに入ったサーブのみ成功となり、あとはすべて「フォルト」となります。

●ポイント

　0ポイントは「0（ラブ）」といい、1ポイン目は「15（フィフティーン）」、2ポイント目は「30（サーティ）」、3ポイント目が「40（フォーティ）」で、最後の4ポイント目で「G（ゲーム）」となります。

PREVIOUS SETS	PLAYER	GAMES	POINTS
7 3	▬	1	15
5 6	▬	1	15

用語

0（ラブ）

なぜ「0」が「ラブ」といわれるようになったかにはさまざまな説があるが、有力とされている説の1つは、0が卵の形に似ていることから、フランス語で「卵」を意味する「l'oeuf」から取った言葉といわれている。また、「l'oeuf」がなぜ「love（ラブ）」になったのかについては、フランスの修道院で生まれたテニスの前身ジュドポームがイギリスに伝わったとき、イギリス人が「l'oeuf」をうまく発音できず、そのまま定着したという説が有力である。

15、30、40

なぜ「15」「30」「40」という点数の数え方となったのかについても諸説あるが、例えば「修道院の生活時間が15分単位であった」というのが有力である。その場合、45になるはずの3ポイント目が40なのは、45を「forty－five」と言うのが長くて言いづらかったから単純化したというのが有力な説である。

● **ゲーム**

　4ポイント取ると、1ゲームをもらえます。点数が40-40で並ぶと「デュース」と呼ばれる特殊なルールになります。「デュース」になると、相手と2ポイント差がつくまで戦い続け、2ポイント差がつくと「ゲーム」となり、1ゲームもらうことができます。

● **セット**

　6ゲーム取ると、1セットをもらえます。例えば、一般テニスの4大大会の男子では5セットマッチの場合もありますが、パラリンピックにおいては、3セットマッチで行われます。

● **試合終了**

　3セットマッチの場合、2セット先取したら、勝利となります。

特別ルール

全種目共通

● **車いすに対する考え方**

　基本的に車いすは体の一部として考えられます。したがって、例えばボールが車いすに触れると失点となります。

● **サーブ**

　サーブをする前に、車いすを一度静止させた後に、車いすを一押しだけしてから打つことができます。

●返球

　一般のテニスでは、ノーバウンドあるいは1バウンドで返球しないといけないのがルールですが、車いすテニスでは2バウンドでの返球が認められています。車いすテニスのルールの中で、もっとも大きな特徴です。

一般のテニスの場合	車いすテニスの場合
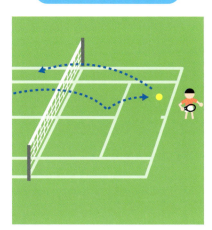	

●ラリー

　車いすを足を使って操作したり、地面に足をつけることが禁止されています。また、ボールを打つときに車いすから腰を浮かせることも禁止です。さらに、手でのブレーキ以外、ブレーキを使うことも許されていません。

クアードのみ

●トス

　手や腕に障がいがあり、通常のトスができない場合には、他の人がワンバウンドさせたボールを打ってサーブすることが認められています。

用語

クアード
4肢まひを意味する英単語「quadriplegia（クアドラプリージア）」の略。3肢以上にまひのある重度障がい者が出場する。

●打球

　クアードの選手は、ラケットを手にテーピングで固定することが認められています。また、電動車いすを使用することができます。

●種目のあり方

　クアードクラスには、他の種目と違い、男女の区別がありません。

・男女の区別がないことから、クアードクラスは「Mixed（ミックスド＝男女混合）」と呼ばれることもある。

　男女の区別がないことから、現在の世界ランキング上位は男子が占めている状態です（下記参照。上位10位までは、シングルス、ダブルスともに男子選手のみとなっています）。近い将来に、女子選手も上位に入る日が待たれています。

クアードクラスの世界ランキング（ITF）

※ 2017 年 7 月 17 日時点

クアード			
シングルス		ダブルス	
順位	名前	順位	名前
1	D. ワグナー（アメリカ）	1	D. ワグナー（アメリカ）
2	D. アルコット（オーストラリア）	2	A. ラプソン（イギリス）
3	A. ラプソン（イギリス）	3	A. コッテリル（イギリス）
4	L. シトレ（南アフリカ）	4	B. バーテン（アメリカ）
5	エレンリブ（イスラエル）	5	N. テイラー（アメリカ）
6	K. キム（韓国）	6	L. シトレ（南アフリカ）
7	H. デビッドソン（オーストラリア）	7	H. デビッドソン（オーストラリア）
8	S. シュローダー（オランダ）	8	G. ハステロック（アメリカ）
9	B. バーテン（アメリカ）	9	K. キム（韓国）
10	A. コッテリル（イギリス）	10	S. シュローダー（オランダ）

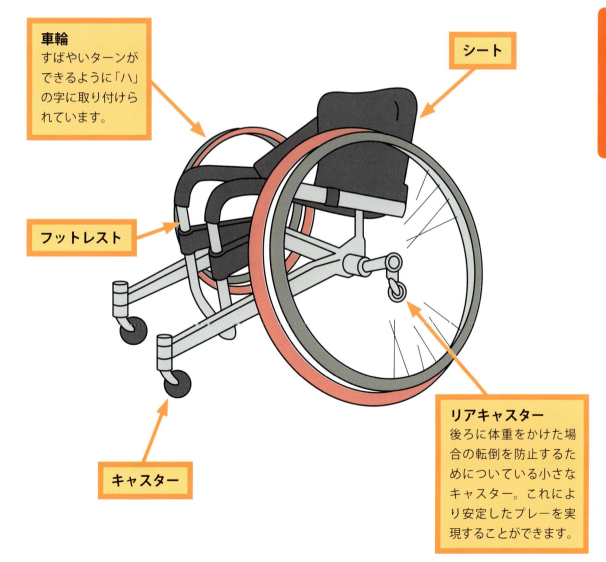

競技用具

- ・競技用車いすは車輪が「ハ」の字になっています。
- ・片手でも扱いやすい操作性と回転性能に優れており、サーブなど重心が後ろにきた場合にも安定したプレーをするための小さな車輪がついています。

競技用車いす

車いすテニスの競技用車いすは、ターンがしやすいように「ハ」の字になっている点が大きな特徴です（この特徴は、車いすバスケットボールで使われる競技用車いすと同じです）。

この他、後ろに体重をかけても倒れないようにリアキャスターと呼ばれる小さな車輪がついているなど、素早く正確なチェアワークを行うための細かい工夫がなされています。

車輪
すばやいターンができるように「ハ」の字に取り付けられています。

シート

フットレスト

キャスター

リアキャスター
後ろに体重をかけた場合の転倒を防止するためについている小さなキャスター。これにより安定したプレーを実現することができます。

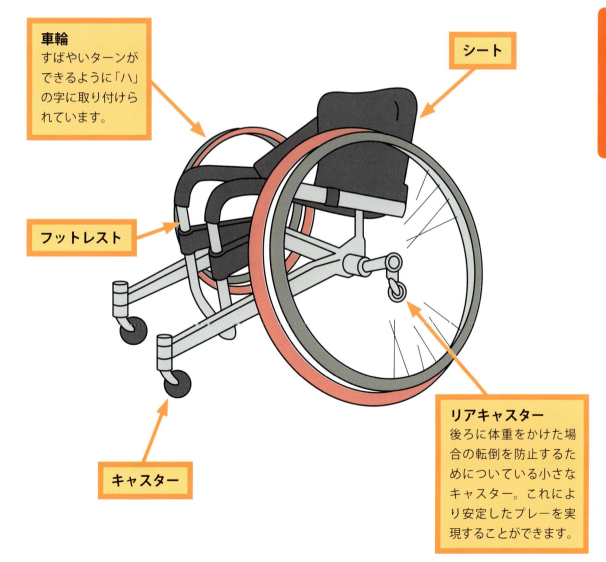

車いすテニス

世界で活躍！ トップ・アスリートたち

リオ大会で悲願の金メダル
イスケ・グリフィオン

先天性の二分脊椎症でしたが、10 歳のときに車いすテニスを始めます。車いすバスケットボールの経験もある巧みなチェアワークが武器で、パラリンピックにはアテネからリオまで 4 回連続出場。2008 年の北京大会、2012 年のロンドン大会ではシングルスでベスト 4 に終わりますが、ダブルスでは両大会とも銀メダルを獲得しました。

初のシングルス金メダルを目指した 2016 年のリオ大会では悲願を達成。母国オランダで支援団体の大使をつとめるなど幅広い活躍をしています。

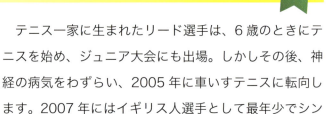
国枝選手を破り、初の金メダル
ゴードン・リード

テニス一家に生まれたリード選手は、6 歳のときにテニスを始め、ジュニア大会にも出場。しかしその後、神経の病気をわずらい、2005 年に車いすテニスに転向します。2007 年にはイギリス人選手として最年少でシングルスの国内チャンピオンに輝きます。

2016 年リオ大会では、日本の国枝を破り、男子シングルスで初の金メダルを獲得。この他、同年の全豪オープンの男子シングルスで優勝、ウィンブルドン選手権ではダブルスでも優勝するなど、その活躍には目を見張ります。

注目の日本人選手たち

3連覇は逃すも、存在感は健在
国枝慎吾

パラリンピックで2008年北京大会、2012年ロンドン大会と史上初の男子シングルス2連覇を果たした世界のスター。そのショットの正確性とチェアワークの高さは間違いなく世界のトップです。

9歳の時に脊髄腫瘍を発病して車いす生活となりますが、2年後に母の勧めをきっかけに車いすテニスと出合います。2004年アテネ大会で男子ダブルスの金メダルを獲得すると、2006年に全米オープンで優勝し、アジア人初の世界ランキング1位に輝き、以後世界の頂点に君臨し続けています。

リオ大会で銅メダルを獲得
上地結衣

先天性の潜在性二分脊椎症で、成長とともに歩行が困難になりました。車いすテニスを始めたのは11歳。先に始めていた車いすバスケットボールのメンバーからの紹介がきっかけでした。

14歳の時に史上最年少で日本ランキング1位になると、2012年ロンドン大会に高校3年生で出場。シングルス、ダブルスともにベスト8に入賞します。2014年には、女子車いすテニスダブルスで史上3組目となる年間グランドスラムを達成。2016年リオ大会では女子シングルスで銅メダルを獲得しました。

リオ・パラリンピックの主な金メダリストは次のとおりです。

	種目	名前	国
男子 シングルス		ゴードン・リード	イギリス
ダブルス		ステファン・ウデ ニコラ・ペイファー	フランス
女子 シングルス		イスケ・グリフィオン	オランダ
ダブルス		イスケ・グリフィオン アニーク・ヴァン・クート	オランダ
クアード シングルス		アルコット・ディラン	オーストラリア
ダブルス		アルコット・ディラン ヒース・デビッドソン	オーストラリア

　2014 年以降のテニスの 4 大大会の男子シングルス優勝者は、次のとおりです。国枝選手の活躍が光ります。

年	全豪	全仏	全米	ウィンブルドン
2014	国枝慎吾（日本）	国枝慎吾（日本）	国枝慎吾（日本）	
2015	国枝慎吾（日本）	国枝慎吾（日本）	国枝慎吾（日本）	
2016	ゴードン・リード （イギリス）	グスタボ・フェルナンデス （アルゼンチン）		ゴードン・リード （イギリス）
2017	グスタボ・フェルナンデス （アルゼンチン）	グスタボ・フェルナンデス （アルゼンチン）	―	―

＊　ウィンブルドン選手権の男子シングルスは 2016 年〜の開催です。また、2016 年全米オープンの車いす部門は、パラリンピックのため、開催されませんでした。

ボッチャ

ボッチャとは？

・ボッチャは、どれだけ多くのボールを、「ジャックボール」とよばれる白い目標球に近づけられるかを競うカーリングに似た知的競技です。

・ボッチャの起源は、古代ギリシャ時代といわれており、6世紀にイタリアで現在の原型が生まれたと考えられています。20世紀に、重い障がいのある人たちでも楽しむことのできるスポーツとしてルールの改良がなされました。

・ボッチャがパラリンピックの正式競技となったのは、1988年の韓国ソウル大会からです。2016年リオ大会では日本チームが初のメダルとなる銀メダルを獲得しました。

パラリンピックに参加できる障がいの種類

肢体不自由	立位	
	車いす	
	脳性まひ	●
視覚障がい		
知的障がい		

※リオデジャネイロパラリンピック時点

・ボッチャの起源は古代にさかのぼりますが、20世紀に、重い障がい者のためのスポーツとしてルールの改良がなされました。
・パラリンピックにおいては、第8回の韓国ソウル大会（1988年）から正式競技とされています。

はじまり

　ボッチャの起源は、古代ギリシャで行われていた球投げといわれています。その後、6世紀にイタリアで現在のボッチャに近いスポーツが考案されたと考えられています。ペタンクやローンボウルズ＊から発展したという説もありますが、諸説あります。20世紀に、重い障がいのある人たちでも楽しむことのできるスポーツとしてルールの改良がなされ、世界中に広がりました。

　語源は、ラテン語の「bottia」、現在はイタリア語「boccia」(木の球、という意味)と表記します。

＊「ペタンク」は、フランス発祥の球技で、テランと呼ばれるコート上に描いたサークルを基点に、木製のビュット（目標球）に金属製のブール（ボール）を投げ合って、相手より近づけることで得点を競うゲームです。一方、「ローンボウルズ」はイギリス発祥の球技で、ボウルと呼ばれる偏心球を目標球のそばにどれだけ近づけられるかを競う球技です（p474参照）。

パラリンピックでの歴史

　ボッチャは、第7回ニューヨーク・アイレスベリー大会（1984年）で初めて公開され、第8回韓国ソウル大会（1988年）で正式競技となり、まずBC1、BC2クラスのみが正式種目となりました。その後、第10回アトランタ大会（1996年）でBC3クラス、第12回アテネ大会でBC4クラスもそれぞれ正式種目に加えられました。

　第15回リオ大会（2016年）には、23か国から106人の選手が参加しています。この大会ではタイが金メダル2個、銀メダル1個、銅メダル2個を獲得し、活躍が目立ちました。メダル数では、タイに続き韓国（金、銀、銅それぞれ1つずつ）、ブラジル・スロバキア（金・銀1つずつ）となっています。

　また、日本チームも団体戦で初のメダルとなる銀メダルに輝きました。

- ボッチャは、どれだけ多くのボールを的（ジャックボール）に近づけられるかを競う競技です。
- 個人戦、団体戦があります。団体戦にはペア戦とチーム戦があり、いずれも男女混合で行われるのが特徴です。

コート

競技は独自のコートで行います。コートの大きさは、バドミントンのコートと同じくらいです。

ジャックボール（目標球）

ターゲットとなる白色のボール。このボールを目指して手持ちのボール（赤または青）を投げる。

ジャックボール無効ゾーン

ここでジャックボールが止まってしまうと反則となり、投球する権利が相手に移る。

ジャック・クロス

ジャックボールを置き直す位置を示す。また、延長戦（タイブレイクエンド）のときに置く位置としても使用する。縦25cm、横25cm。

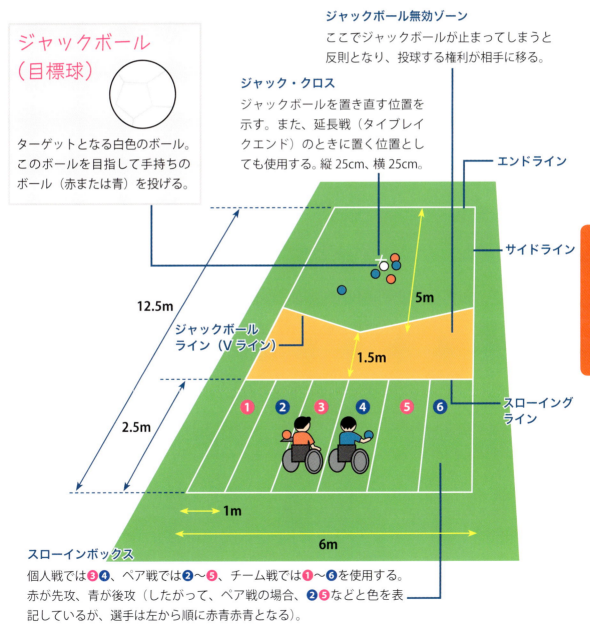

エンドライン

サイドライン

ボッチャ

12.5m

ジャックボールライン（Vライン）

スローイングライン

5m

1.5m

2.5m

1m

6m

スローインボックス

個人戦では❸❹、ペア戦では❷〜❺、チーム戦では❶〜❻を使用する。赤が先攻、青が後攻（したがって、ペア戦の場合、❷❺などと色を表記しているが、選手は左から順に赤青赤青となる）。

種　目

　パラリンピックのボッチャには個人戦と団体戦があり、団体戦は2対2のペア戦、3対3のチーム戦があるので、全部で3種目ということになります。

　3種目いずれも男女混合で行われます。

種目		選手の数
個人戦		**1対1**
団体戦	ペア戦	**2対2**
	チーム	**3対3**

基本ルール

　パラリンピック特有の競技のボッチャ。基本は、どれだけ多くのボールを的（ジャックボール）に近づけられるかを競う競技、ということです。ここでは、ペア戦を例に、試合のすすめ方を見ていきます。

・試合は審判がコインをはじいて（コイントス）、勝った方が赤サイド（先攻）か青サイド（後攻）かを選ぶことができる。なお、じゃんけんで行うことも可能。

試合のすすめ方

❶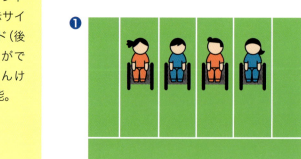

❶　赤色のボールを使う先攻と、青色のボールを使う後攻を決め、各選手は決められたボックスに入ります。

❷ まず、先攻側の一番左端の選手が、コートにジャックボールを投げます（2ゲーム目は後攻側の一番左端の選手が投げて、あとは同じ要領です）。

❸ ジャックボールを投げた選手が、つづけて、自分のボール（赤色・1球目）をジャックボールに向かって投げます。

❹ 次は、後攻の選手の誰か（左端の選手でなくてもかまいません）がボール（青色・1球目）を投げます。

❺ ここから2球目です。2球目以降は、ジャックボールから遠いボールの選手（チーム）から順にボールを投げます（上のイラストの場合、後攻のチームのボールの方がジャックボールから遠いので、後攻のチームから投げます）。

・個人戦では各選手6つずつ、ペア戦では各選手3つずつ、チーム戦では各選手2つずつのボールを投げることができる。

・反則（たとえば、相手側の競技時間中に、自分がボールを投げる準備をしてしまった場合など）があると、相手側に2球追加される。追加の2球は、エンドの最後に投げられる。

・団体戦の場合、1ゲーム1チームにタイムアウトが3分間認められる。タイムアウトは、エンドとエンドの間に、監督・キャプテンが要求する。

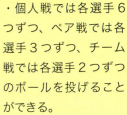
ボッチャ

❻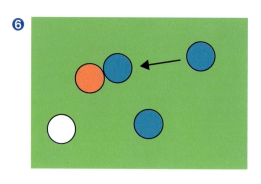

❻　投げたボールが、ジャックボールや他のボールに当たっても、そのままつづけます。

❼

❼　一方のチームの投げるボールがなくなったら、相手方チームが連続して投げます。全員の持っているボールがなくなれば１エンド終了です。

・個人戦とペア戦は、1試合４エンド、チーム戦は1試合６エンド。

・個人戦とペア戦は４エンド、チーム戦は６エンド終了した時点での、総得点が多い方が勝者となる。

●得点の決まり方

　ボッチャでは、エンド終了時点でジャックボールの最も近くにボールがある選手（チーム）に得点が入ります。点数は、ジャックボールのある円内に存在する球の数だけ入ります。

　ジャックボールから同じ距離に両選手（チーム）の最もジャックボールに近いボールがある場合は、両選手（チーム）に１点ずつが入ります。

●得点の例

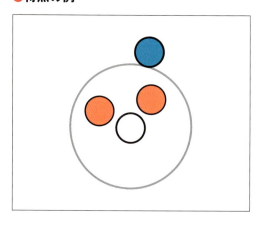

赤ボールの方がジャックボールに近いため、赤２点、青０点となります。

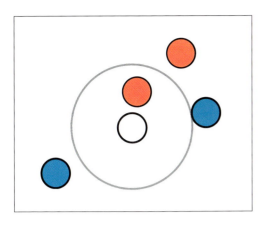

赤いボールの方がジャックボールに近いため、赤が1点、青が0点になります。

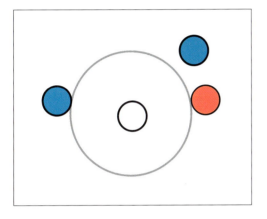

赤と青がジャックボールから同じ距離にあるため、赤青ともに1点ずつになります。

・ボールがジャックボールに完全に接している場合には、接しているボールの数だけ得点が入る。

反則があったとき

反則があると、相手側に2球追加されます。また、投げられたボールに反則があった場合、そのボールはコートから取り除かれます。これを『リトラクション（ボール除去）』と言います。リトラクションは、おもに投げる動作についての反則に適用されます。

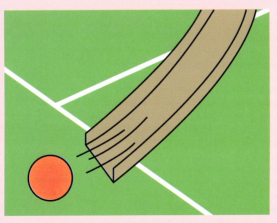

クラス分け

- ボッチャには BC1 ～ 4 と、オープンクラス（車いすと立位）がありますが、パラリンピックなど国際大会で実施されるのは、BC1 ～ 4 クラスです。
- クラスごとに出場できる種目が決まっています。

クラス	投球	足げり	補助具の使用	アシスタントによる補助	障がいの種類・程度
BC1	○	○	×	△ ※1	車いすの操作ができず、四肢・胴体にまひがある脳性まひ者か、下肢で車いすの操作が可能な脳性まひ者。
BC2	○	×	×	×	上肢で車いすの操作ができる脳性まひ者。
BC3	×	×	○	○	自力で投球できないため、ランプという補助具（p79 参照）を使う。脳性まひ以外の障がいも含む。
BC4	○	○	×	△ ※2	BC 1、BC 2 クラスと同等の機能障がいのある、脳性まひ以外の重度の四肢まひ者（頸髄損傷、筋ジストロフィーなど）。

※1　補助が必要な選手のみ部分介助が認められる。　※2　足げりの選手は補助が認められる。

クラスごとの出場種目

　ボッチャでは、クラスごとに出場することのできる種目が決まっています。個人戦のみ、全てのクラスの選手が出場することができます。

	個人戦	団体戦	
		ペア戦	チーム戦
BC1	○	×	○※
BC2	○	×	○※
BC3	○	○	×
BC4	○	○	×

※　チーム内に 1 人は必ず BC1 の選手が入っていることが条件。

・ボッチャは、障がいの程度が重い選手も参加するため、選手を補助する用具が必要となります。
・ボールは表面が柔らかく、あまり転がらず弾まない素材が使用されています。

■ ランプ（勾配具）

　自分の力でボールを投げたり、けったりすることができない選手は、「ランプ（勾配具）」というすべり台のような補助具を使ってボールを投げます。

　ランプの角度や向きを調節することによって、選手は意図したボールを投げることができます。

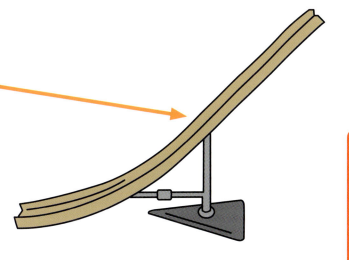

材質や長さは自由です。ただし、ボールのスピードや向きを意図的に操作するしかけをしてはいけません。

ランプを使用するときは、アシスタント（介助者）が付き、選手を補助しますが、その際コートを振り返ったり、選手にアドバイスをしたりすること、サインを送ることは禁止され、ただ選手の指示通りにランプを動かさないといけません。

ボッチャ

ヘッドポインター

ボールを押さえて、リリースする（離す）ための道具です。ヘッドバンドに棒がついていて、ランプ上にあるボールを押さえます。脳性まひであっても、首から上は比較的自由に動かせることが多いことから、使用される器具です。

ボール

周長270mm、重さ275g。テニスボールより少し大きいサイズです。

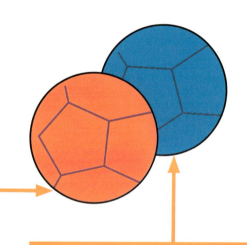

表面にある縫い目のため、普通のボールと異なる独特な転がり方をします。

中は硬質な素材、内側は柔らかな素材でできています。転がらず弾まないといわれています。

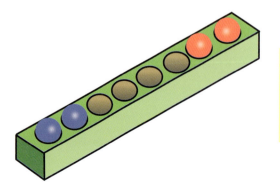

デッドボール入れ

アウトボールになったボールを入れるもの。選手や審判が確認できる位置に置いておきます。

世界で活躍！ トップ・アスリートたち

リオ大会は個人戦、チームで金メダル
ワットチャラポーン・ヴォンサ

生まれつき脳性まひでしたが、13歳の時にボッチャを紹介され、競技を始めました。

2012年ロンドン大会では、個人戦のメダルは逃したものの、チーム戦では金メダルを獲得。2016年リオ大会では、チーム戦と個人戦（BC2）の2つの金メダルを獲得しました。

ボッチャで活躍するだけでなく、2009年には職業訓練校でコンピューターサイエンスを学ぶなど、多彩な活動を行っています。

3大会連続でメダル獲得
デイビッド・スミス

6歳のときに初めて競技を行った彼は、才能を磨き、14歳のときに英国選手権で最年少で優勝、18歳で世界選手権に出場します。その後も、ヨーロッパ選手権やワールドカップなどに出場し、金メダルを始め、多くのメダルを獲得していきました。

パラリンピックでは、2008年北京大会での金メダルを始め、2012年ロンドン大会では個人戦（BC1）で銀メダル、チーム戦で銅メダルを獲得。2016年のリオ大会では、個人戦（BC1）で念願の金メダルに輝きました。

ボッチャ

注目の日本人選手たち

日本代表キャプテン
杉村英孝

　先天性の脳性まひで、学生時代は車いすサッカーなどをしていましたが、高3の時、施設の教師に見せてもらったビデオをきっかけにボッチャを始めます。2001年の大会出場をきっかけに本格的に競技を始めると、日本のエース・廣瀬と並ぶ二枚看板に成長。2012年からは日本代表キャプテンを務めます。

　2016年3月の世界選手権大会では3位に入り、自身初となる国際大会個人戦でのメダルを獲得、同年のリオ・パラリンピックでは日本チーム代表キャプテンとして、銀メダルを獲得しました。

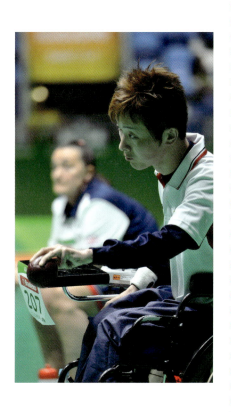

日本の絶対的エース
廣瀬隆喜

　先天性の脳性まひで、中学時代は射撃、高校時代は陸上競技をしていましたが、卒業後も続けられるスポーツとしてボッチャを始めました。2002年に第7回千葉ボッチャ選手権大会で初優勝。2003年の第5回日本ボッチャ選手権大会では初出場で3位に入り、2006年の第8回日本選手権大会で初優勝。同大会ではその後2009年まで4年連続で優勝するなど、史上最多の6回優勝に輝いています。2016年リオ大会では、正確なショットで、日本チームに初の銀メダルをもたらしました。

リオ大会における主な金メダリストは次のとおりです。

種目	クラス	名前	国
個人戦	BC1	デイビッド・スミス	イギリス
	BC2	ワットチャラポーン・ヴォンサ	タイ
	BC3	チョン・ホウォン	韓国
	BC4	レオン・ヤック・ウィング	香港
ペア戦	BC3	アントニオ・レメ エヴァーニ・ソアレス・ダ・シルバ エブリン・デ・オリヴェイラ	ブラジル
	BC4	ロベルト・ドゥルコヴィッチ サミュエル・アンドレシック ミカエラ・バルコヴァ	スロヴァキア
チーム戦	BC1-2	パッタヤー・タットン ワットチャラポーン・ヴォンサ ウォーラウット・セーンガンパ スビン・ティップマニー	タイ

ボッチャ

注目 **日本チーム　悲願のメダル獲得！**

　2016年リオ大会で日本チームは悲願のメダルとなる銀メダルを獲得しました。チームメンバーは、キャプテン杉村英孝、エース廣瀬隆喜、ベテラン木谷隆行、冷静な投球の光った藤井友里子の4名。決勝ではタイに屈したものの、ミスをカバーし合うチーム一丸となってのメダル獲得で、競技に対する注目度は格段に上がりました。

卓球

卓球とは？

・パラスポーツとしての卓球は、世界で3番目に競技人口が多く、現在100か国以上でプレーされる人気競技です。

・出場対象となるのは、肢体不自由者と知的障がい者です。

・パラリンピックでは、第1回大会から正式競技として採用されており、リオ大会ではクラス別に29種目が行われました。

・パラリンピックにおいても、ゲームの進め方や点数の入り方など基本的な部分はオリンピックと同じですが、サービスやトスの仕方、ダブルス戦での戦い方などに特別ルールが設けられています。

パラリンピックに参加できる障がいの種類

肢体不自由	立位	●
	車いす	●
	脳性まひ	
視覚障がい		
知的障がい		●

※リオデジャネイロパラリンピック時点

はじまり

卓球の起源は、諸説ありますが、13世紀、フランスの貴族が手のひらを使ってテーブルの上でボールを打ち合う「ジュ・ド・ポーム」というゲームといわれています。さらに、テニスが流行していた19世紀に、イギリスでテニス選手たちが、雨の日に屋内でテニスができないかと考え、室内テーブルで打ち合ったのが現在の卓球の始まりといわれています。その後、ディナーの後に行われる室内娯楽として、上流階級の貴族たちの間で広まりました。

やがてテニスラケットを小さくし、セルロイド製のおもちゃボールを使うとピンポンと響きましたが、アメリカの会社が、ピンポンの名前をすでに商品登録していました。そこで、テーブルテニス（卓球）という名前が正式な競技名となりました。

夏季オリンピックで卓球競技が実施されたのは、1988年ソウル大会からです。ソウル大会では、男女シングルスと男女ダブルスの4種目が実施されました。

パラリンピックでの歴史

パラリンピックでの卓球競技は、第1回ローマ大会（1960年）から現在まで正式競技として行われています。第14回ロンドン大会から知的障がいの選手も出場できるようになりました。

第15回リオ大会（2016年）には、47か国から269人の選手が参加しています。メダル獲得数の上位3か国は、中国（金13個、銀7個、銅1個）、ポーランド（金2個、銀3個、銅3個）、フランス（金2個、銀1個、銅1個）となっており、卓球大国・中国選手団の活躍が目立ちます。

卓球

・卓球競技は、ほぼオリンピックと同じ卓球台、ルールで行われていますが、一部特別な仕様やルールが定められています。
・個人戦はシングルス（1対1）、団体戦は1チーム3名で、シングルスやダブルス（2対2）で対戦します。

卓球台

　卓球台のサイズやネットの高さは、通常のものと同じです。ただし、卓球台の脚部分は、車いすの選手が競技することを考慮して、エンドラインから少なくとも40cm離れていなければならないとされています。

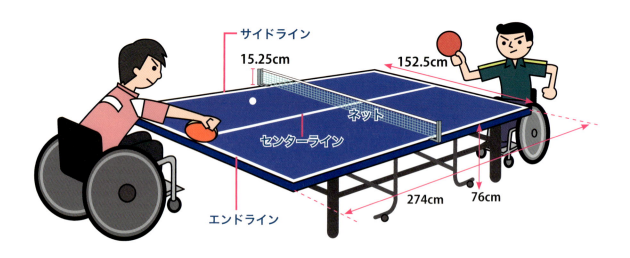

パラリンピックで行われる種目

個人戦	団体戦	シングルス戦 + ダブルス戦
シングルス戦		シングルス→シングルス→ダブルス→シングルス→シングルスの最大5試合を、3試合先取で行います。

特別ルール

　卓球台を挟んで向かい合い、ボールを表面にゴムが貼られたラケットで打ち合うという基本ルールはオリンピックと同じですが、パラリンピックならではの特別なルールが設けられています。

ラケットの握り方

　卓球は、ラケットを持って行うスポーツです。しかし、そのラケットを持つ手や腕に障がいがある選手もいます。その場合、選手は手や腕にラケットをしばりつけるなどして固定し、プレーを行います。

サービス

　パラリンピックにおいては、サービスの場面でさまざまな特別ルールが設けられています。

●トスの上げ方

　手の平を開くことができない障がいのある選手の場合には、手の平を開かずにサービスを行うことが認められています。

・試合は5ゲームマッチで行われ、3ゲーム取ったチームの勝利となる。1ゲームは11点先取。
・ポイントが10-10となった場合には、「デュース」となり、2ポイントの差がつくまでそのゲームは続けられる。

用語 🖊

サービス
ラリーの1球目に自分でトスをして、相手のコートに向けてボールを打つこと。

・通常サービスは、手のひらを開いた状態で、手のひらの中央にボールを置いて、垂直方向に16cm以上トスをして行う。

卓球

そのほか、正規のトスが困難な選手の場合には、特別に一度自分のコートにボールをワンバウンドさせてからサービスすることが認められる場合もあります。

・「レット」は、急な方向転換や動き出しが難しい車いすの選手に配慮したルール。
・「レット」というルールがある場合、サーブの際、ボールは必ずエンドラインを通過することになる。

●レット

車いす選手による卓球の試合では、打ったボールが途中でサイドラインを通過するとやり直しとなります。これを「レット」といいます。

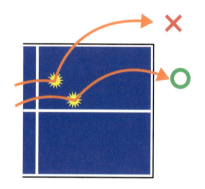

・オリンピックやパラリンピックの車いす以外のダブルス戦においては、ペア選手はそれぞれ交互に打球をしなければならないルールになっている。
・センターラインを超えてしまった場合、相手選手に1ポイントが入る。

ラリー

車いすのダブルス戦の場合、選手はそれぞれセンターラインの延長線を超えてプレーしてはいけません。そのため、最初のサーブ→リターン以外はどちらの選手が返球してもかまいません。

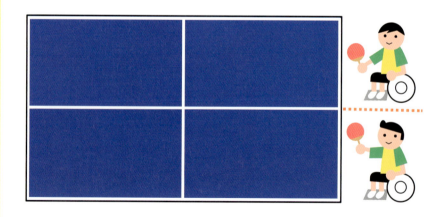

・卓球のクラスには、大きく分けて「肢体障がい」と「知的障がい」の2つがあり、肢体障がいはさらに「車いす」と「立位」に分けられます。

・男女や個人戦か団体戦により、合同クラスが設けられます。

クラス	障がいの種別		障がいの程度
TT1	肢体障がい	車いす	重い ↕ 軽い
TT2			
TT3			
TT4			
TT5			
TT6		立位	重い ↕ 軽い
TT7			
TT8			
TT9			
TT10			
TT11	知的障がい		

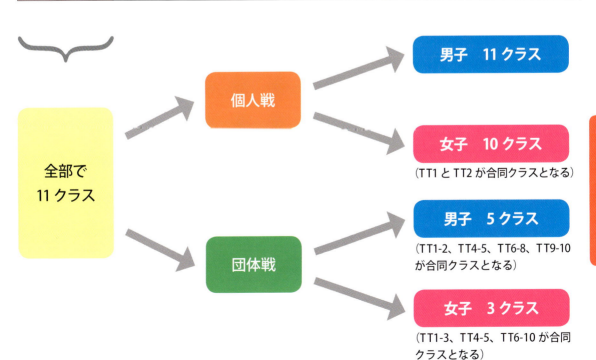

全部で
11クラス

個人戦

男子　11クラス

女子　10クラス
（TT1とTT2が合同クラスとなる）

団体戦

男子　5クラス
（TT1-2、TT4-5、TT6-8、TT9-10が合同クラスとなる）

女子　3クラス
（TT1-3、TT4-5、TT6-10が合同クラスとなる）

卓球

競技用具

- ・基本的に、オリンピックなどと使う用具は同じです。
- ・義足などを使う場合には、バランスの良い動きを生み出すために、工夫がされています。

■ ラケットとボール

　パラリンピックの卓球で使われる用具は、基本的にオリンピックと同じです。卓球のラケットが他の球技と異なるのは、握り方の違いにより、「シェークハンド」と「ペンホルダー」の大きく2種類のタイプが存在することです。

　ラケットは常に進化し続けていて、それに伴い、ルールも変化を続けています。

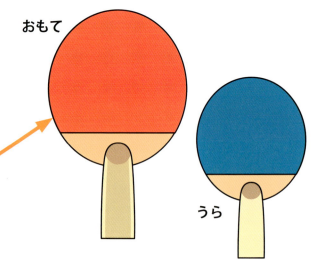

シェークハンド
手で握手するように握るタイプのラケットで、両面にラバーを貼って使用します。現在では、多くの選手がこのシェークハンドを使用しており、主流といえます。

ラバー
ゴムとスポンジのシートが貼られている。表面と裏面で違う色のラバーを貼らなければならない。

おもて

うら

おもて

うら

ペンホルダー
親指と人差し指で支えながら打つタイプ。通常、片面のみにラバーを貼り、その面のみで打球を行います。

裏面には、表面と異なる色のシートを貼るか、塗りつぶさなければならない。

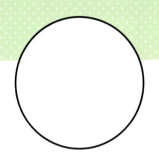

ボール
直径 40mm、重さ 2.7 g。プラスチック製で、白色と定められています。

義 足

　パラリンピックの卓球で使われる義足は、日常で使用する義足に近いですが、素早い動きを実現するため、靴を履かせることで左右の身体のバランスを取ります。

クラッチ（杖）

　立位の選手の中には、クラッチ（杖）を使用する選手もいます。その場合、クラッチは、腕の延長と考えられ、クラッチが卓球台に触れると反則となります。

卓球

世界で活躍！トップ・アスリートたち

オリンピックにも出場経験

ナタリア・パルティカ

　生まれつき右前腕がないものの、2008年北京大会、2016年リオ大会とオリンピックにも出場する元天才卓球少女です。ボールにスピンをかける技術が高く、また右腕の先端にボールを乗せて揺らし、巧みにサーブをするというテクニックを持っています。

　パラリンピックには過去にシドニー、アテネ、北京、ロンドン、リオと5大会連続出場。2008年北京大会では、シングルス金メダル、団体銀メダルを獲得。2016年リオ大会でも団体で金メダルを獲得しました。

離れ業でリオ大会を席捲
イブラヒム・ハマト

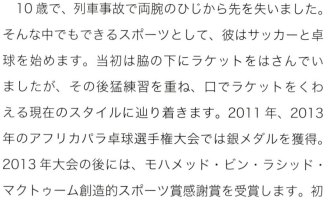

　10歳で、列車事故で両腕のひじから先を失いました。そんな中でもできるスポーツとして、彼はサッカーと卓球を始めます。当初は脇の下にラケットをはさんでいましたが、その後猛練習を重ね、口でラケットをくわえる現在のスタイルに辿り着きます。2011年、2013年のアフリカパラ卓球選手権大会では銀メダルを獲得。2013年大会の後には、モハメッド・ビン・ラシッド・マクトゥーム創造的スポーツ賞感謝賞を受賞します。初出場となったリオ・パラリンピックでは1次リーグで敗退したものの、そのプレーは大きな話題となりました。

注目の日本人選手たち

日本最年長のレジェンド
別所キミヱ

「バタフライ・マダム」との愛称で外国選手からも敬愛される別所選手。もともと健常者でしたが、42歳の時に「仙骨巨細胞腫」という病に侵され、車いす生活となりました。失意のどん底にあった別所選手でしたが、あるとき新聞で障がい者卓球の記事を目にしたことから転機が訪れます。卓球にのめりこみ、始めてわずか6年後に全日本で優勝、2002年にはUSオープンでも優勝します。

パラリンピックには、アテネ大会以降、リオ大会まで4大会連続出場を果たしました。

「頭脳派」の若手成長株
岩渕幸洋

生まれつき両足が内側に曲がる障がいがあり、小学生から装具をつけていました。卓球は以前から健常者とともにプレーしていましたが、中学3年の秋に、障がい者との試合に出場、自分より障がいの重い選手に歯が立たなかったことで、レベルの高さを知ります。

早大卓球部に所属しながら出場したリオ・パラリンピックでは惜しくも予選リーグ敗退となったものの、相手を徹底的に研究する「頭脳派」は、今後も大きな活躍が期待されています。

卓球

世界記録

中国選手団の活躍が目立ったリオ大会における主な金メダリストは次のとおりです。

種目	クラス	名前	国
男子 シングルス	TT1	ロバート・デイビス	イギリス
	TT2	ファビアン・ラミロー	フランス
	TT3	パンファン・フォン	中国
	TT4	アブドゥラ・オツターク	トルコ
	TT5	カオ・ニンニン	中国
	TT6	ピーター・ローズンメアー	デンマーク
	TT7	ウィリアム・ベイリー	イギリス
	TT8	ザオ・シュワイ	中国
	TT9	ローレンス・デボス	ベルギー
	TT10	ゲ・ヤン	中国
	TT11	フロリアン・ヴァン・アッカー	ベルギー
女子 シングルス	TT1－2	リウ・ジン	中国
	TT3	シユウ・ファン	中国
	TT4	ボリスラヴァペリッチ・ランコヴィッチ	セルビア
	TT5	チャン・バイアン	中国
	TT6	サンドラ・パオビッチ	クロアチア
	TT7	ケリー・バン・ゾン	オランダ
	TT8	マオ・ジンディアン	中国
	TT9	リウ・ユ	中国
	TT10	ナタリア・パルティカ	ポーランド
	TT11	ナタリア・コスミナ	ウクライナ

柔道

柔道とは？

・古武道の柔術から発展した武道で、投げ技や固め技を主体とした技法を持つ日本生まれのスポーツです。

・1964年の東京オリンピックをきっかけとして海外に広まり、現在では国際的なスポーツとして世界中の人々に親しまれています。

・パラリンピックでは、第8回韓国ソウル大会（1988年）から正式競技として採用されています。

・出場対象となるのは、目に障がいをもつ選手です。

パラリンピックに参加できる障がいの種類

	立位	
肢体不自由	車いす	
	脳性まひ	
視覚障がい		●
知的障がい		

※リオデジャネイロパラリンピック時点

はじまり

　現在、日本をはじめとして世界各国で行われている柔道は、嘉納治五郎という武道家が複数の流派の柔術をまとめ直して作り、1882（明治15）年に東京にある永昌寺というお寺で指導を開始したのがはじまりといわれています。

オリンピックと発展

　1964年の東京オリンピックで実施されたのをきっかけに、柔道は海外にも広まっていきました。女子も1992年のバルセロナ大会から正式競技として実施されています。

パラリンピックでの歴史

　パラリンピックにおいては、第8回韓国ソウル大会（1988年）から正式競技となりました。当初は男子のみ開催されていましたが、第12回アテネ大会（2004年）から女子も参加できるようになりました。

　第15回リオ大会（2016年）には、36か国から129人の選手が参加しています。メダル獲得数はウズベキスタン（金3個、銀1個、銅6個）、中国（金2個）、メキシコ（金2個）、ウクライナ（金1個、銀3個、銅3個）となっています。

　日本選手団も銀1個、銅3個のメダルを獲得しました。

競技の ルール

- 一般の柔道とほとんど変わらないルールで行われますが、試合開始の方法など一部に特別ルールが設けられています。
- 2020年東京大会に向けて、競技のルールに改正が行われています。

試合場

試合は一般の柔道と同じ畳の上で行われます。ただし、試合場は「場内」と「場外」に分けられてはいますが、パラリンピックの柔道は視覚障がい者が行うため、「場外」でかけた技も認められます（一般の柔道では、「場外」でかけた技は無効となります）。

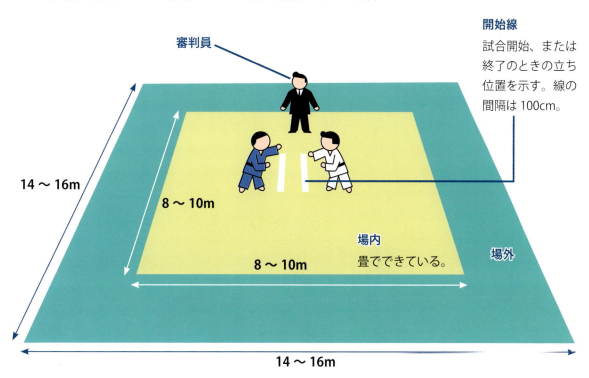

審判員

開始線
試合開始、または終了のときの立ち位置を示す。線の間隔は100cm。

14〜16m

8〜10m

8〜10m

場内
畳でできている。

場外

14〜16m

パラリンピックで行われる種目

男子
60kg級　90kg級
66kg級　100kg級
73kg級　100kg超級
81kg級

女子
48kg級　70kg級
52kg級　70kg超級
57kg級
63kg級

基本ルール

パラリンピックの柔道は、視覚に障がいを持つ選手のための競技として実施されていますが、ルールは一般の柔道と基本的にほぼ変わりません。

試合時間

男女とも4分間です。制限時間内にどちらかが「一本」をとると、その選手が勝者となり試合終了となります。また、制限時間を経過しても勝敗がつかないときは、延長戦を行います。

技の判定

技が有効な場合、「一本」ないし「技あり」と判定されます。

同じ投げ技でも、相手を制して、相手が「背を大きく畳につくように」相当な「強さ」「速さ」をもって投げた場合は「一本」、「背を大きく畳につく」「強さ」「速さ」のどれか1つが欠けた場合には「技あり」と判断されます。

相手を抑え込んだ状態からの経過時間で、技の判定が変わります。

相手を抑え込んだ状態から…

相手を抑え込む「抑込技」の場合

10秒以上
20秒未満

技あり

20秒経過

一本

2016年ルール改正

・国際柔道連盟（IJF）は、2020年東京オリンピック・パラリンピック大会に向けて、2017年以降のルール改正を行った。

2016年ルール改正①

・男子の試合時間が5分から4分へと短縮された。

2016年ルール改正②

・従来3段階（「一本」「技あり」「有効」）とされていた技のポイントのうち、「有効」が廃止された。

2016年ルール改正③

・抑え込みによる「技あり」が15秒から10秒に短縮された。

審判員

　原則として、主審1名です。他に試合場外の審判委員（ジュリー）席でジュリーがビデオを確認するサポート役として、主審に無線で指示を行います。

勝敗の決め方

　技や反則を含めた得点、審判の判定などによって、勝敗が決まります。

勝敗の決め方	ポイント		反則		
	一本	技あり	指導		反則負け
			1回目	2回目	指導3回目
一本勝ち 一本をとると、その時点で試合が終了となる。	◎	×	×		◎
優勢勝ち 両選手が一本をとる前に制限時間が経過してしまった場合、獲得した点数が高いほうが勝者となる。	―	◎	× 「指導」は相手にポイントを与えない。したがって、「技あり」が同数の場合、「指導」差で勝敗がつくことはなく、延長戦となる。		―
判定勝ち 延長戦でも決着がつかなかった場合には、審判による判定で勝敗が決まる。勝者は「優勢勝ち」が告げられる。	―	―	―	―	―

2016年ルール改正④
・「技あり」2本で「一本」となる「合わせ技一本」が廃止された。

2016年ルール改正⑤
・反則負けが指導4回目から指導3回目になった。

特別ルール

パラリンピックの柔道は、視覚に障がいを持つ選手が行うことを考慮して、一部のルールが変更されています。

試合開始

パラリンピックの柔道のルールの中で、一般のルールともっとも異なるのがこの試合開始の方法です。一般の柔道では、2人が離れた状態で試合開始となりますが、パラリンピックの柔道は、最初からお互いの袖と襟を持って、組み合った状態から試合をスタートします。

場外の扱い

場外規定は、適用されません。ただし、故意に場外を利用した場合には、指導の対象とされることがあります。

・試合中に両手が離れた場合は、主審の「待て」の宣告により試合を中断する。その後、試合開始と同じ手順で再スタートする。

・主審は、選手が場外に近づいた時は「場外、場外」とコールする。

注目 **接近戦で見応えアリ！**

パラリンピックの柔道は初めから組み合った状態で試合開始となるため、オリンピックなど一般の柔道と異なり、組手争いがありません。常に接近戦での技の応酬となるため、見応えがあり、試合時間の間は一瞬たりとも目が離せません。残り時間が数秒であったとしても、組み合った状態から始めるため、大逆転での勝利の可能性も十分あるのがパラリンピックの柔道です。その分、選手たちは一般の柔道以上に体力の消耗が激しいといわれています。

クラス分け

- パラリンピックの柔道は、視覚障がいの程度によるクラス分けはありません。
- オリンピックと同じように体重別に試合を行います。

男子	女子
60kg 級	48kg 級
66kg 級	52kg 級
73kg 級	57kg 級
81kg 級	63kg 級
90kg 級	70kg 級
100kg 級	70kg 超級
100kg 超級	―

競技用具

- 柔道は特別な用具を使いませんが、視覚障がい者の中でも聴覚障がいも持っている選手の場合、柔道衣に特別なマークをつけることとされています。

柔道衣

オリンピックと同じ、厚手の木綿などでつくられたものを着用します。両選手はそれぞれ青と白の柔道衣を着て競技を行います。

B1 クラス（視覚障がいの程度がもっとも重く、全盲あるいは光を感じることができる程度）の選手および視覚・聴覚の両方に障がいのある選手は、柔道衣にマークをぬいつけることとされています。

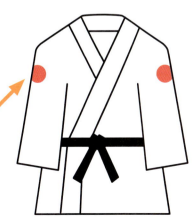

マーク
直径 7cm の赤い円マークを柔道衣の両そでの外側の、肩から 15cm の位置にぬいつけます。

注目の日本人選手たち

夫婦そろってのメダル獲得を目指す
廣瀬 悠・順子

　妻の順子は小学生の時に柔道を始め、高校ではインターハイにも出場。しかし、大学時代に膠原病の一種を発症、弱視となり、一時は柔道を断念します。のちに大学に再入学してパラ柔道を始めると、2013年から全日本3連覇を果たします。夫の悠とともに、2016年リオ大会でメダル獲得を目指し、自身は銅メダルを獲得したものの、悠は初戦で前回ロンドン大会の金メダリストと対戦し、メダルを逃しました。

　2020年東京大会では、リオ大会で叶わなかった夫婦そろってのメダル獲得を目指します。

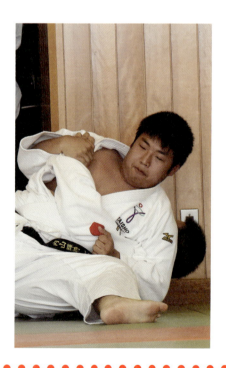

東京大会を目指す若手のホープ
内山輝将

　2020年の東京大会出場を目指す若手のホープです。小さい頃から体を動かすことが好きでしたが、先天性無虹彩症という目の病気でまぶしい光が苦手だったために、屋外スポーツを断念。小学3年生のときに黒帯の父親に憧れて少年柔道クラブに入部します。

　2014年全国視覚障がい者学生柔道大会で準優勝すると、翌年には優勝。さらに同年の全日本視覚障がい者柔道大会にも出場し3位入賞、2016年には同大会で2位と着実に力をつけています。

　男子ではウズベキスタン選手の活躍が目立ったリオ大会における主な金メダリストは次のとおりです。

種目		名前	国
男子	60kg 級	シェルゾド・ナモゾフ	ウズベキスタン
	66kg 級	ウトキルジョン・ニグマトフ	ウズベキスタン
	73kg 級	ラミル・ガシモフ	アゼルバイジャン
	81kg 級	エドゥアルド・アドリアン・アビラ・サンチェス	メキシコ
	90kg 級	ズヴィアド・ゴゴチュリ	ジョージア
	100kg 級	チェ・グァングン	韓国
	100kg 超級	アディヤン・トゥレンディバエフ	ウズベキスタン
女子	48kg 級	リー・リーチン	中国
	52kg 級	サンドリーヌ・マルティネ	フランス
	57kg 級	インナ・チェルニアック	ウクライナ
	63kg 級	ダリダヴィス・ロドリゲス	キューバ
	70kg 級	レニア・ファビオラ・ルヴァルカバ・アルバレス	メキシコ
	70kg 超級	イェンピン・ユアン	中国

リオ大会で活躍した日本選手のメダリストは以下のとおりです。

種目		名前	結果
男子	60kg 級	廣瀬　誠	銀メダル
	66kg 級	藤本　聡	銅メダル
	100kg 超級	正木　健人	銅メダル
女子	57kg 級	廣瀬　順子	銅メダル

車いすフェンシング

車いすフェンシングとは？

・車いすフェンシングでは、一般のフェンシングが立って行われるのに対して、「ピスト」と呼ばれる装置に車いすを固定し、上半身だけで競技を行います。

・パラリンピックにおいては1960年に開催された第1回ローマ大会から正式競技として採用されており、特にヨーロッパで盛んに行われています。

・日本人選手は2016年のリオ大会の出場はなりませんでしたが、2000年のシドニー大会から3大会連続で出場しており、今後も活躍が期待されています。

パラリンピックに参加できる障がいの種類

肢体不自由	立位	●
	車いす	●
	脳性まひ	
視覚障がい		
知的障がい		

※リオデジャネイロパラリンピック時点

競技の歴史

- フェンシングの原型は中世ヨーロッパの騎士の剣術です。1913年に近代フェンシングがスタートしました。
- パラリンピックでは第1回ローマ大会（1960年）から正式競技とされ、男子はサーブル、女子はフルーレのみの開催でした。

はじまり

　フェンシングの原型は、中世ヨーロッパの騎士の剣術です。騎士の名誉の象徴であった剣は、戦場で使われることが少なくなってもなお、上流階級の間で剣術としてたしなまれ、その後マスクが発明されると、19世紀末にはスポーツとしてヨーロッパで発展。1913年に国際フェンシング連盟がパリに設立され、近代フェンシングがスタートしました。

パラリンピックでの歴史

　パラリンピックにおいては、第1回ローマ大会（1960年）から正式競技とされ、男子はサーブル、女子はフルーレのみ開催で、イタリアがメダルを独占していました。第2回東京大会（1964年）に男子はエペ、フルーレも加わり現在の3種目に、第8回韓国ソウル大会（1988年）に女子にはエペが加わり現在の2種目になりました。

第2回東京大会での車いすフェンシングの様子

写真：TopFoto／アフロ

105

競技の ルール

・一般のフェンシングと基本的に同じルールで行いますが、「ピスト」の上に車いすを固定して行うという特色があります。

競技場

　車いすフェンシングの試合は「ピスト」といわれる試合コートの上に車いすを固定して行います。ピストに車いすを固定し、次に対戦距離を測定します。

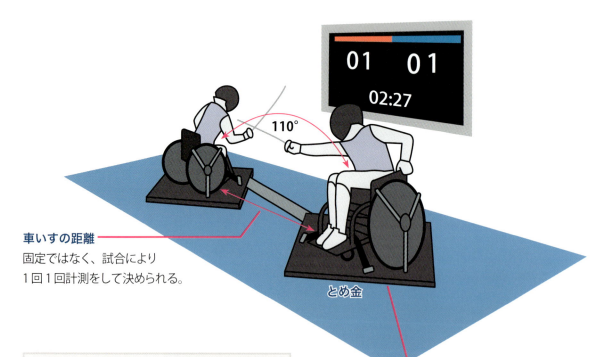

車いすの距離
固定ではなく、試合により
1回1回計測をして決められる。

とめ金

フルーレ： 両選手が、車いすの真ん中にまっすぐに座った状態で、1人（Ａ）が剣を持つ腕のひじを直角に曲げて、相手（Ｂ）に正対する。次に、相手側（Ｂ）が、剣を持ち腕を完全に伸ばす。その剣先が、Ａの曲げたひじの内端の上に垂直に届く距離をはかる。次にＡＢが入れ代わって、同じ動作をして、また計測する。腕の長さなどにより、距離が異なる場合には、原則として短い距離に合わせる。

エペ、サーブル： 剣を持つひじに一方のフェンサーの剣先がちょうど届く距離とする。

ピスト
試合コートのこと。相手選手との角度が110度となるようにあらかじめ車いすを、ピストにとめ金で固定します。

種　目

車いすフェンシングには、一般のフェンシングと同じように、剣の形や攻撃場所のちがいによって、「フルーレ」「エペ」「サーブル」という3種目があります（ただし、女子には「サーブル」はありません）。また、「フルーレ」「エペ」には1人でたたかう個人戦と、3人対3人でたたかう団体戦があります（男子「サーブル」は個人戦のみです）。

	有効面	ポイント	攻撃権
フルーレ	胸、腹、背中	有効面ないしマスクののどのメタル部分を突くと得点となる。	あり
エペ	上半身	有効面を相手より早く突くとポイントとなる。	なし
サーブル	手の先を除く上半身	有効面への突きと「切り（切る動作）」が得点となる。	あり

用語

フルーレ
フルーレ（foil）はフェンシングのフルーレ種目の意味のほかに、フルーレ用の剣という意味もある。フルーレ（剣）は、エペ（epee）が決闘用としても使われたのに対し、もともと練習用に作られたものという違いがある。

用語

攻撃権
「フルーレ」と「サーブル」にある独特のルール。最初に攻撃をしかけた選手が攻撃権を得るというルールで、一方の選手が攻撃権を得ると、相手の選手は防御をすることしか許されなくなる。ただし、自分の剣ではらいのけると、その瞬間に攻撃権が入れ代わる。

車いすフェンシング

ルール

　車いすフェンシングのルールは、基本的に一般のフェンシングと同じです。

審判員

　個人戦は、3分間を3セット。団体戦は3分間5ポイント先取の勝負を9試合行います。

試合の進め方

❶　車いすを固定すると、次に対戦距離を測定します。

❷　準備が終わると、主審の「ラッサンブレ・サリュー（フランス語で「気をつけ・礼」）」の合図で選手は互いにあいさつをします。

❸　次に、「アン・ガルド（フランス語で「構え」）」という合図でマスクを着用して構えます。

・それぞれのフランス語表記は次のとおり。
「ラッサンブレ・サリュー」＝「Rassemblez! Saluez!」
「アン・ガルド」＝「En garde!」
「エト・ヴ・プレ？」＝「Etes-vous Prêts?」
「ウイ」＝「Oui.」
「ノン」＝「Non.」
「アレ」＝「Allez!」

　フルーレ、エペの場合の構えは、剣を持つ腕をひじで曲げ、相手の剣とクロスさせる状態にします（刃と刃は合わせません）。

　サーブルの構えでは剣をクロスさせることはありません。

❹　主審が「エト・ヴ・プレ？」または「プレ？」（フランス語で「用意はいいか？」）と確認します。選手は「ウイ（フランス語で「よし」）か「ノン（まだ）」と答えます。両選手の用意が整ったら、主審による「アレ（フランス語で「はじめ」）」という合図で試合が開始されます。

❺　勝敗がついたら、再度主審が「ラッサンブレ・サリュー」と合図し、選手は試合終了の敬礼をします。その後対戦相手と握手を交わして、ピストから去ります。

得点のカウント

パラリンピックなど大きな国際・国内試合では電気審判機によって行います。電気審判機では審判機から電子回路のコードが各選手のユニフォームと剣につながっており、剣がユニフォーム（メタルジャケット、籠手、マスク）にふれるとわかるしくみになっています。これによって得点をカウントしていきます。

・電気審判機がない場合には、主審（プレジダン）が得点のカウントを行う。主審はこの他タイムキーパーがいない場合の時間の管理、突きがどのような順番でなされたのかの判定を行う。また、主審は電気審判機があったとしても、どちらの側に攻撃権があってどちらの得点になるのかを決定しなければならない。

・相手より早く突くと色ランプが点灯しポイントとなる。電気審判機の中に1/25秒のタイム差がセットされていて、このタイム差以内で両選手が「同時突き」をすると両選手の色ランプが点灯し、1ポイントずつ与えられる。

勝敗の決め方

個人戦の場合は、3セットで先に15ポイント（1セット5ポイント先取）とったほうが勝ちとなります。

団体戦の場合は、9試合で先に45ポイント（1試合5ポイント先取）とるか、試合時間終了の時点で、リードしている方が勝ちとなります。

クラス分け

- パラリンピックにおける車いすフェンシングでは、個人戦のみクラス分けが行われています。
- 障害の種類や程度によって、2つのクラスに分けられます。

個人戦		団体戦
カテゴリー A 腹筋の機能があり、自力で体勢を維持できる選手のクラス	**カテゴリー B** 腹筋の機能がなく、自力で体勢が維持できない選手のクラス	—

クラス分けテストでは例えばこのような動きを選手にしてもらうことで、腹筋など運動機能の有無を見ます。

注目　剣のコントロールとスピードが勝負を分ける！

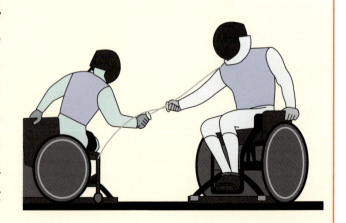

　車いすフェンシングは座った姿勢で行うため、一般のフェンシングのように足を使ったフットワークを使うことができません。そのため、剣のコントロールとスピードが勝負を分ける大きなポイントになります。お互いに相手のすきをついて、目にも止まらぬ速さで攻撃するスピード感は、一般のフェンシングに負けない迫力です。

- ユニフォーム、マスク、剣などの用具は、すべて一般のフェンシングと同じものを使用します。
- 防具は、選手が安全に競技をすることができるように必ず着用しなければならないと規定されています。

剣

剣の形は種目ごとに異なっており、それぞれ長さや重さの制限があり、剣の断面の形も異なっています。

	長さ・重さ・かたち	断面	ポイント
フルーレ	剣の長さは最大110cm（剣身は最大90cm）。重さは500gを超えてはならない。 110cm 90cm	□	剣先に500gの強さのばねが入っており、これ以上の強さで有効面を突くとポイントとなるしくみ。
エペ	剣の長さは最大110cm（剣身は最大90cm）。重さは770gを超えてはならない。 110cm 90cm	Ｙ	剣先に750gの強さのばねが入っており、これ以上の強さで有効面を突くとポイントとなるしくみ。
サーブル	剣の長さは最大105cm（剣身は最大88cm）。重さは500gを超えてはならない。 105cm 88cm	▽	剣についた小さなセンサーが振動をとらえて、相手を切ったかどうかを感知するしくみ。

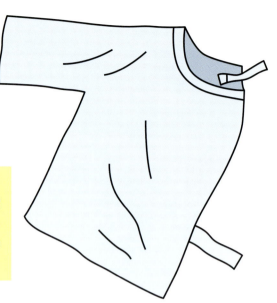

プロテクター
ジャケットの下に着用して、横からの剣
の衝撃を二重に保護するハーフジャケッ
ト。女性はさらに胸部を保護するための
女子用胸部プロテクターを着用します。

女子用胸部プロテクター

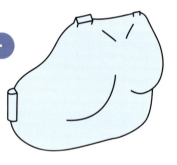

絶縁マスク

マスク
頭部・顔面を保護するためのもので、フルーレ・エペ用
の「絶縁マスク」とサーブル用の「伝導マスク」があります。
メッシュ（金網）は、12kg の圧力に耐える条件があります。

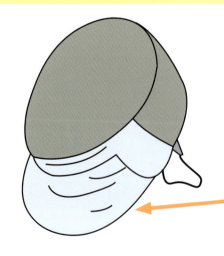

伝導マスク

バベット
喉元を保護する役割の
前垂れ。

グローブ
手から腕の半分までを保護
します。中に耐衝撃性の高
いパッドが入っています。

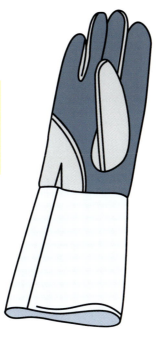

↓ジャケット
上半身に着る防具で、白色。体に
フィットしていなければなりません。

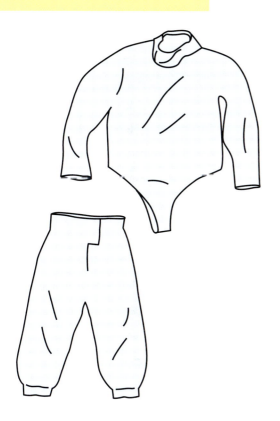

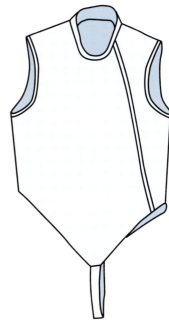

↑ラメ
有効面をカバーするジャケットの上
に着用するメタルジャケット。金属
糸を織り込んである素材を使用して
います。フルーレ、サーブルのみで
使用します。

世界で活躍！ トップ・アスリートたち

大人気のリオ大会金メダリスト
ベアトリーチェ・ヴィオ

リオ大会の金メダリスト。5歳頃にフェンシングを始めましたが、11歳の時に見舞われた髄膜炎の劇症型の感染症で、皮膚が壊死し四肢切断を余儀なくされることとなります。2012年ロンドン大会には選手としての出場はなかったものの、聖火リレーに参加。以降イタリアのシニア代表チームに入り、フルーレのカテゴリーBで世界屈指の選手に成長します。同年12月のW杯で銀メダルを獲得すると、2015年には主要8大会で金メダルに輝きました。地元イタリアでは「ベベ」とのニックネームで呼ばれる人気者です。

強豪・中国を代表する選手
スン・ガン

パラリンピック初出場となるリオ大会で、当時世界ランク1位のピアーズ・ギリバー選手を降し、男子エペ個人のカテゴリーAで金メダルを獲得。フルーレ個人でも銅メダルに輝き、男子フルーレ団体戦における中国選手団の金メダル獲得にも大きく貢献します。

リオ大会では9個もの金メダルを獲得した中国選手団。車いすフェンシングの競技人口は約200人といわれています。2008年北京大会の開催が決まった2001年より、政府は練習施設の整備や選手の育成に注力してきました。障がい者スポーツの強豪国として、中国はめざましい発展を続けています。

注目の日本人選手たち

車いすバスケから転向し、世界を目指す
安 直樹

14歳の時に左足股関節骨の病気のために受けた手術のミスによって、重い後遺症となりました。一時はショックで不登校になりましたが、母の勧めで見学に行った車いすバスケットボールを見て、没頭。日本を代表するアスリートとなりましたが、2014年「東京パラリンピックで結果を出したい」との意志から、車いすバスケットボールを電撃引退。2015年から車いすフェンシングを始め、同年4月には日本代表に選出、7月にはワルシャワで行われたW杯に出場するなど、目覚ましい躍進を遂げています。

日本のパイオニア的存在
加納慎太郎

16歳の時にバイクの単独事故で転倒。一命は取り留めたものの、片足を失い義足の生活へ。絶望の淵にいましたが、2020年東京パラリンピック開催正式決定を受けた2013年、障がい者競技に興味を持ち、小学5年に始めた剣道の経験を生かせるかもしれないと思い、車いすフェンシングの道へ。下半身を固定する競技への難しさを感じながらも、現在は企業の人事部に所属しながら、仕事と競技の両立を続けている、日本の車いすフェンシング界におけるパイオニア的存在です。

世界記録

　男女ともに中国選手の活躍が目立ちましたが、その中で、サーブルのウクライナ選手、女子のイタリア選手の健闘が光りました。リオ大会における個人戦の主な金メダリストは次のとおりです。

種目	クラス	名前	国
男子エペ	カテゴリーA	スン・ガン	中国
	カテゴリーB	アンドレイ・プラネビチ	ベラルーシ
フルーレ	カテゴリーA	イエ・ルイ	中国
	カテゴリーB	フェン・イェンケ	中国
サーブル	カテゴリーA	アンドリー・デムチュク	ウクライナ
	カテゴリーB	アントン・ダツコ	ウクライナ
女子エペ	カテゴリーA	ゾウ・シーフェン	中国
	カテゴリーB	ジョウ・ジンジン	中国
フルーレ	カテゴリーA	ロン・ジン	中国
	カテゴリーB	ベアトリーチェ・ヴィオ	イタリア

団体戦において金メダルに輝いた国は次のとおりです。

種目	国
男子エペ	フランス
フルーレ	中国
女子エペ	中国
フルーレ	中国

写真：ロイター／アフロ

パワーリフティング

パワーリフティングとは？

・パワーリフティングとは、「バーベル」と呼ばれる重りのついた棒を持ち上げてその重量を競う、いわば『世界一の力持ち』を決める競技です。

・パラリンピックにおいては1964年の東京大会から正式競技として採用されており、女子の部も2000年の第11回シドニー大会から追加されました。

・パラリンピックでは、通常のパワーリフティング（「ベンチプレス」「スクワット」「デッドリフト」）のうちベンチプレスが実施されており、障がいを考慮して一部のルールが変更されています。

パラリンピックに参加できる障がいの種類

肢体不自由	立位	●
	車いす	●
	脳性まひ	●
視覚障がい		
知的障がい		

※リオデジャネイロパラリンピック時点

はじまり

パワーリフティングは、第二次世界大戦で下肢切断や脊椎損傷を負った兵士が、イギリスの病院（ストーク・マンデビル病院）で、社会復帰をするためのリハビリテーションの一環として、上半身を鍛えるためにベンチプレス運動を行ったのが始まりといわれています。

リハビリとして行われていたものが、挙上重量を競い合うようになり、やがて競技へと発展していったのです。

パラリンピックでの歴史

パラリンピックにおいては、第2回東京大会（1964年）から正式競技とされましたが、当時は脊髄損傷の選手のみ出場が認められていました（現在は下肢切断、脳性まひの選手の出場も認められています）。さらに、当時の競技名は「ウェイトリフティング」でした。現在の「パワーリフティング」の名称が使われ始めたのは、第10回アトランタ大会（1996年）からです。

女子の部も第11回シドニー大会（2000年）から追加されました。

日本における競技の歴史

1964年の東京パラリンピック大会の際、国立競技場でパワーリフティング競技が行われ、競技が日本に紹介されました。以降、パワーリフティングは、日本国内では、健常者に交じって行われてきました。

その後、1999年、第11回シドニー大会の前年に、日本ディスエイブル（障がい者）パワーリフティング連盟が発足します。連盟の発足以降は、毎年2回の競技会と、4年に一度のパラリンピックに、毎回選手を送り込んでいます。

・一般のベンチプレスのルールに準じて行われますが、障がいを考慮して一部のルールが変更されています。

・下肢に障がいのある選手が出場するため、台上に全身が乗るように作られたベンチプレス台を使用して競技が行われます。

競技場

選手一人ずつが順番にベンチプレス台の上で試技を行っていきます。

スポッター（補助員）
挙上後バーベルのバランスをくずした場合や挙上できない場合に、主審の指示でバーを支えるなど選手の安全を守る役割を果たす。

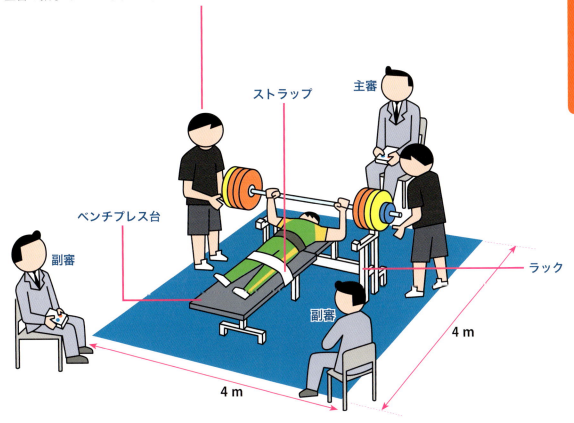

ストラップ

主審

ベンチプレス台

副審

ラック

副審

4 m

4 m

・パラリンピックの正式競技ではないが、障がい者スポーツとして、視覚障がいや聴覚障がいの選手のためのパワーリフティング競技もある。その場合、左図の3種目全てを行い、その最大挙上重量の総計で順位を競う。

種 目

　一般のパワーリフティングにおいては「ベンチプレス」「スクワット」「デッドリフト」の3種目があり、その挙上重量の総量が競われますが、パラリンピックで行われるのはそのうちのベンチプレスのみです。

	競技概要	パラリンピック
ベンチプレス	主に大胸筋、上腕三頭筋、三角筋前部を使用します。	○
スクワット	下半身、特に大腿四頭筋、下腿三頭筋、大臀筋、中臀筋を使用します。	×
デッドリフト	主に下背部、臀部、脚部を使用します。	×

入場〜試技〜判定の一連の流れにルールがあります。例えば、制限時間内に試技を行わない場合、失格となります。

制限時間

下記の❶〜❻を 2 分以内に行わなければなりません。

競技の進め方

❶ 審判の「バーズ・ローデッド」（バーの準備完了）の掛け声とともに入場します。

・「バーズ・ローデッド」の合図で時計がスタートし、1 分以内に試技が開始できないと失格となる（1 分間ルール）。

❷ 入場したら、ベンチプレス台に向かい、ベンチプレス台の上に身体を移します。

・車いすからベンチプレス台に乗り移る際、自分の体重を腕で支えるため、腕力を消費してしまう選手もいる。

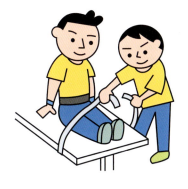

❸ 脚にベルトを巻いて固定させるなど準備をした上で、ベンチプレス台の上にあお向けになります。両足はともに台の上に乗せます。

・準備の際、声を出して気合いを入れる、腕を上げる、など思い思いのルーティーンワークをして集中を高める選手も多い。

パワーリフティング

❹

❹ ラックからバーベルを外します（ラックアウト）。

・ホールドまではひじが曲がっているなどしても良いが、ホールドしたらひじを伸ばし完全に腕を伸ばさないと、いつまで経っても「スタート」の合図はかからない。場合によっては「リプレイス」（やり直し）となってしまうこともある。

❺

❺ 静止します（ホールド）。

❻

スタート

❻ ホールドされると、審判から「スタート」の合図がなされます（❶～❻まで2分以内に行わなければなりません）。

・胸の前で止めてから次の「プレス」合図までの時間は、長くても1秒強ほどだが、審判によって多少のばらつきがある。

❼

❼ 「スタート」の合図がされたら、バーベルを下ろして胸の前でピタッと止めます。

❽ 主審の「プレス」の合図とともに、再びバーベルを押し上げます。❻〜❽までの一連の流れを試技といいます。

・バーベルは左右バランスよく押し上げなければならない。

❾ 主審の「ラック」の合図が出たら、バーベルをラックに戻します。このとき、アシスタントが補助することもあります。

・「ラック」の合図の前にバーベルを戻してしまうと失格となる。

❿ 判定がなされ競技終了です。判定は、3名の審判で行います（主審1名・副審2名）。2名以上の審判が「成功」と判断すると、その記録が認められます。

・判定では、「バーを胸の前でピタリと止めていたか」「バーベルを左右バランスよく挙げていたか」「二段挙げになっていないか（挙上途中でいったん止まってしまっていないか）」などのポイントによって成否が判断される。

・世界記録に挑戦する場合には4回目の試技が認められる。もっとも、その場合、その記録はパラリンピックの最終結果にはカウントされない。

勝敗の決め方

3回の試技を行い、すべての試技が終わった時点で、最も重いバーベルを持ち上げた順に順位がつきます。

クラス分け

- パワーリフティングでは、障がいの種類や程度によるクラス分けは行われず、男女別、体重別に競技が行われます。
- 体重には、切断の程度による重量の加算が行われています。

階　級

男女とも 10 階級に分かれて、競技が行われます。

男子

階級	体重区分
49kg 級	～ 49kg
54kg 級	49.01 ～ 54kg
59kg 級	54.01 ～ 59kg
65kg 級	59.01 ～ 65kg
72kg 級	65.01 ～ 72kg
80kg 級	72.01 ～ 80kg
88kg 級	80.01 ～ 88kg
97kg 級	88.01 ～ 97kg
107kg 級	97.01 ～ 107kg
107kg 超級	107.01kg ～

女子

階級	体重区分
41kg 級	～ 41kg
45kg 級	41.01 ～ 45kg
50kg 級	45.01 ～ 50kg
55kg 級	50.01 ～ 55kg
61kg 級	55.01 ～ 61kg
67kg 級	61.01 ～ 67kg
73kg 級	67.01 ～ 73kg
79kg 級	73.01 ～ 79kg
86kg 級	79.01 ～ 86kg
86kg 超級	86.01kg ～

体重加算

　パワーリフティングは下半身に障がいを持つ選手によって行われますが、そのうち下肢切断の選手は、そうでない選手よりも体重が軽くなり、そのまま階級に区分されると不公平になってしまいます。そこで、切断の程度により体重に重量を加算することで公平性を確保します。

切断の程度	加算（片脚ごと）
足首関節以下	体重全階級で体重に ½kg の加算
膝関節以下	体重 67kg 以下で 1kg の加算
	体重 67.01kg 以上で 1.5kg の加算
膝関節以上	体重 67kg 以下で 1.5kg の加算
	体重 67.01kg 以上で 2kg の加算
股関節以下	体重 67kg 以下で 2.5kg の加算
	体重 67.01kg 以上で 3kg の加算

・パラリンピックのパワーリフティングで使われるベンチプレス台は、脚を含めた身体全体が乗るように作られた特殊構造です。

・持ち上げるバーベルは、鉄でできたバー（棒）の左右に重りがついたもので、バーの長さなどが決まっています。

ベンチプレス台

パラリンピックのパワーリフティングで使われるベンチプレス台は、脚を含めた身体全体が乗るように作られており、特殊な構造をしています。

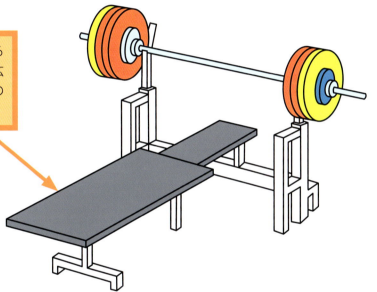

完全に脚を乗せることができるよう、通常よりも長く、幅も広く作られています。ベンチ台の高さは 42 〜 45cm です。

一般のベンチプレス台

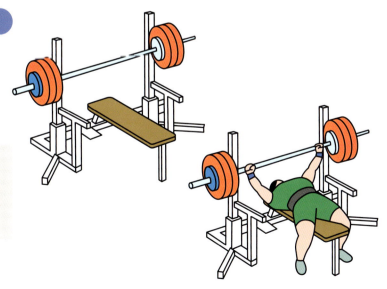

一般のベンチプレス台は、パラリンピックのものより短く、選手たちは脚を床につけて試技を行います。

バーベル
鉄でできたバー（棒）の左右に重りがついています。バーベルを握る力を強くするために、選手たちは手首にテーピングを巻いたり、両手に炭酸マグネシウムをつけたりします。

その他の用具

プレート（重り）
直径45cmを超えない。

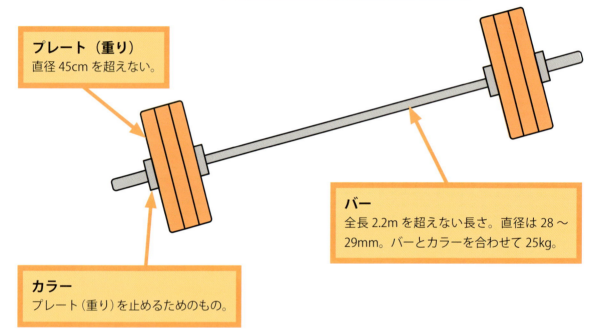

バー
全長2.2mを超えない長さ。直径は28～29mm。バーとカラーを合わせて25kg。

カラー
プレート（重り）を止めるためのもの。

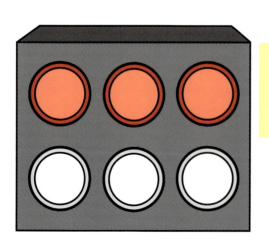

ライトボックス
判定で用います。白のランプが2つ以上つけば「成功」、赤のランプが2つ以上ついたら「失敗」となります。

世界で活躍！

トップ・アスリートたち

リオ大会で史上初 300kg 超えの世界新記録

シアマンド・ラーマン

国際大会へのデビューは 2010 年マレーシアで行われた世界選手権。結果は銀メダルに終わったものの、勝敗に換算しない世界記録への挑戦試技で世界新記録を挙げました。以来、2012 年のロンドン・パラリンピックにおいて 280kg という当時の世界新記録で金メダルを獲得するほか、毎年のように世界記録を更新。

2016 年のリオ・パラリンピックでは史上初の 300kg 超えとなる 305kg を挙げ、またもや世界新記録での金メダル獲得となりました。

10 年以上第一線で活躍する金メダリスト

パブロス・ママロス

競技資金を稼ぐために宝くじショップを経営する英雄で、地元ギリシアでは「最も有名なパラアスリート」といわれています。

2008 年北京パラリンピックでギリシアに同競技で初のメダルをもたらすと、2014 年には世界選手権では初の金メダルを獲得。その後の活躍は目覚ましく、2015 年アジアオープン選手権で銅メダルに終わった以外、すべての主要大会で優勝しています。2016 年のリオ・パラリンピックにおいても、自己ベスト更新とはならなかったものの、圧巻の金メダル獲得を遂げています。

パワーリフティング

3大会連続入賞の日本の第一人者
大堂秀樹

　男子88kg級の日本の第一人者。2016年のリオ・パラリンピックでは8位入賞。パラリンピックにおいては、初出場の2008年北京大会の8位、2012年ロンドン大会の6位と3大会連続入賞を果たすものの、本人は「悔しい」と唇をかみました。

　高校卒業後の18歳の時、バイク事故で脊髄損傷となりますが、その入院中にパワーリフティング選手と出合い、1999年に国際大会デビューを果たします。

　今後も実力を伸ばし、東京大会で雪辱を晴らすことを誓っています。

元アマレス・元パラ陸上選手の逸材
西崎哲男

　社会人になってから起こした交通事故で脊髄を損傷、車いす生活となります。その後、車いす陸上を始め、2006年には世界選手権の男子400mに出場するなどしますが、2011年に陸上競技を引退。2013年に東京オリンピック・パラリンピック大会の開催が決定すると、パワーリフティングへ競技種目を変更して現役復帰を果たし、翌2014年の全日本選手権男子54kg級で初優勝します。

　2016年リオ・パラリンピックでは11位でしたが、今後ますます活躍が期待されています。

世界記録

2016年のリオ・パラリンピックにおいては、多くの世界新記録が生まれました。主な世界新記録は次のとおりです。

階級	名前	国	記録（kg）
男子 49kg級	レ・ヴァン・コン	ベトナム	181.0
59kg級	シェリーフ・オスマン	エジプト	203.0
65kg級	ポール・ケインデ	ナイジェリア	218.0
72kg級	リュー・レイ	中国	221.0
72kg級	ラスール・モフセン	イラク	220.0
80kg級	マジド・ファルジン	イラン	240.0
107kg超級	シアマンド・ラーマン	イラン	305.0
女子 41kg級	ナズミイェ・ムラトル	トルコ	104.0
45kg級	フー・ダンダン	中国	107.0
55kg級	アマリア・ペレス	メキシコ	130.0
61kg級	ルーシー・エジケ	ナイジェリア	142.0
67kg級	タン・ユージャオ	中国	135.0
79kg級	ボース・オモラヨ	ナイジェリア	138.0
86kg超級	ジョセフィーヌ・オージ	ナイジェリア	154.0

パワーリフティング

注目　瞬時に発揮される上半身の力だけで支える！

　リオ・パラリンピック男子107kg超級で記録された世界新記録は305kg。床についた脚で踏ん張りのきく一般のパワーリフティングに比べて、力を入れるとき無意識に使うはずの下半身を使えないことを考えるとこの数字はまさに驚異的です。

　のみならず、パワーリフティングはそもそも準備の後にいきなり試技に入るという特異な競技で、瞬時に、上半身のパワーを全開にする集中力も必要です。上半身の力を、わずか3秒あまりと言われる試技の時間に一気に爆発させてこその記録といえます。

アーチェリー

アーチェリーとは？

・アーチェリーは、弓で離れたところにある的を射て、その得点を競う競技です。

・狩猟目的の弓矢は有史以前からあったといわれていますが、スポーツとしてのアーチェリー競技は、16世紀にイギリス国王ヘンリー8世が催した御前試合が始まりとされています。

・障がい者スポーツとしてのアーチェリーは、1940年頃から始まりました。

・パラリンピックにおいては1960年の第1回ローマ大会から正式競技として採用されています。

パラリンピックに参加できる障がいの種類

肢体不自由	立位	●
	車いす	●
	脳性まひ	●
視覚障がい		
知的障がい		

※リオデジャネイロパラリンピック時点

競技の歴史

・弓矢は人類が最初に手にした本格的な飛び道具といわれていますが、スポーツ競技としての始まりは、16世紀とされています。

・パラリンピックにおいては、1960年の第1回ローマ大会から正式競技として採用されています。

はじまり

　狩猟目的の弓矢は有史以前からあったといわれていますが、スポーツとしてのアーチェリー競技は、16世紀にイギリス国王ヘンリー8世が催した御前試合が始まりとされています。

　オリンピック競技としては、1900年フランス・パリ大会で正式競技になりましたが、1920年ベルギー・アントワープ大会以降競技から外れ、1972年ドイツ・ミュンヘン大会で復活を果たしました。団体競技が追加されたのは、1988年韓国・ソウル大会からです。

パラリンピックでの歴史

　アーチェリー競技は古くから障がい者が行う競技として普及していました。パラリンピックの基になったイギリス発祥の障がい者スポーツ大会である国際ストーク・マンデビル大会もアーチェリー競技が主として行われていました。その意味で、アーチェリー競技は、パラリンピック発展の原点ともいえる競技です。

　パラリンピックにおいては，第1回ローマ大会（1960年）から現在まで正式競技となっている伝統ある競技です。第2回東京大会（1964年）ではアーチェリー競技写真がポスターに使用されるほどでした。

　第15回リオ大会（2016年）には、40か国から137人の選手が参加しました。この大会でのメダル獲得数の上位国はイギリス（金3個、銀2個、銅1個）、中国（金3個、銀2個）イラン（金2個、銀1個、銅1個）となっています。

競技の ルール

・一般のアーチェリーとほとんど同じルールで行いますが、障がいの程度により、補助具の使用などが認められています。

・試合は自分で採点、矢取りを行うランキングラウンドを経て、決勝ラウンドに進みます。

競技場

競技場は屋外に設置されることが多く、風によっては競技がいっそう難しくなるという特徴があります。

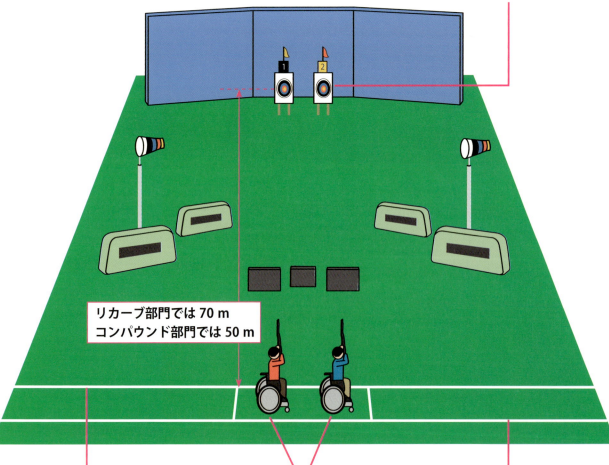

的面
的の大きさは、リカーブ部門では122cm、コンパウンド部門では80cm。

リカーブ部門では 70 m
コンパウンド部門では 50 m

シューティング・ライン
行射する選手はこのラインまで進んでから実施する。

競技者と競技者の間は最低80cmの間隔が確保されなければならない。

ウェイティング・ライン
シューティングするまでに待機する待機線。シューティング・ラインの5m以上後方に設けられる。

種　目

　パラリンピックのアーチェリーでは、使う弓の種類によってまず、「リカーブ部門」と「コンパウンド部門」に分かれています。「リカーブ部門」と「コンパウンド部門」においては、障がいの区別なく男女別の個人戦と、男女混合の団体戦がそれぞれ行われます。

　さらに、「W1オープン部門」というのがあり、こちらはW1クラスの障がいの選手のみが出場できますが、一方で使用する弓はリカーブ、コンパウンドのいずれでも自由なのが特徴です。こちらも男女別の個人戦と、男女混合の団体戦がそれぞれ行われます。

部門	種目	
リカーブ部門	個人戦	男子オープン
		女子オープン
	団体戦	ミックス（男女各1名）
コンパウンド部門	個人戦	男子オープン
		女子オープン
	団体戦	ミックス（男女各1名）
W1オープン部門	個人戦	男子オープン
		女子オープン
	団体戦	ミックス（男女各1名）

ルール

　パラリンピックにおけるアーチェリー競技のルールは、基本的に一般のアーチェリーに準じて行われますが、肢体不自由の選手が参加する競技であるため、一部ルールを変更したり、用具を工夫したりすることが認められています。

用語

リカーブ
一般的なかたちの弓。リムの先端部分で弓が後方に反り返っている形状に由来する。くわしくは、『競技用具』（p137）参照。

コンパウンド
先端に滑車がつけられており、弦を引く力が弱くても矢を遠く早く飛ばすことができるように作られた弓。くわしくは、『競技用具』（p137）参照。

W1クラス
下肢（脚・足）だけでなく上肢（腕・手）にも障がいのある選手のクラス。くわしくは、『クラス分け』（p136）参照。

●ランキングラウンド（予選）

　個人戦や団体戦の前には、ランキングラウンドといういわば予選のようなものが行われます。これにより、決勝トーナメントの対戦相手、シューティング位置・順番などが決定されます。

　ランキングラウンドは1エンド6射（制限時間4分）を12エンド行います。そして計72射を放った合計点（1射10点満点で最大720点）で、順位がつけられます。団体戦では3人の合計得点で順位がつけられます。

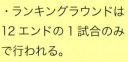

・ランキングラウンドは12エンドの1試合のみで行われる。
・ランキングラウンドで同点となった場合、個人戦・団体戦ともに「シュートオフ」が行われる。

シュートオフ
まず、10点の数の最も多い者から順位をつけていく方法。もし10点の数も同数だった場合には、X（インナー10）の数が最も多い者から順位をつけていく。

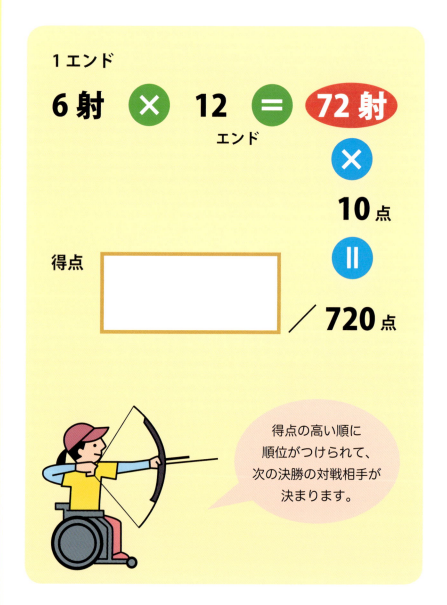

1エンド

6射 ✕ 12 = 72射
　　　　エンド
　　　　　　　　✕
　　　　　　　10点
　　　　　　　‖
得点 □□□□□
　　　　　／720点

得点の高い順に順位がつけられて、次の決勝の対戦相手が決まります。

●決勝ラウンド

決勝の対戦相手は、ランキングラウンドの順位によって決まりますが、決勝ラウンドの試合方法は部門によって異なります。

リカーブ部門

個人戦の場合、1セット3射の5セットマッチで行われます。1セットごとに

・勝者2ポイント
・引き分け1ポイント
・敗者0ポイント

として計算し、合計6ポイント以上先取した選手の勝ちとなります。

団体戦は、4エンド制で、1エンドにつき3選手が各2射の6射を放ち、その総得点の高いチームが勝利となります。

コンパウンド部門・W1部門

個人戦も団体戦も、1エンド各選手が3射（30点満点）を放ち、5エンドの合計得点の高い選手（チーム）の勝利となります。

アーチェリー独特のルールとして、ランキングラウンドでは、選手が自分自身で矢取り、採点を行うという決まりがあります。

これはオリンピックでもパラリンピックでも同じで、1エンドが終わるごとに、選手たちはみんないっせいに的に向かっていき、自分で採点をして矢を的から抜きます。

・対戦相手は、予選ラウンドの順位のたすきがけ方式で決まる。例えば、「1位 vs 最下位」「2位 vs 最下位から2番目」となる。

・1射20秒という制限時間のなかで、選手たちは交互に矢を放っていく。

・引き分けの場合（例えば個人戦なら5セット終了した時点で5-5のような場合）、個人戦なら1射のシュートオフが行われ、より中心に近い矢の選手が勝利となる。団体戦の場合、3選手が1射ずつの総得点のシュートオフが行われる。

・パラリンピックにおけるアーチェリーでは、クラス分けが行われますが、W1 オープン部門以外は、障がいに関係なく試合が行われるという特徴があります。

　選手は、障がいの程度によって3つのクラスに分類されます。このうち、W1 クラスの選手は、「リカーブ部門」「コンパウンド部門」「W1 オープン部門」のいずれにも出場することができますが、そのほかのクラスの選手は、「リカーブ部門」「コンパウンド部門」のみに出場することができます（p133 参照）。

クラス	車いすの使用	障がいの程度
W1	する	下肢と上肢ともに障がいのある選手
W2		下肢のみに障がいのある選手
ST	しない	障がいにより立つか、いすに座るかいずれも認められる選手

注目　緊張感に打ち克つ精神力が必要！

　アーチェリー競技の矢は、時速250km（秒速70m）もの速さで飛んでいくといわれています。その正確なシューティングには、強靭な筋力とプレッシャーに打ち克つ精神力が求められます。また、個人戦・団体戦ともに行射には制限時間が設けられていることから時間との闘いもあります。会場全体にただよう独特の緊張感に負けない集中力を持った選手が勝利に近づくことができます。

- パラリンピックのアーチェリーでは、「リカーブ」と「コンパウンド」という2種類の弓が使用されます。
- 障がいの程度によっては、特殊な補助具の使用が認められています。

弓「リカーブ」と「コンパウンド」

パラリンピックのアーチェリーでは、「リカーブ」と「コンパウンド」という2種類の弓が使用されます。

リカーブは一般的な弓で日本において最もポピュラーといわれています。

コンパウンドは先端に滑車が備えられた弓でアメリカやヨーロッパで人気なタイプです。日本でも最近ポピュラーになってきました。

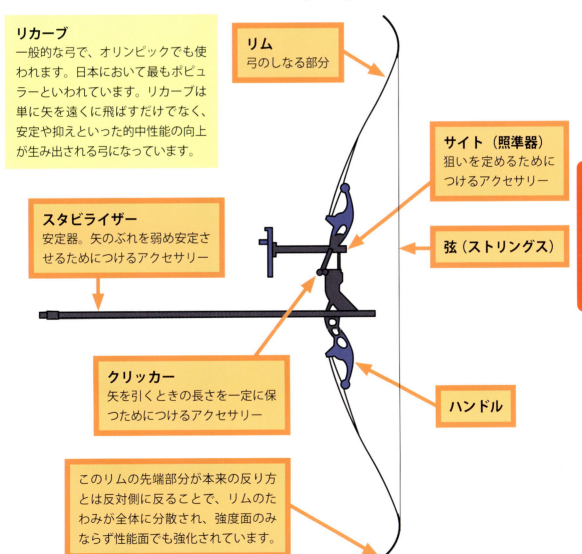

リカーブ
一般的な弓で、オリンピックでも使われます。日本において最もポピュラーといわれています。リカーブは単に矢を遠くに飛ばすだけでなく、安定や抑えといった的中性能の向上が生み出される弓になっています。

リム
弓のしなる部分

サイト（照準器）
狙いを定めるためにつけるアクセサリー

スタビライザー
安定器。矢のぶれを弱め安定させるためにつけるアクセサリー

弦（ストリングス）

クリッカー
矢を引くときの長さを一定に保つためにつけるアクセサリー

ハンドル

このリムの先端部分が本来の反り方とは反対側に反ることで、リムのたわみが全体に分散され、強度面のみならず性能面でも強化されています。

アーチェリー

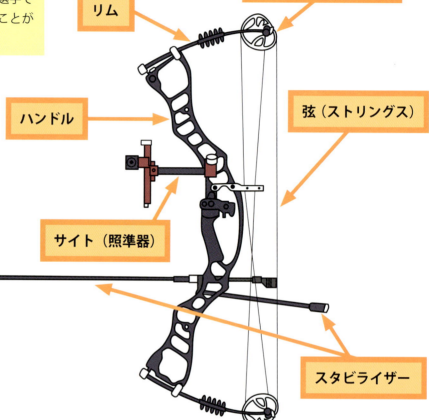

コンパウンド
滑車のついた「混合弓」「合成弓」といった意味からこの名前がついたと考えられます。コンパウンドは先端に滑車がつけられており、手や足の機能に制限のある選手でも、弱い力で弓を射ることができます。

滑車（カム）
一般的な弓がリムのたわみで矢を飛ばすのに対して、コンパウンドでは滑車によって矢を飛ばす構造になっています。

リム

ハンドル

弦（ストリングス）

サイト（照準器）

スタビライザー

矢（アロー）

直径は最大 9.3mm まで認められていますが、多くの選手は直径 5.5mm のものを使用しています。矢は時速 240km という非常に速いスピードで的へと向かっていきます。

シャフト
矢の胴体部分。アルミ製か、アルミとカーボンのコンポジット製が主流。

補助具

　通常の方法ではバランスをとることがむずかしかったり、弓に矢をつがえることができないなど、競技をするのに不都合がある場合に限り、アシスタントがついたり、補助具の使用が認められています。

副木
「そえぎ」と読みます。引手に障がいのある選手は、手首に副木をすることが認められています。また、押手に障がいのある選手は、手首やひじに副木をすることが認められています。

副木

リリーサー
引き手の指に障がいのある選手は、リカーブ部門であっても、機械的なリリース補助装置の使用が認められています。リリーサーは手首、ひじ、肩に取り付けたり、口で保持したりしてよいとされています。

リリーサー

アーチェリー

◆ 標的（ターゲット）

単に「的」ともいいます。通常は丈夫な紙に印刷されたものを用います。「リカーブ部門」「コンパウンド部門」「W1 部門」いずれかによって使用する標的が変わります。

矢が的の中心に当たると 10 点で、中心から離れるほど点数が低くなります。

標的の後ろには樹脂製のマットなどでできた「矢止め」が置かれます。

リカーブ部門の標的

直径 122cm。的の中心が地上面から 130cm の高さになるように設置されます。距離は 70 m 先に置かれます。オリンピックではすべてこの標的が使用されます。標的は、5 色（中心から黄、赤、青、黒、白）の色環帯からなり、これがさらに 2 個ずつの得点帯に分割され、9 つのラインが刻まれることになります。そのラインで区切られたエリアごとに得点が設定され、中心が 10 点で、中心から遠ざかるごとに 1 点ずつ下がっていき、一番外側は 1 点となります。

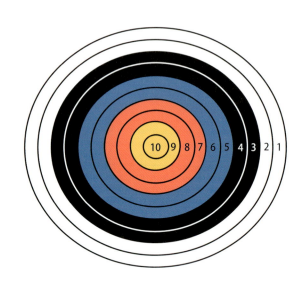

コンパウンド部門・W1 部門の標的

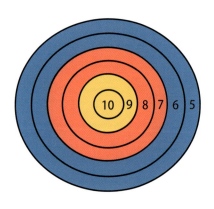

直径 80cm。距離は 50 m 先に置かれます。3 色（中心から黄、赤、青）の色環帯で構成され、これがさらに 2 個ずつの得点帯に分割され、5 つのラインが刻まれることになります。直径 8cm の中心円が 10 点、外側に向かって 1 点ずつ少なくなり、最外側の得点帯は 5 点となります。この標的の原型は 80cm で色環帯は 122cm 標的と同じ 5 色でしたが、そこから外側の黒、白が抜かれており、「80cm−6 リング標的面」と呼ばれています。

世界で活躍！ トップ・アスリートたち

オリンピックにも出場のリオ大会金メダリスト

ザハラ・ネマティ

　リオ大会では、アーチェリー史上3人目となるオリンピック、パラリンピック両大会への出場を果たした世界的に有名なアスリートです。リオ大会の開会式では車いすに乗ってイラン選手団の旗手も務めました。

　18歳で交通事故に遭い、車いす生活になりますが、その後アーチェリーと出合い、才能を開花させます。パラリンピックでは、2012年のロンドン大会、2016年リオ大会と2大会連続で金メダルを獲得（リカーブ部門個人）。ロンドン大会時のメダルはイランの女子選手初の金メダルでもありました。

足と肩で的を射る両腕のない選手

マット・スタッツマン

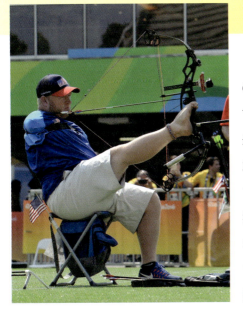

　生まれつき両腕がなく、1歳のときにスタッツマン家の養子となりました。スタッツマン家は狩猟を趣味とする一家で、16歳の時、彼も自分用の弓矢を購入。以来、毎日練習するようになります。実力を着実につけ、2012年ロンドン・パラリンピックのコンパウンド個人で銀メダル、2015年世界選手権では団体戦金メダルを獲得します。その後も同年12月には283.47mの距離から的を射抜き、ギネス記録を更新。2016年リオ大会では惜しくも4位とメダルを逃しましたが、今後も活躍が期待されています。

注目の日本人選手たち

東京大会でのメダル獲得を宣言
上山友裕

　大学入学とともにアーチェリーを始めましたが、大学卒業後の2010年に、両下肢機能障害を発症し、足のまひやけいれんが続きました。その後2011年にアーチェリー界から誘われ、パラリンピックの道へ進みます。2012年にジャパンパラ競技大会で優勝すると、2013年には全国障がい者アーチェリー選手権でも優勝し、国内で頂点に立ちます。初出場となった2016年リオ・パラリンピックではリカーブ部門・個人戦で7位入賞。2020年の東京パラリンピックではメダル獲得を目指しています。

日本女子の第一人者
平澤奈古

　先天性の関節機能障害で、20代から車いすを使用。20代半ばで出会ったアーチェリーに夢中になり、2005年世界選手権では個人戦、団体戦でともに金メダルを獲得します。

　パラリンピックでは、アテネ大会でコンパウンド部門・個人で銅メダルに輝きます。以来、3大会ぶりの出場となった2016年リオ大会でもメダル獲得を目指しましたが、惜しくも9位。東京大会での雪辱が期待されています。

イギリス、中国選手が好成績を挙げたリオ大会における主な金メダリストは次のとおりです。

種目	クラス	名前	国
男子リカーブ部門	個人オープン	ゴラムレザー・ラヒーミー	イラン
コンパウンド部門		アンドレ・シェルビー	アメリカ
W1部門	個人W1	ジョン・ウォーカー	イギリス
女子リカーブ部門	個人オープン	ザハラ・ネマティ	イラン
コンパウンド部門		チョウ・ジャーミン	中国
W1部門	個人W1	ジェシカ・ストレットン	イギリス
混合リカーブ部門	団体オープン	ジャオ・リーシュ エウー・チュンイェン	中国
コンパウンド部門		アイ・シンリァン チョウ・ジャーミン	中国
W1部門	団体W1	ジョン・ウォーカー ジョー・フリス ジェシカ・ストレットン	イギリス

アーチェリー

注目 「最も長い距離の的を正確に射抜く」ギネス記録

　選手紹介のところでも紹介しましたが、アメリカのマット・スタッツマン選手は、「最も長い距離の的を正確に射抜く」というギネス記録保持者です。その距離310ヤード（283.47 m）。2015年12月9日、アメリカのテキサス州にて、それまでのギネス記録だったオーストラリアの健常者選手の200 mの記録を破りました。

自転車

自転車競技とは？

・自転車競技は、自転車に乗ってスピードや操作技術を競う競技です。

・選手の運動能力とともに自転車の性能も結果に影響を与え、私たちが普段街で乗る際と比べると約3倍の時速60kmものスピードで走ります。

・第7回ニューヨーク・アイレスベリー大会（1984年）から正式にパラリンピック競技となりました。当初は、屋外を走る「ロード」種目のみでしたが、第10回アトランタ大会（1996年）から屋内で行われる「トラック」種目も競技に追加されました。

・パラリンピックの自転車競技では、手を使ってこぐ自転車も使用されます。

パラリンピックに参加できる障がいの種類

肢体不自由	立位	●
	車いす	●
	脳性まひ	●
視覚障がい		●
知的障がい		

※リオデジャネイロパラリンピック時点

競技の歴史

・自転車は 18 世紀末ごろに発明され、自転車競技は自転車が発明されてすぐに始まりました。
・パラリンピックにおいては、第 7 回ニューヨーク・アイレスベリー大会（1984 年）から正式競技として採用されています。

はじまり

　自転車は 18 世紀末ごろに発明されたといわれています。当初は前後 2 つの車輪をつけたフレームにまたがり、足で地面を蹴って進むという遊び道具でした。自転車競技は自転車が発明されてすぐに始まり、徐々に長距離化していきました。1890 年代には現在の形態のレースが始まり、1903 年にはツール・ド・フランスがスタートしました。当初は耐久レースとして争われましたが、自転車製造技術の進歩などから、スピードを競うスポーツへと変わっていきました。また、トラック競技場を使って戦う短・中距離も 1893 年には世界選手権が開催されるまでになりました。

　そして、オリンピックにおいては、第 1 回アテネ大会（1896 年）から途切れることなく正式競技として実施されています。

パラリンピックでの歴史

　自転車競技がパラリンピックで正式競技となったのは、第 7 回ニューヨーク・アイレスベリー大会（1984 年）からです。

　当初は、屋外を走る「ロード」種目のみでしたが、第 10 回アトランタ大会（1996 年）から屋内で行われる「トラック」種目も競技に追加されました。

　第 15 回リオ大会（2016 年）には、45 か国から 235 人の選手が参加しました。メダル獲得数はイギリス（金 12 個、銀 3 個、銅 6 個）、ドイツ（金 8 個、銀 3 個、銅 4 個）、オランダ（金 5 個、銀 5 個、銅 6 個）とヨーロッパ勢の活躍が目立ちます。

　日本も藤田征樹選手と鹿沼由理恵選手が銀メダルに輝きました。

自転車

競技の ルール

・自転車競技の競技場は、屋内競技場（トラック）と屋外競技場（ロード）に分かれています。
・ルールは、基本的に一般の自転車と同じですが、障がいの種類や程度による自転車の改造や一部ルール変更があります。

競技場

競技場は屋外競技場（ロード）と屋内競技場（トラック）に分かれます。

屋外競技場（ロード）

ロードレースは交通制限をした一般道路や、屋外に専用に設けられたコース（レースサーキット）を使用します。

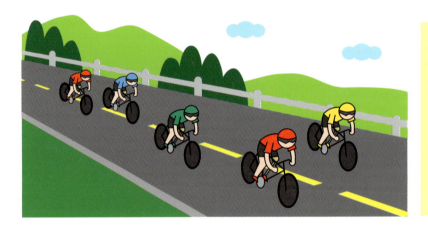

一般道路（公道）
普段は一般道路として使われている道路を交通制限してレースを行います。天候や風向きなどに左右される上、でこぼこした道などもあり、屋内競技場と違ったむずかしさがあるといわれています。

サーキット
普段は一般車両が入ってこないことから「クローズド」ともいわれます。一般的には周長 4〜6km のものが多いといわれていますが、パラリンピックにおいては、周長 7〜15km が推奨されています。

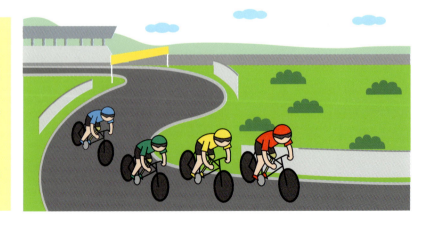

屋内競技場（トラック）

「バンク」と呼ばれるすり鉢状の傾斜したつくりになっている周回走路です。全力で走っても速度を落とさずカーブを回れるよう傾斜（カント）がつけられています。

走路の素材は、板張り、コンクリート、やわらかいアスファルトなどで舗装されています。

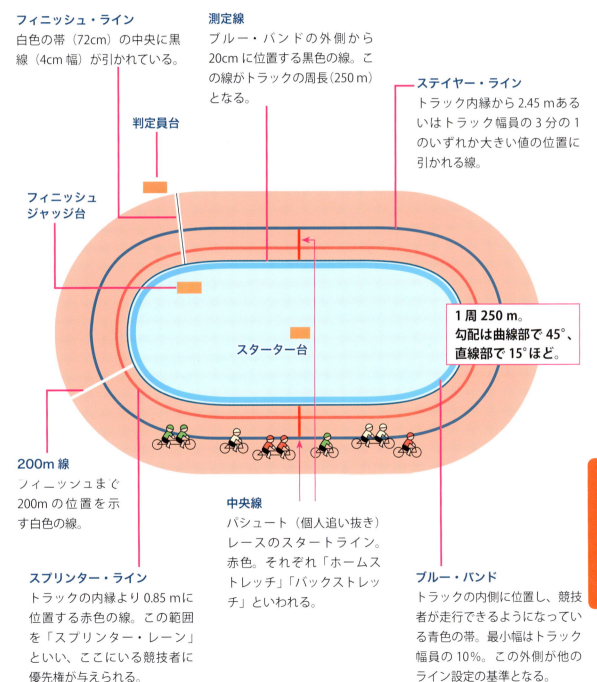

フィニッシュ・ライン
白色の帯（72cm）の中央に黒線（4cm幅）が引かれている。

測定線
ブルー・バンドの外側から20cmに位置する黒色の線。この線がトラックの周長（250m）となる。

ステイヤー・ライン
トラック内縁から2.45mあるいはトラック幅員の3分の1のいずれか大きい値の位置に引かれる線。

判定員台

フィニッシュジャッジ台

スターター台

1周250m。
勾配は曲線部で45°、
直線部で15°ほど。

200m線
フィニッシュまで200mの位置を示す白色の線。

中央線
パシュート（個人追い抜き）レースのスタートライン。赤色。それぞれ「ホームストレッチ」「バックストレッチ」といわれる。

スプリンター・ライン
トラックの内縁より0.85mに位置する赤色の線。この範囲を「スプリンター・レーン」といい、ここにいる競技者に優先権が与えられる。

ブルー・バンド
トラックの内側に位置し、競技者が走行できるようになっている青色の帯。最小幅はトラック幅員の10%。この外側が他のライン設定の基準となる。

自転車

・オリンピックにある
「マウンテンバイククロ
スカントリー」「BMX」
の2種目は、パラリンピッ
クでは行われない。

用語

**マウンテンバイククロ
スカントリー**
未舗装の道路を走る自
転車競技をいう。
BMX
ジャンプ台などがある
コースを走る自転車競
技をいう。

・追い抜きは、2選手
がそれぞれ「ホームス
トレッチ」と「バックス
トレッチ」からスタート
する。
・オリンピックなどでの
追い抜きでは実際に追
い抜くことは少なく、タ
イムで勝敗を決するこ
とが多い。
・パラリンピックでは
たとえ相手選手に追い
ついても、タイムの計
測のためにそのまま走
り続ける場合が多い。
・チームスプリントは、
レース途中の位置取り
をめぐる駆け引きが勝
敗のカギとなる。

・タイムトライアルの
距離は男子が1000m、
女子は500m。

種　目

　パラリンピックの自転車競技は、大きく分けて屋内の競技場で行う「トラック」と、屋外の一般道を使用する「ロード」の2種類がありますが、その中で、タイムを競うのか、順位を争うのかなどによって、さらに細かい種目に分かれています。基本的に、トラックは短距離、ロードは中長距離です。ロードは「自転車版マラソン」ともいわれています。

	種目	競技の内容
トラック	個人追い抜き（パシュート）	2名の選手が離れた位置から同時にスタートして、相手を追い抜くか、先に決められた距離を逃げ切ったほうが勝ちとなります。
	チームスプリント	2チームが同時にスタートを切り、決められた周回を走って先にゴールしたほうが勝ちとなります。1チーム男女混合の3名で編成されます。チームの3名は縦に並んだ状態でスタートを切り、1周完了するごとに先頭を走る第1走者がトラック外側に抜けていき、最終周回は第3走者が1人で走行します。
	タイムトライアル	選手が1名ずつ走って、それぞれゴールするまでにかかったタイムを競います。

種目		競技の内容
ロード	ロードレース	選手達が一斉にスタートを切って、先にゴールした選手が勝ちとなります。
	タイムトライアル	選手が一定の間隔をあけて1名ずつスタートを切り、ゴールするまでにかかったタイムを競います。
	チームリレー	男女混合の3人が1チームとなって順位を競います。

・タイムトライアルの距離は、男子は障がいによって1周10kmないし15kmを2周、女子は1周15kmを2周する。

・チームリレーはパラリンピック特有の種目である。

長い距離を走るロード種目においては、スピードだけではなく、スタミナを考慮したペース配分も勝負の鍵を握ります。そして集団の中からどのタイミングで抜け出すかという相手とのかけひきも重要なポイントの1つです。

ルール

　パラリンピックにおける自転車競技のルールは、基本的に一般の自転車と変わりませんが、障がいの種類や程度によって、自転車を改造したりして、安全に競技を行えるようにしています。

　また、次のとおり、一部ルールの変更が認められています。

自転車

・係数は、障がいの程度が軽ければ大きくなり（最大100%)、重いほど小さくなる（つまり障がいの程度が重い選手のほうが、実走タイムに比べて計算タイムが短くなる）。

計算タイム

　パラリンピックの自転車競技では、クラスをまたいでレースを行うことがあります。その場合、実走タイム（実際のタイム）に「係数」をかけ合わせて、公平に競えるようにします。

　例えばC1・C2・C3の選手が参加する場合、C3の選手を100%とすると、C1選手のタイムには91.75%、C2選手のタイムには、96.54%をかけ合わせます（それぞれ実走タイムよりも速いタイムとなります）。

・パラリンピックにおける自転車競技では、4種類の自転車ごとに部門が分けられ、さらに障がいの程度によってクラス分けが行われます。
・トラック種目は、C部門とB部門のみとなります。

　パラリンピックの自転車競技は、障がいごとに使用する自転車の種類（4種類）によって、まず4部門に分かれて、さらに障がいの程度によってクラスが振り分けられます。

部門	使用する自転車		対象となる選手	クラス（数字が小さいほど障がいが重い）
C部門（Cyclist）	2輪自転車※通常の競技用自転車に、必要に応じた最小限の改造を加えて使用する。また、義肢などが使用できる。		切断、軽度の脳性まひなど（四肢に機能障がいはあるが、運動機能自体は残っている）	C1（両肢の切断など）
				C2（両腕切断＋片膝離断など）
				C3（片上腕切断＋片下腿切断など）
				C4（両前腕切断など）
				C5（片腕の切断など）
H部門（Handcycle）	ハンドバイク（手こぎ自転車）	仰向けで乗るタイプ	下肢の運動機能に障がいがある場合	H1（頸部損傷など）
				H2（脊髄損傷で体幹機能が失われている場合など）
				H3（重度の片まひなど）
		膝をついて乗るタイプ		H4（脊髄損傷で立膝姿勢ができる場合）
				H5（両下腿切断などで立膝姿勢ができる場合）
T部門（Tricycle）	3輪自転車		脳性まひなどで平衡感覚に問題があり、2輪の自転車が使えない場合	T1（四肢まひなど）
				T2（神経障がいを伴う切断など複合機能障がいではあるが、自転車を操作できる場合など）
B部門（Blind）	タンデムバイク（2人乗り）		視覚障がい	B（クラス分けなし）

自転車

参加できる競技

パラリンピックの自転車競技は、クラスによって参加できる種目が決められています。

種目			C部門 1	C部門 2	C部門 3	C部門 4	C部門 5	H部門 1	H部門 2	H部門 3	H部門 4	H部門 5	T部門 1	T部門 2	B部門
トラック	個人追い抜き（パシュート）	男子	●	●	●	●	●								●
		女子		●		●	●								●
	チームスプリント	混合			●				—				—		—
	タイムトライアル	男子		●		●									●
		女子		●		●									●
ロード	ロードレース	男子		●		●		—	●	●	●	●	●		●
		女子		●		●			●		●		●		●
	タイムトライアル	男子	●	●	●	●	●	—	●	●	●	●	●		●
		女子		●	●	●	●		●		●		●		●
	チームリレー	混合	—			—				●			—		—

※　2016年リオデジャネイロパラリンピック時点
※※　枠が同じ場合、混合クラスで実施されます（例えば、個人追い抜き（パシュート）のC部門の場合、男子はC1～C5までそれぞれのクラスに分かれて競技が行われますが、女子はC1～C3クラスは合同で行い、C4、C5はそれぞれのクラスごとに行うというしくみです（合同クラスでは、『計算タイム』によって勝敗が決められます〔p150参照〕）。

走行距離

パラリンピックの自転車競技は、クラスごとに異なる走行距離が定められています。

トラック種目

クラス			走行距離
個人追い抜き（パシュート）	男子	B、C4－5クラス	4000 m
		C1－3クラス	3000 m
	女子	B、Cクラス	
チームスプリント	混合	C1－5クラス	750 m
タイムトライアル	男子	B、Cクラス	1000 m
	女子	Cクラス	500 m

ロード種目

ロード種目は、クラスごとに最長走行距離が定められており、その範囲内でパラリンピックのコースが設定されます。

クラス		最長距離
B部門	男子	120km
	女子	100km
C部門	C5－3男子	75km
	C2－1男子	
	C5－3女子	
	C2－1女子	60km
T部門	T2男子	40km
	T1男子	30km
	T2－1女子	
H部門	H5－3男子	80km
	H2－1男子	60km
	H5女子	80km
	H4－3女子	60km
	H2－1女子	50km

競技用具

- ・パラリンピックの自転車競技では、一般の二輪自転車に乗ることがむずかしい選手も参加することから、脚以外の機能を使ってこぐことのできる自転車が使用されます。
- ・視覚障がいの選手は、タンデムバイクを使います。

■ ハンドバイク

　脚を使うことができない H クラスの選手は、手、腕および上体を使ってこぐハンドバイクを用います。

　「ハンドサイクル」と呼ぶ場合もあります。

　仰向けに乗るタイプでは、後方の視界を確保するため、ヘルメットなどに鏡を取り付けます。

仰向けに乗るタイプ。H1 ～ H3 の選手が使います。大きさは、最大長が 250cm、最大幅は全幅で 70cm と決められています。また車輪も最小径 406mm、最大径 622mm と定められています。

変速装置
原則としてハンドル・バーの先端につけられます。だたし、H1 クラスでは腕で変速できるよう体側につけることができます。

クランク

ひざをついて前かがみに乗るタイプ。クランクに上体の体重をかけることができ、よりスピードが出やすいといわれます。H4・H5 の選手が使用します。大きさの決まりは仰向けのタイプと同様です。

3 輪自転車

　脳性まひなどのため、重度の障がいがあり平衡感覚に問題のある選手は、バランスのとりやすい 3 輪自転車を用います。

　ロードレースでのみ使用されます。

トラック競技用 2 輪自転車

　全長 185cm 以下、全幅 50cm 以下、重さ 6.8kg 以上で、ブレーキのついていないものと決められています。障がいなどに合わせて必要最小限の改造をすることができます。

タンデムバイク

　視覚障がいの選手が参加する B 部門では、2人乗りのタンデムバイクが用いられます。

　前に目の見える健常の選手が乗り、後ろに視覚障がいの選手が乗ります。

ストーカー
後ろに乗る視覚障がいの選手。ストーカーとは、機関車にまきをくべる方法で、「パワーを自転車に伝えて走る」という意味がこめられています。爆発的な脚力でペダルをこぎ続けます。

パイロット
先頭に乗る健常の選手。各国のアマチュアのトップレベルに近い人が乗ることが多いとされています。おもにハンドル操作や、ロードでのブレーキ操作を行います。

自転車

世界で活躍！トップ・アスリートたち

2大会連続金メダルの元F1ドライバー
アレッサンドロ・ザナルディ

　F1ドライバーとして活躍していた2001年、レース中のクラッシュ事故で両脚切断となります。その後義足で操作できるブレーキなどを駆使し、2年で復帰し通算4勝を挙げますが、2009年にレースを引退。引退後、パラリンピック出場を目指してハンドサイクルを始めます。そして、初出場となった2012年ロンドン大会では見事にロード種目のタイムトライアルとロードレースの2種目で金メダルに輝きます。

　2016年のリオ大会でも、ロード種目のタイムトライアルで金、ロードレースで銀メダルを獲得しています。

母として挑んだリオ大会でも3個の金メダル
サラ・ストーリー

　先天性の左手指欠損という障がいがある選手ですが、パラリンピックには過去7度出場。1992年バルセロナ大会〜2004年アテネ大会には水泳で出場し、金メダル5個、銀メダル8個、銅メダル3個を獲得。その後2005に耳の感染症のためプールに入れなくなり、自転車を始めると瞬く間に頭角を現し、2008年北京大会〜2016年リオ大会まで3大会連続、9個の金メダルに輝きます（うちリオ大会では3個獲得）。

　2013年には長女を出産し、母として挑んだリオ大会でも金メダルコレクションを増やしました。

写真：Press Association／アフロ

注目の日本人選手たち

リオ大会銀メダル獲得の世界王者
藤田征樹

パラリンピックには過去3大会出場、銀メダル3個、銅メダル2個を獲得しています。

大学時代にトライアスロンを始めましたが、2004年、自動車の助手席同乗中の事故で両下脚切断。しかし、2年後には両脚義足をつけてトライアスロン大会に再出場して完走し注目されます。2007年に自転車競技に転向し、2009年世界選手権で優勝。パラリンピックでは途中ルール変更でのクラス上げなどの試練もありましたが、3大会目となる2016年リオ大会ではロード種目のタイムトライアルで銀メダルとなりました。

リオ大会で銀メダルを獲得
鹿沼由理恵

2016年リオ大会の女子タンデム個人ロード種目のタイムトライアルで銀メダル。ペアを組んだ健常の競輪選手・田中まい選手とともに執念でメダルを勝ち取りました。

先天性の弱視で視力は0.04ほど。前方がほとんど見えず、左右から光がわずかに入る程度といいます。2006年にクロスカントリーを始め、当初は冬季パラリンピック選手として2010年バンクーバー大会に出場し、リレーで5位入賞。2011年に左肩負傷により自転車へ転向し、今回の活躍となりました。

自転車

世界記録

リオ大会ではトラック種目で世界新記録がいくつか記録されました。主な世界記録は次のとおりです。

種目	クラス	名前	国	記録
男子トラックレース	C1-3	リー・チャンユー（C1）	中国	01:06.7
女子タイムトライアル	C1-3	アリダ・ノルブラース（C2）	オランダ	00:36.9
	C4-5	カディーナ・コックス（C4）	イギリス	00:34.6
男女混合チームスプリント	C1-5	ルイス・ロルフ（C2） ジョン＝アラン・バターワース（C5） ジョディ・カンディ（C4）	イギリス	48.635

※記録は係数での計算タイムによるもの

注目 記録ラッシュに沸いたリオ大会トラック種目

2016年のリオ大会の自転車競技では、特にトラック種目で記録ラッシュとなりました。世界新記録はもちろん、20を超えるパラリンピックレコードも更新。たとえば、男子1000mタイムトライアル（B部門）で金メダルに輝いたオランダのバングマ、ムルダーペアは59秒822と1分を切りました。また、女子も同じ種目で、イギリスのソーンフィルとスコットペアが1分6秒283を記録し、こちらもパラリンピックレコード更新となりました。

トライアスロン

トライアスロンとは？

・トライアスロンは、スイム（水泳）・バイク（自転車）・ラン（長距離走）を連続して行うスポーツで、ランで最初にゴールした選手が勝者となります。

・トライアスロンとはラテン語の「3」を指すtriと、「競技」を指すathlonを合わせた造語です。

・競技距離はさまざま（総合距離12.875～226km）で、競技に参加している年齢層も幅広いのが特徴です。

・パラリンピックでは、2016年リオデジャネイロ大会で初めて正式競技として実施され、男女3クラスずつが実施されました。

パラリンピックに参加できる障がいの種類

肢体不自由	立位	●
	車いす	●
	脳性まひ	●
視覚障がい		●
知的障がい		

※リオデジャネイロパラリンピック時点

はじまり

　トライアスロンの歴史はまだ浅く、世界で初めて開催されたトライアスロンは、1974年カリフォルニア州サンディエゴの大会といわれています。ラン4.5km、バイク8km、スイム400ｍ、ラン3.2km、スイム400ｍで、現在の大会とは順番も距離も異なっていました。

　そして4年後の1978年、今度はハワイのオアフ島で、アメリカ海軍中佐のジョンコリンズ氏の提唱によって、スイム3.9km、バイク180km、ラン42.195kmの距離でのトライアスロン大会が、参加者15人（男性14人、女性1人）で行われ、この大会がアイアンマン（鉄人）レースの始まりといわれています。

日本における競技の歴史

　日本で初めて行われたトライアスロン大会は、1981年に鳥取県米子市の皆生温泉で開催された皆生トライアスロンです。参加者は53人（うち女性2人）でした。

パラリンピックでの歴史

　パラリンピックにおいては、第15回リオ大会（2016年）から正式競技となりました。パラリンピックで初めてトライアスロンが実施されたこの大会には、18か国から60人の選手が参加しています。アメリカが金2個、銀1個、銅1個、イギリスが金1個、銀2個、銅1個、オランダが金1個、銀1個のメダルを獲得しました。

競技の ルール

・トライアスロンのレースは、スイム→バイク→ランと次々と場所を変えながら、連続して行われます。

・勝敗は、一般のトライアスロン同様、スイム（水泳）・バイク（自転車）・ラン（長距離走）の合計タイムで競います。

競技場

レースは、スイム→バイク→ランと次々と場所を変えながら、連続して行われます。

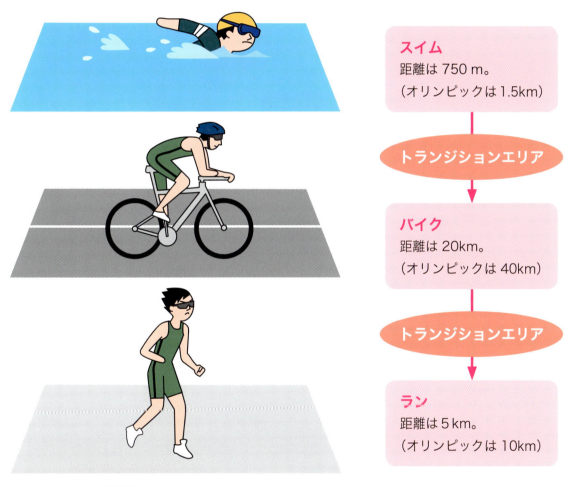

スイム
距離は 750 m。
（オリンピックは 1.5km）

トランジションエリア

バイク
距離は 20km。
（オリンピックは 40km）

トランジションエリア

ラン
距離は 5 km。
（オリンピックは 10km）

トランジションエリア

スイム→バイク、バイク→ランと移り変わる場所に設けられる場所。ウェットスーツやヘルメット、シューズ、義肢などの着脱、ロードバイクやタンデムバイクの準備、ハンドバイクや競技用車いすへの乗車などが行われます。

ルール

パラリンピックのトライアスロンにおいても、一般のトライアスロンと同様、スイム（水泳）・バイク（自転車）・ラン（長距離走）の合計タイムで勝敗を競います。

距　離

パラリンピックでは、スイム 750 m、バイク 20km、ラン 5km の合計 25.75km で競います。男女とも同じコースを使用します。

トランジション

トライアスロンでは、スイム→バイク、バイク→ランへと移り変わる場所に「トランジションエリア」と呼ばれる場所が設けられているのが大きな特徴です。パラリンピックのトランジションエリアでは、ウェットスーツやヘルメットなど用具のほか、義肢などの着脱、ロードバイクやタンデムバイクの準備、ハンドバイクや競技用車いすへの乗車など（トランジション）が行われます。

●ハンドラー

トランジションでは、一人では競技を続行することが困難と認められた選手に限って、トランジションを手助けする「ハンドラー（公認支援者）」をつけることが認められています。ハンドラーは障がいのカテゴリーや場面に応じて 1 名ないし 2 名つけることができます。

ハンドラーには、「パーソナルハンドラー」「スイムイグジットハンドラー」の 2 種類が存在します。

・オリンピックなどで行うトライアスロンはスイム 1.5km、バイク 40km、ラン 10km の合計 51.5km なので、パラリンピックはちょうどその半分の距離ということになる。

・2016 年リオパラリンピックでは、バイクが 20.92km（5.23km を 4 周）だった。

・トランジションエリアでの時間も記録に加算される。トランジションの速さがタイムに大きく影響するという意味から、トランジションは「第 4 の種目」ともいわれている。

スイム

トランジション

バイク

トランジション

ラン

スイムイグジットハンドラー

スイムの出口からプレトランジションエリアへの移動をサポートするハンドラー。通常、大会側が用意します。

パーソナルハンドラー

原則として選手側が自ら準備するハンドラーです。トランジションエリアで待機しており、用具や義肢などの着脱、バイクの準備などを手伝います。

・スイムイグジットハンドラーの支援の方法は、選手のキャップの色（障がいの程度）によって異なる。例えば赤い色のスイミングキャップを被った選手に対しては、持ちあげて運ぶ。また、黄色いスイミングキャップを被った選手に対しては歩行や走行を支援する。緑のキャップの選手は支援を受ける必要がない。

163

競技方法

　パラリンピックのトライアスロンでは、障がいの種類によって、競技の方法が異なります。

●シッティング（座位）

　シッティングの選手は、「バイク」パートでハンドバイク、「ラン」パートでは競技用車いす（車いすレーサー）を使用して競技を行います。

用語

シッティング
座位のこと。両脚に障がいのある選手が出場する。くわしくは『クラス分け』(p167) 参照。

用語

ハンドバイク
手や腕の力を使ってこぐ自転車。くわしくは自転車の『競技用具』(p154) 参照。

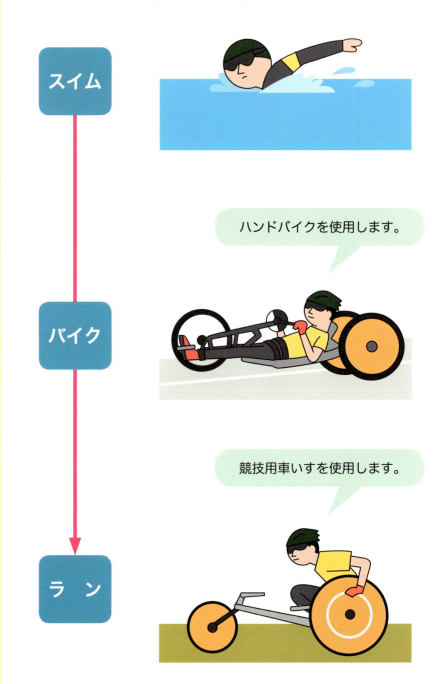

スイム

ハンドバイクを使用します。

バイク

競技用車いすを使用します。

ラン

●スタンディング（立位）

　スタンディングの選手は、全体を通して義肢の着用や、「バイク」のパートで改造されたロードバイクの使用が認められます。

用語

スタンディング
立位のこと。四肢に切断やまひのある選手が出場する。くわしくは『クラス分け』（p167）参照。

義肢の使用が認められます。

スイム

改造されたロードバイクの使用が認められています。

・改造ロードバイクについてくわしくは『競技用具』（p168）参照。

バイク

義肢の使用が認められます。

ラン

用語 ✏

ブラインド
視覚障がいのある選手が出場する。くわしくは『クラス分け』(p167)参照。

・ガイドの途中交代は認められない。

・タンデムバイクについて、くわしくは自転車の『競技用具』(p155)参照。

・全盲の選手は、ランでブラックアウトグラス（黒色のガラスの入った眼鏡）を着用する。

●ブラインド（視覚障がい）

　選手と同性の「ガイド」と呼ばれる伴走者が、レース全体を通してつきます。両者は「スイム」「ラン」パートではガイドロープでつながり、「バイク」パートではタンデムバイクを使用します。

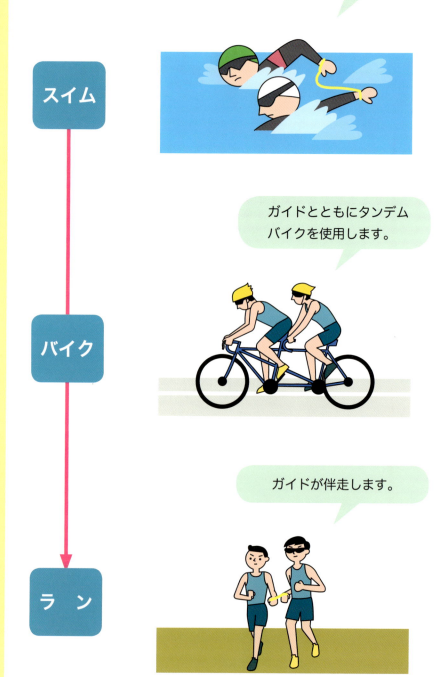

ガイドが伴走します。

スイム

ガイドとともにタンデムバイクを使用します。

バイク

ガイドが伴走します。

ラン

クラス分け

- パラスポーツとしてのトライアスロンは5つのクラスに分けられており、パラリンピックの正式種目になっているのはそのうち男女3クラスずつです。
- PT2～4は数字が小さいほど重い障がいを表しています。

パラスポーツのトライアスロンは、PT1～5の5つのクラスに分けられます。初の正式競技となった2016年のリオ大会では、そのうち、男女3クラスずつが実施されました。

クラス	クラス名	対象となる選手	パラリンピック正式種目	
			男子	女子
PT1	シッティング（座った状態）	両脚に障がいのある選手	●	－
PT2	スタンディング（立った状態）	上肢切断、ひざ下切断などの選手	●	●
PT3		四肢のまひのある選手など	－	－
PT4		ひざ上切断の選手など	●	●
PT5	ブラインド（視覚に障がいのある状態）	視覚障がいのある選手（全盲・弱視同一クラス）	－	●

※リオデジャネイロパラリンピック時点

リオ・パラリンピックでは男女3クラスずつの実施でしたが、世界選手権などでは全クラスが実施されています。次回東京大会での実施クラスは未定ですが、クラスの拡充が期待されています。

ブラインドは全盲と弱視の選手が同一クラスに分けられています。そこで、全盲の選手が弱視の選手よりも先にスタート、順位はフィニッシュラインを越えた順、とすることで公平性を図っています。

・パラスポーツのトライアスロンでは、障がいの種類や程度に
よって、ガイドをつけたり、特殊なバイクや改造バイクを使
用します。
・シッティングで使用するハンドバイク、ブラインドで使用
するタンデムバイクは『自転車』の「競技用具」(p154) 参照。

改造バイク

スタンディングクラス（p165、167 参照）
のバイクでは、改造されたロードバイクの使用
が認められています。もっとも、バイクの改造
は安全が保たれ、推進力を助長しない範囲での
みとされています。

カップ
片脚を切断しており、かつ、義足を使用し
ない選手は、残っている脚の部分を支える
ためのカップの装着が認められます。

片脚でバイクをこぐために、カップを装着し
た側のクランクとペダルは取り外されます。

世界で活躍！ トップ・アスリートたち

圧倒的な強さを誇る世界王者
マルティン・シュルツ

　先天性の左前腕欠損で、元水泳選手。トライアスロンは15歳から挑戦し、ハードなトレーニングをこなしていることでも有名です。

　2013年からは世界トライアスロン・グランドファイナルを始め、2年間で出場した全レースで優勝。欧州王者には4度輝くなど圧倒的な実力を誇りましたが、2015年のグランドファイナル（アメリカ）でバイクのメカトラブルに見舞われ不敗神話がストップ。しかし、2016年リオ大会で金メダル（PT4クラス）に輝き、見事雪辱を果たしました。

たゆまぬ努力で金メダルを獲得
アリッサ・シーリー

　もともとトライアスロン選手でしたが、2010年にエーラース・ダンロス症候群と診断されます。その後、手術を受けますが、合併症を引き起こし、左足のひざ下の切断を余儀なくされます。しかし、懸命なリハビリ後、再び競技の道へと戻ってきました。

　そして週7日のトレーニングの末、出場を決めた2016年リオ大会で見事な金メダル（PT2クラス）を獲得。不断の努力を続けるトップアスリートは「そのままの努力を続けて、2020年東京大会でも連覇を目指す」と語っています。

注目の日本人選手たち

水泳に続きトライアスロンでも出場
木村潤平

　先天性の下肢不全で幼稚園の頃から松葉杖をついていましたが、小学生で水泳を始めます。実力をつけ、2004年アテネ大会から2012年ロンドン大会まで3大会連続して水泳競技でパラリンピックに出場。2013年にトライアスロンに挑戦すると同年世界トライアスロンシリーズ横浜で2位に入り、注目されます。2016年リオ大会には水泳とトライアスロン2種目での出場を目指しましたが、惜しくも水泳では代表入りを逃し、トライアスロン（PT1クラス）では10位。

　2020年東京大会ではメダル獲得を目指します。

競技歴わずか3年で6位入賞
秦　由加子

　3歳から水泳を始め、選手コースに所属していましたが、13歳のときに骨肉腫で右の太ももを切断、義足での生活が始まりました。社会人になり運動不足解消のため通い始めた障がい者スイミングクラブで再び水泳にのめりこみます。2年後にはアジアパラ競技大会で銀メダルを獲得、パラリンピック出場を目指しますが、参加標準記録を上回ることが出来ず断念。その後、トライアスロンへと転向、わずか3年でリオ大会へと出場、6位入賞（PT2クラス）と活躍しました。2020年東京大会での表彰台を目標としています。

世界記録

ヨーロッパやアメリカで特に盛んな競技であることから、初のパラリンピックとなったリオ大会の金メダリストもそれらの国々が大勢を占めました。同大会における主な金メダリストは次のとおりです。

種目		名前	国
男子	PT1	イェツェ・プラット	オランダ
	PT2	アンドリュー・ルイス	イギリス
	PT4	マルティン・シュルツ	ドイツ
女子	PT2	アリッサ・シーリー	アメリカ
	PT4	グレイス・ノーマン	アメリカ
	PT5	ケイティ・ケリー	オーストラリア

注目　もう一人の選手 「ガイド」「ハンドラー」

選手の競技進行をサポートするガイドやハンドラーの役割は、パラリンピックのトライアスロンにおいて大変重要です。選手の能力や状況を正確に把握し、的確なサポートを行う彼らの腕前も選手の順位やタイムに大きく影響してきます。

したがって、レースの前から両者は着替えの仕方や競技用バイクへの乗り込みなど綿密に打ち合わせをすることで、コンビネーションを高めておきます。

馬術

馬術とは？

・馬術は、パラリンピックで唯一、動物といっしょに行う競技です。人馬一体となって演技の正確性と芸術性を競い合います。

・オリンピックの馬術競技には「馬場馬術」「障害飛越」「総合馬術」の３つがありますが、パラリンピックにおいては演技の正確さや美しさを競う「馬場馬術」のみが行われます。

・馬術競技がパラリンピックで初めて行われたのは第７回ニューヨーク・アイレスベリー大会ですが、正式競技として連続して行われるようになったのは、第10回アトランタ大会（1996年）からです。

パラリンピックに参加できる障がいの種類

肢体不自由	立位	●
	車いす	●
	脳性まひ	●
視覚障がい		●
知的障がい		

※リオデジャネイロパラリンピック時点

はじまり

　人と馬との共同作業は、中国やエジプト、ペルシャといった古代文明の時代から存在していました。そして、馬を用いた競技としては、古代オリンピックに戦車競技（シャリオ・レース）というものがありました。

オリンピックでの歴史

　近代オリンピックにおいては、第2回パリ大会（1900年）で正式競技になりましたが、その時は「障害飛越」1競技のみの実施でした。その後、第5回ストックホルム大会（1912年）から「馬場馬術（ドレッサージュ）」「障害飛越（ジャンピング）」「総合馬術（イベンティング）」の3競技が開催されるようになりました。

パラリンピックでの歴史

　障がいを持った人たちの乗馬は、当初はリハビリ目的で発展してきました。例えば、古代ギリシャ時代には負傷した軍人のリハビリに乗馬が活用されていました。

　パラリンピックでの馬術競技は、第7回ニューヨーク・アイレスベリー大会（1984年）で初めて行われました。その後、第10回アトランタ大会（1996年）からは、連続して行われる正式競技となっています。

　第15回リオ大会（2016年）には29か国から76人の選手が参加しました。メダル獲得数は強豪・イギリスが金7個、銀4個、次いでオランダの金1個、銀2個、銅4個、オーストリアとベルギーの金1個、銀1個と続いています。

競技の
ルール

・パラリンピックの馬術は、幅20m、長さ40mないし60mの馬場で行われます。
・種目は個人戦（「チャンピオンシップテスト」「フリースタイルテスト」）と団体戦（「チームテスト」）の3種類に分かれています。

馬場（アリーナ）

競技は幅20m、長さ40mないし60mの馬場（アリーナ）で行われます。

ジャッジボックス
審判員が座る個別のボックス。アリーナの周りに5人の審判員が座っている。

アリーナの周囲は、高さ約30cmの柵で囲まれている。

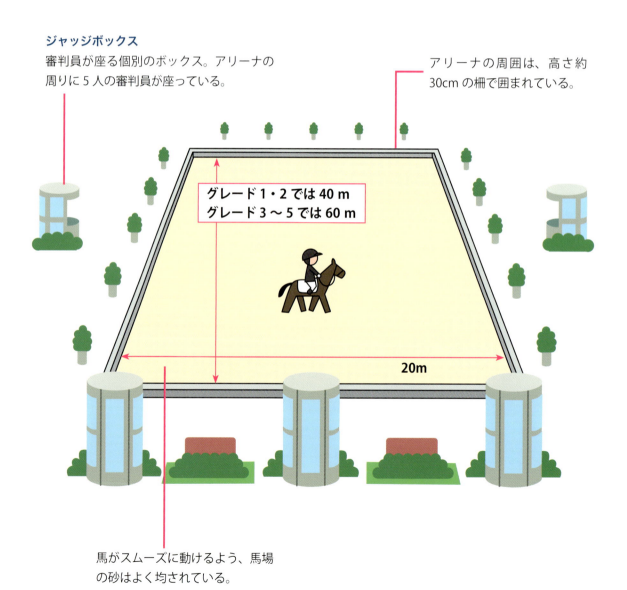

グレード1・2では40m
グレード3〜5では60m

20m

馬がスムーズに動けるよう、馬場の砂はよく均されている。

馬場（アリーナ）の周りには、アルファベットが書かれたマーカー（標記）が置かれており、それぞれの運動の始まりや終わりの地点が指示されています。

長さ 60 mの馬場の場合

主審側から見た図で、選手は A から入場します。

マーカー（標記）
馬場の周りに設置される。選手はマーカーを頼りに演技を行う。

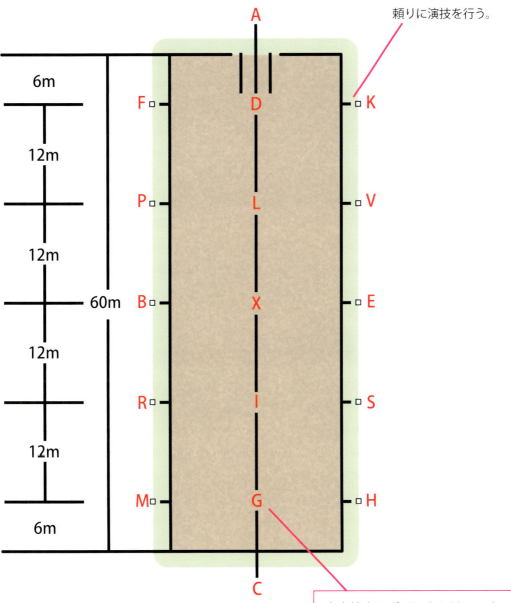

中央線上のポイントにはマーカーがついていないので、選手は両サイドのマーカー（M や H など）を確認しながら位置を記憶しておく必要があります。

・パラ馬術の競技種目には「馬場馬術」「馬車競技」「障害飛越」「ウェスタン」の４競技種目があるが、パラリンピックで行われるのはこのうち「馬場馬術」である。

・パラ馬術には「ノービステスト」「チャンピオンシップテスト」「フリースタイルテスト」「チームテスト」の４種類のテストがあるが、パラリンピックで行われるのはこのうちノービステストを除いた３種類のテストである。

用語

ノービステスト
決められた地点で運動をしたものを、正確性、歩調や従順性等の総合観察で採点するテスト。

種　目

　パラリンピックの馬術では「馬場馬術」という競技が行われます。その中に個人戦と団体戦があり、個人戦は演技内容がすべて決められている「チャンピオンシップテスト」（規定演技）、選手が自分で選んだ楽曲に合わせて、決められた運動の中で構成する「フリースタイルテスト」（自由演技）の２種目があります。

種目		内容
個人戦	チャンピオンシップテスト	規定演技を行う
	フリースタイルテスト	自分で選んだ楽曲に合わせて自由演技を行う
団体戦	チームテスト	規定演技を行う

「チャンピオンシップテスト」はフィギュアスケートのショートプログラムに、「フリースタイルテスト」はフリープログラムに例えられることがあります。

ルール

　パラリンピックの馬術のルールは基本的にオリンピックなどと変わりありません。馬術は体力よりもテクニックと芸術性が競われる競技であるため、男女を区別することなく開催されます。

試合の進め方

「チャンピオンシップテスト」を始め各テストは 15 〜 20 の課題で構成されます。

選手たちは、入場から始まるこれらの課題を、馬場（アリーナ）の決められたアルファベットの地点で行っていきます。

●テストの経路（コース）の例

順	地点	運動課目	順	地点	運動課目
1	A X XC	中間常歩で入場 停止—不動—敬礼 中間常歩で発進 中間常歩	6	DXG	中央線上へ
2	C CM MX	右手前蹄跡へ入る 中間常歩 対角線上へ	7	G GC C	右へ巻乗り（φ8m） 中間常歩 左手前蹄跡へ
3	X	左へ巻乗り （φ10m）	8	CH HX	中間常歩 対角線上へ
4	XF FA	対角線上へ 中間常歩	9	X	右へ巻乗り（φ8m）
5	AD D	中央線上へ 右へ巻乗り（φ8m）	10	XK KA	対角線上へ 中間常歩
			11	AC	3湾曲蛇乗り、左手前で終える

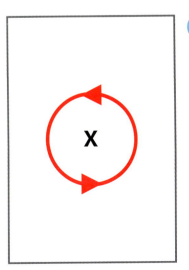

← X で巻乗り

・表中の「φ」は「直径」を表す。

用語

中間常歩
明瞭で整正、かつ堅苦しさのない中等度に伸長させた常歩をいう。「常歩」のくわしい説明は p182 参照。

・表の経路は一部であり、例である。各テストごとにこのように課題が決められている。

・複数の連続した動きを1つのまとまりとして1つの「課題」をなす。

・「巻乗り」とは直径6m、8m、10mの円を描く運動をいう。直径10mを超えるものは「輪乗り」という。

馬術

❶ 採点は、まず5人の審判員が、課題ごとに10点満点で採点していきます。

・原則として1課題10点満点だが、難易度の高い課題に対しては「係数」というしくみによって2倍の点数が与えられることがある（その場合、15課題で通常ならば合計15×10 = 150点満点となるところ、例えば課題5と6に係数2がつくと、その2つはそれぞれ20点が満点となるため、合計170点満点となる）。

得点	採点の基準
10点	優秀
9点	極めて良好
8点	良好
7点	おおむね良好
6点	基本的な要求を満たしている演技
5点	やや不十分
4点	不十分
3点	やや不良
2点	不良
1点	極めて不良
0点	不実施

　評価を得るために重要なのは指示の出し方です。選手はできるだけ小さく、観客に気づかれないように馬へ合図を送り、あたかも馬自身の意思で運動しているかのような印象を与えることが求められます。

　そのため、指示が大きすぎたり、馬の演技が硬かったりすると得点は伸びません。

　高得点を得るためには、馬が緊張感なく従順に運動を行うことが必要ですが、そのためには選手と馬との間に信頼関係が存在することがとても大切です。

❷　そうした個別の課題ごとの採点に、全体を通した「総合観察」という点数が加えられた後、減点がある場合は減点をして合計点を出します。

●「総合観察」の例

項目	内容	満点
1	ペース（自由自在に変じ、かつ整正であること）	10
2	推進気勢（馬の前進意欲、弾発のある運歩、背の柔軟性、後躯 のエンゲージメント）	10
3	従順性（集中力、自信に満ちた演技力・運動の調和・軽快性および無理のなさ、ハミ受けと前肢の軽快性）	10
4	騎手の馬術的理解力と技術力、正確さ	10

❸　合計点が満点の何％かという数字が選手の記録となります（5名の審判員の得点率の平均となります）。％が高い順に順位が決まります。

例えば 200 点満点で合計点 137 点の場合…

137　／　200　＝　68.500%

この赤い部分の数字が選手の記録になります。得点記録は、小数点以下第 3 位までで表示されます。

・「フリースタイルテスト」ではさらに「芸術的評価」も点数に加えられる。

・減点は経路違反などに対してなされる。

・60％以上なら課題の運動はほぼできているという評価、65％以上が国際試合での上位進出、70％以上がパラリンピックでの上位進出の1つの目安とされる。

・2016年リオパラリンピック大会では、例えば「チャンピオンシップテスト」のグレードⅠaの優勝記録は78.217％、グレードⅢの優勝記録は72.878％などとなっている。

馬術

審判員

　パラリンピックの審判団は7名から成ります。各審査は、この7名から審判団長に選ばれた5名が行います。

・通常の国際大会では審判団5名から構成されるが、7名とされているところがパラリンピックの特徴である。

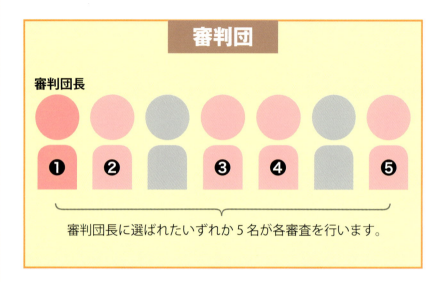

審判団

審判団長

❶ ❷ ❸ ❹ ❺

審判団長に選ばれたいずれか5名が各審査を行います。

勝敗の決め方

●個人戦

　個人戦しか出場しない選手も、まず「チームテスト」を受け、その後、「チャンピオンシップテスト」を受けます。「チャンピオンシップテスト」で上位3分の1に入り、かつ、「チームテスト」と両方の演技の平均が最低58％だった場合に「フリースタイルテスト」への出場権が認められます。

　勝敗は、％の数字の高い者から順に決まります。

●団体戦

　パラリンピックの団体戦のチームは、5つのグレードのうち、グレードⅠ、ⅡまたはⅢの選手を必ず含むという条件を満たす4人馬の組み合わせから構成されます。勝敗は、4人馬の「チームテスト」と「チャンピオンシップテスト」の結果を合わせて決定します。各人馬の両テストの結果を平均して、チームメンバーの上位3人馬の成績を合算したものがチーム成績となります。

用語

グレード
クラス分けで振り分けられたクラスのこと。くわしくは『クラス分け』（p181）参照。

クラス分け

- パラリンピックの馬術では、障がいの程度によって5つのグレードにクラス分けが行われます。
- 個人戦ではグレードごとに競技が行われます。団体戦はグレード不問のオープンクラスで実施されます。

パラリンピックの馬術は、障がいの程度に応じて5つのグレードに分類されます。個人戦では、各グレードごとにポイントを競いますが、団体戦はグレードを問わないオープンクラスで行われます。各クラスの選手は、定められた運動科目で競技を行います。

クラス（グレード）	障がいの程度	おもな運動科目
Ⅰ	重度の障がい者	常歩
Ⅱ	重度の障がい者	常歩・速歩
Ⅲ	やや重度の障がい者	常歩・速歩
Ⅳ	やや重度の障がい者	横運動を含む常歩・速歩・駈歩（横運動含まない）
Ⅴ	軽度の障がい者	横運動を含む常歩・速歩・駈歩

「常足」「駈足」といった運動項目についてのくわしい説明は次のページからを見てね！

注目　2017年1月よりグレード表示が変更に

これまで、パラ馬術では5つのグレード分けとして、「Ⅰa・Ⅰb・Ⅱ・Ⅲ・Ⅳ」という表示が使われてきましたが、2017年1月より変更されました。

変更前グレード	→ 変更後グレード
Ⅰa	Ⅰ
Ⅰb	Ⅱ
Ⅱ	Ⅲ
Ⅲ	Ⅳ
Ⅳ	Ⅴ

常歩（なみあし）

常歩は、もっとも基本的な動作です。馬が頭を上下左右に大きく動かして歩くのが特徴です。

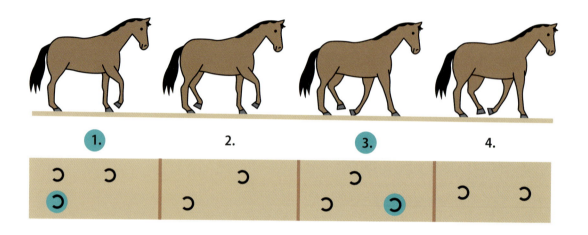

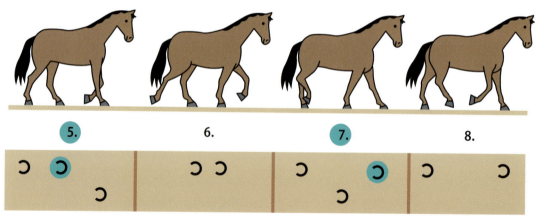

※　丸で囲んだ番号はビート（拍子）を示します。

常歩は4拍子のリズムで、8段階に分かれた歩法です。常に2～3本の肢が地面に接しています。
「右後肢→右前肢→左後肢→左前肢」の順に肢が動きます。

速歩（はやあし）

速歩は、常歩の次に基本的な動作です。対角線上の肢が交互に2拍子のリズムで動きます。常歩と異なり、重心の動きがないため、馬の頭の位置はほとんど変わりません。

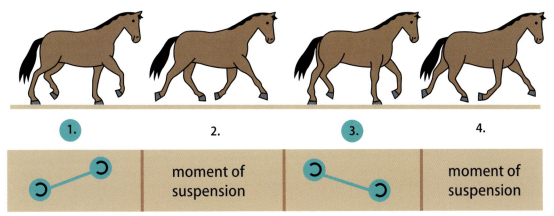

1.	2.	3.	4.
⟲—⟳	moment of suspension	⟳—⟲	moment of suspension

※　丸で囲んだ番号はビート（拍子）を示します。

速歩は2拍子のリズムで4段階に分かれた歩法です。「右前肢と左後肢」「右後肢と左前肢」がペアになって、交互にほぼ同時に動きます。

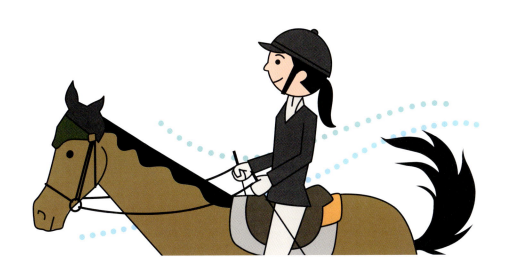

駈歩（かけあし）

　駈歩は、常歩や速歩と比べてスピードの出る歩法です。馬の頭やくびが上下前後に激しく動きます。速歩は左右の肢が対称に動く歩法でしたが、駈歩は左右の肢が非対称に動きます。

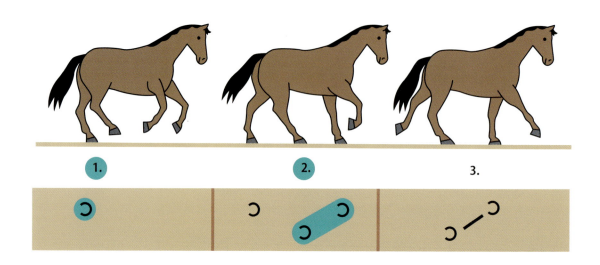

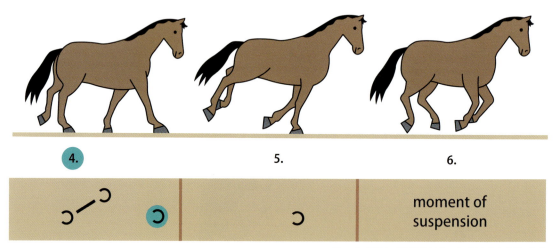

※　丸で囲んだ番号はビート（拍子）を示します。

　駈歩は３拍子のリズムで６段階に分かれた歩法です。「左手前の駈歩」と「右手前の駈歩」があります。たとえば、「左手前の駈歩」は「右後肢→左後肢から右前肢（ほぼ同時）→左前肢→全ての肢が空中に浮く（空間期）」という順で肢が動きます。

競技用具

- パラリンピックの馬術では、障がいが重度な選手もいることから、安全な競技実施のため、改良された特殊馬具が使用されます。
- 服装も同様に、燕尾服の禁止、ヘルメットの着用など安全上の配慮がなされています。

特殊馬具

パラ馬術では、障がいによって、一般的に使われている馬具では不自由だったり不十分だった場合には、それらを補うために改良・考案された「特殊馬具」が使用されています。

鞍ベルト
鞍の前橋につけることのできる安全ベルト。肢や腕に障がいのある選手に有効です。

ループ手綱
ループ（輪）のついた手綱は、障がいを持つ選手にポピュラーな馬具です。

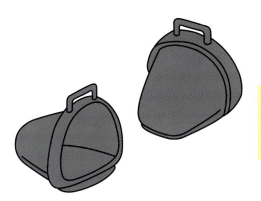

鐙カバー（あぶみ）
義肢をつけた選手が安全に乗馬をするための馬具です。

服 装

　パラ馬術に限らず、馬術においては競技時にきちんとした正装でなければならないとされ、服装規定が細かく定められています。

　その上で、パラ馬術の場合には、安全上の理由から燕尾服が禁止されるなどの配慮がなされています。

　下のイラストはパラリンピックなど、競技会の出場で定められている服装規定です。

保護用ヘッドギア
いわゆるヘルメット。パラ馬術に限らず、馬場馬術の騎乗の際には必ず着用しなければなりません。黒もしくは暗い色のヘルメットカバーを使用します。

アスコットタイ
ストックタイ。白色、生成りもしくは上衣と同色。

上衣
ジャケット。黒か濃い色でなければなりません。オリンピックなどでは燕尾服の着用が定められていますが、パラリンピックでは安全上の理由から燕尾服は禁止され、ジャケットないし乗馬用上衣を着用するものとされています。

乗馬用ズボン
白もしくは生成り。

乗馬用ブーツ
黒色もしくは上衣と同色。足の不自由な選手は、例えば義足兼用の特注品を使用するなど工夫をしています。

パラリンピックでトリプルトリプルを達成
リー・ピアソン

手足の関節やその周辺の柔らかい組織が収縮したまま伸びなくなってしまう先天性多発性関節拘縮症という病気を持って生まれました。

パラリンピックで 2000 年シドニー大会からアテネ大会、北京大会と 3 大会連続で「チャンピオンシップテスト」「フリースタイルテスト」「チームテスト」の 3 冠に輝くトリプルトリプルを達成。2012 年ロンドン大会ではチームテストの金メダルのみで個人戦は銀・銅メダルに終わりましたが、2016 年リオ大会では再びフリースタイルで個人戦金メダルを奪取しました。

馬術

パラリンピック 2 大会連続金メダル
ナターシャ・ベーカー

生後 14 か月で脊髄を痛め、両足が不自由に。背中の痛みを和らげるために乗馬療法を受けたのを機に馬術の道へ。9 歳から競技大会に出場し、数々の好記録を生みます。10 歳の時には「パラリンピックで金メダルをとる」と誓ったといいます。

そのパラリンピックで、2012 年ロンドン大会において個人戦「チャンピオンシップ」「フリースタイル」の 2 冠（グレードⅡ）に輝いたのに続き、2016 年リオ大会では、個人戦「チャンピオンシップ」「フリースタイル」および団体戦の 3 冠に輝きました。

写真：Press Association ／アフロ

注目の日本人選手たち

元JRA調教助手
宮路満英

　高校2年生のときに友人と旅した北海道で初乗馬を体験。その魅力に惹きつけられ、JRAの調教助手の仕事に就きました。25年間で数々の名馬を育ててきましたが、47歳の時、仕事中に脳卒中に見舞われ、右半身まひや失語症などの後遺症が残ります。

　リハビリを経て、パラ馬術と出合い、再び馬上へ。高次脳機能障がいの影響で、5分のコースを覚えるのに1年かかるといいますが、2016年リオ・パラリンピックには、愛馬バンデーロ号とともに日本人で唯一の出場を果たしました。

2020年東京大会で上位入賞をめざす
鎮守美奈

　脳性まひを持ちながら、17歳から乗馬を始め、27歳の時には明石乗馬協会へ入り、本格的な競技生活を始め、国際大会にデビューします。

　第12回アテネパラリンピック（2004年）に出場して以来、国際大会にも相次いで出場し、着実に成果を挙げてきました。

　2016年リオ・パラリンピックにはあえて出場せず、2018年世界選手権への出場と、2020年東京パラリンピック上位入賞を狙う作戦で、周囲からもメダルの最有力候補に挙げられています。

パラ馬術大国のイギリスが強さを見せたリオ大会。イギリス以外でも、馬術の人気の高いヨーロッパ勢が上位を占めました。

種目	グレード	名前	国	記録
個人 チャンピオンシップ	Ⅰa	ソフィー・クリスチャンセン	イギリス	78.217
	Ⅰb	ペーポ・プーフ	オーストリア	75.103
	Ⅱ	ナターシャ・ベーカー	イギリス	73.400
	Ⅲ	アン・カトリン・リュベ	ノルウェー	72.878
	Ⅳ	ソフィー・ウェルズ	イギリス	74.857
個人 フリースタイル	Ⅰa	ソフィー・クリスチャンセン	イギリス	79.700
	Ⅰb	リー・ピアソン	イギリス	77.400
	Ⅱ	ナターシャ・ベーカー	イギリス	77.850
	Ⅲ	サネ・フォーツ	オランダ	73.850
	Ⅳ	ミシェール・ジョルジュ	ベルギー	76.300
団体チーム	―	ソフィー・クリスチャンセン アン・ダンハム ナターシャ・ベーカー ソフィー・ウェルズ	イギリス	453.306

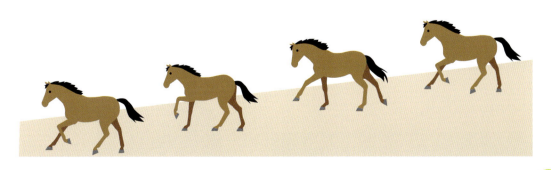

射撃

射撃とは？

・射撃は、ライフルあるいはピストルを用いて的を撃ち抜き、得点を競う競技です。

・15 〜 16 世紀のヨーロッパで生まれた競技といわれています。

・パラリンピックにおいては、第 5 回トロント大会（1976 年）から正式競技となりました。

・オリンピックではクレー射撃（空中に飛んでくる標的を撃つ）がありますが、パラリンピックでは固定された標的をねらうライフル射撃（ピストル射撃含む）のみが実施されています。

パラリンピックに参加できる障がいの種類

肢体不自由	立位	●
	車いす	●
	脳性まひ	●
視覚障がい		
知的障がい		

※リオデジャネイロパラリンピック時点

- 射撃競技は銃器の発達に伴って15～16世紀のヨーロッパを中心に世界に広まりました。
- パラリンピックにおいては、第5回トロント大会（1976年）から正式競技として採用されています。

はじまり

　射撃競技は銃器の発達に伴って15～16世紀のヨーロッパを中心に世界に広まりました。1463年のドイツ・ケルンのセント・セバスティアヌス射撃クラブで競技が始まったという説もあります。

オリンピックでの歴史

　射撃は第1回アテネ大会（1896年）から正式競技に採用されています。水泳や陸上などといったアテネ大会実施8競技の中に射撃が含まれたのはオリンピック提唱者のクーベルタン男爵がフランスのピストルチャンピオンであったことに由来するとされています。

　射撃競技はオリンピック大会では戦争などで中止になった大会を除いて毎回競技が実施されていて、オリンピック大会の実施に際して必ず行わなければならない「コア競技」と位置づけられています。

パラリンピックでの歴史

　パラリンピックにおいては、第5回トロント大会（1976年）から正式競技として採用されています。トロント大会ではライフル種目のみの実施でしたが、翌第6回オランダ・アーネム大会（1980年）からピストル種目も開催されました。

　第15回リオ大会（2016年）には、42か国から147人の選手が参加しました。メダル獲得数の上位は中国（金5個、銀2個、銅1個）、スロバキア（金2個、銀1個）、イラン（金2個）となっています。

射撃

・射撃場には屋内射撃場（インドア・レンジ）と屋外射撃場（アウトドア・レンジ）があります。

・パラリンピックの種目は、銃の種類および射撃姿勢などにより、男女別3種目と男女混合6種目の計12種目に分かれます。

射撃場（シューティング・レンジ）

　射撃場には屋内射撃場（インドア・レンジ）と屋外射撃場（アウトドア・レンジ）があります。10m射場は屋内に設置されなければなりませんが、25m、50m射場についてはそれぞれ少なくとも12.5m、45mの距離を屋外としなければならないとされています。

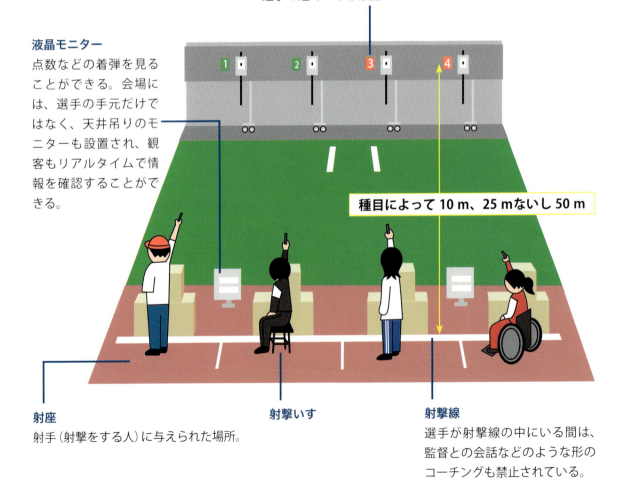

電子標的
パラリンピックなど国際大会では、着弾と同時に得点が判明する電子標的という装置が使用されている。
選手の近くにある液晶モニターには、点数などが表示される。

液晶モニター
点数などの着弾を見ることができる。会場には、選手の手元だけではなく、天井吊りのモニターも設置され、観客もリアルタイムで情報を確認することができる。

種目によって 10m、25m ないし 50m

射座
射手（射撃をする人）に与えられた場所。

射撃いす

射撃線
選手が射撃線の中にいる間は、監督との会話などのような形のコーチングも禁止されている。

種目

射撃は、まず銃の種類によって分けられます。パラリンピックでは「ライフル」と「ピストル」の2種類です。さらに射撃姿勢や的との距離などにより、男女別3種目と男女混合6種目の計12種目に分かれています。

ライフル

銃の種類	エアライフル（空気銃）				SB （スモールボア・ライフル、火薬銃）		
射撃姿勢	立射			伏射	3姿勢		伏射
的までの距離	10 m				50 m		
男女の別	男子	女子	混合	混合	男子	女子	混合
クラス SH1	○	○		○	○	○	○
クラス SH2			○	○			
発射弾数	60	40	60	60	120	60	60
種目記号	R1	R2	R4	R3	R7	R8	R6

ピストル

銃の種類	エアピストル		スポーツピストル	フリーピストル
射撃姿勢	立射			
的までの距離	10 m		25 m	50 m
男女の別	男子	女子	混合	混合
クラス SH1	○	○	○	○
クラス SH2				
発射弾数	60	40	60	60
種目記号	P1	P2	P3	P4

・銃の種類について、くわしくは、『競技用具』p199参照。

用語

立射、伏射

それぞれ立って射撃する姿勢、伏せて射撃する姿勢を指すが、パラリンピックでは緩和ルールが存在する。くわしくはp194「緩和ルール」の項目参照。

射撃

種目のうち R7 は、「ライフルのマラソン」といわれています。3 姿勢でそれぞれ 40 発ずつ撃ち（計 120 発）、競技時間は、インターバルも含めると 3 時間を超えます。極度の集中力から、競技が終わると選手の体重は 2kg は減るといわれる過酷な種目です。

ルール

パラリンピック射撃のルールは基本的にオリンピックなどと変わりありませんが、射撃姿勢に、緩和ルールが設けられています。

射撃姿勢

「射撃の姿勢には、「立射」「膝射」「伏射」の 3 種類があります。

●立射

基本ルール	立って銃を構えます。
緩和ルール	いすや車いすに座って射撃することができます。さらに SH2 クラスの選手は、ライフルを支持するスタンドの使用が可能です。

・立射の姿勢は安定しないため、3 姿勢の中でもっともむずかしい。

・ピストル種目で行われるのはこの「立射」のみ。

・SH1 クラスではライフル自体は腕だけで支えて競技を行わなければならないが、弾の装填時にはライフルレストに銃を置いておくことができる。

●膝射

基本ルール	片側の肢を膝立て、膝の上に腕を置いて構えます。
緩和ルール	射撃いすや車いす、テーブルを使用することができます。その場合は片方のひじを膝の代わりにテーブルに置いて射撃します。

膝射は単独での実施はほとんどありません。「3 姿勢」の種目の中で行われます。

・膝射単独での競技はほとんど行われず、3 姿勢混合競技の中で実施される。

・膝射は伏射の次に安定するといわれる。

●伏射

基本ルール	伏せて銃を構えます。 
緩和ルール	例えば、10 mエアライフルでは、射撃いすとテーブルの使用が義務づけられ、SH1 クラスはテーブルに両ひじをついて射撃します。SH2 クラスでは障がいの程度により、両ひじをテーブルに置かなくてもよいとされています。 **SH1 クラス** **SH2 クラス** 

・伏射はもっとも安定する姿勢といわれる。

・50 mライフル伏射では、いす・テーブルの使用か、地面に伏せる姿勢か選択することができる。

196

競技開始

❶　試射（試し撃ち）の終了時刻になると、射場長の「エンド オブ プレパレーション アンド サイティング…ストップ」（End of preparation and sighting…stop 〔準備と試射が終わります、やめてください〕）の号令が発せられます。

❷　その後、標的役員が本射への切り替えを行います。

❸　すべての標的が本射に切り替えられたら、射場長が「マッチ ファイアリング…スタート」（Match firing…start〔本射、はじめ〕）の号令をかける。本射は射場長の「スタート」（start）の号令により開始されたものとみなされます。

勝敗の決め方

　決められた弾数を撃ち、その合計点で順位を決定します。標的は中心が10点満点で、たとえば40発の種目なら、40×10で、400点満点となります。

・選手には競技開始前に最終準備と弾数無制限の試射（試し撃ち）をする時間が与えられる。

射場長
射場ごとに任命される。すべての射場内の号令に責任をもつ。

射撃

・上位者による決定戦（ファイナルマッチ）の場合には、小数点第1位まで計算し、満点が10.9点となるので、40発の種目なら436点満点となる。

クラス分け

- 射撃のクラス分けは、選手の障がいの程度ではなく場所によるもので、射撃選手としての機能にもとづいて行われます。
- SH1 はライフルとピストルにより対象選手が異なり、SH2 はライフルのみのクラスです。

　射撃のクラス分けは、選手の障がいの程度ではなく、障がいの場所によるもので、それはすなわち腕や手で銃を保持して射撃ができるかどうかという、射撃選手としての機能にもとづいて行われているものです。そのため、パラリンピックの中で、もっともクラス統合が実現された競技とも評価されています。

　SH1 はライフルとピストルにより対象選手が異なります。SH2 はライフルのみのクラスです。なお、表中の SH3 は日本独自のクラスとなります。

クラス		対象となる選手	
		障がいの場所	射撃の機能
SH1	ライフル	下肢	自分の力で上半身を支えて、銃器を持ち射撃することができる
	ピストル	上肢もしくは下肢	
SH2	ライフル	上肢 （下肢の障がいの有無は問わない）	支持スタンドで上半身を支えた状態で、銃器を持って射撃することができる
SH3			視覚障がい

注目　日本独自！　SH3 クラス＆ビームライフル

　射撃競技には、日本独自のクラスや種目が存在します。日本は銃規制に厳しく、実弾を使った銃の所持には資格が必要で、場所も公安委員会の許可を得た射撃場でしか使えません。そこで、そのような特別な資格が不要なビームライフル種目が開発され、射撃の入門として普及しています。また、クラスも視覚障がい者のためのクラスとしてSH3 が用意されています。

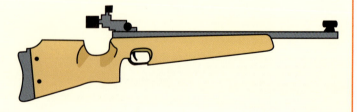

競技用具

- パラリンピックの射撃では、「ライフル」と「ピストル」の2種類の銃が使用されます。
- 障がいの程度によっては、特殊な補助具の使用が認められています。

銃「ライフル」

　パラリンピックのライフルには「エアライフル」と「SB（スモールボア・ライフル）」の2種類があります。エアライフルは火薬を用いず、SBは火薬の力を使って弾を飛ばす銃です。

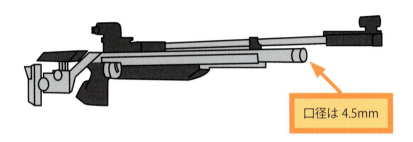

エアライフル
火薬を用いず、圧縮した空気の圧力で弾を撃ち出す作りとなっている銃。

口径は 4.5mm

SB（スモールボア・ライフル、火薬銃）
火薬の力を使って弾を飛ばす銃。映画やドラマなどでよく見かけるライフル銃はこのタイプです。
口径は 5.6mm（22 口径）。小口径であることから「スモール・ボア（小口径）」と呼ばれています。

照星（フロントサイト）

照門（リアサイト）
狙いを定めるためのもの

銃床（ストック）

銃身（バレル）

引き金（トリガー）

握り（グリップ）

床尾板（バットプレート）

銃「ピストル」

　パラリンピックのピストルには「エアピストル」と「25 mピストル」「50 mピストル」の3種類があります。

　エアピストルは火薬を用いない空気けん銃で、25 mピストル、50 mピストルは火薬の力を使って弾を飛ばすけん銃です。

エアピストル
火薬を用いず、圧縮した空気の圧力で弾を撃ち出す作りとなっている銃。空気けん銃。

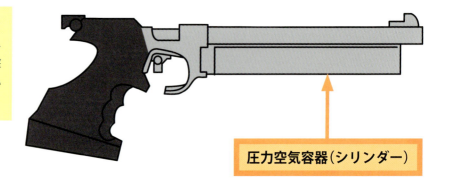

圧力空気容器（シリンダー）

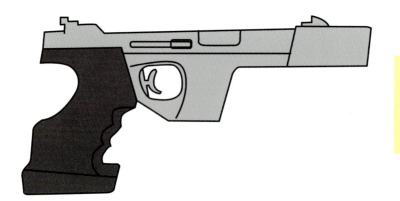

25 mピストル
スポーツピストルともいいます。5連発で撃つことができます。

50 mピストル
フリーピストルともいいます。1発ずつ装填して1発ずつ撃つしくみ。

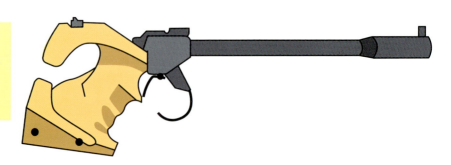

単に「的」ともいいます。用いられる標的は電子標的（EST）または紙標的です。標的紙は無反射性の色と紙質のものが使われます。

規定の距離における通常の光線条件の下で黒点圏 がはっきりと視認できるものでなければならないとされています。

種目によって、使われる標的が異なります。

50 m SB の標的

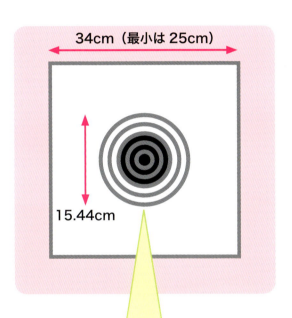

34cm（最小は 25cm）

15.44cm

50 m SB の紙標的
一番外側の 1 点圏から、内側へ行くほど 1 点ずつ上がり、円の直径は 1.6cm ずつ小さくなります。真ん中の満点（10 点圏）の直径は、1.04cm。
パラリンピック本番では現在は電子標的が使われていますが、選手たちのふだんの練習では紙も使われます。

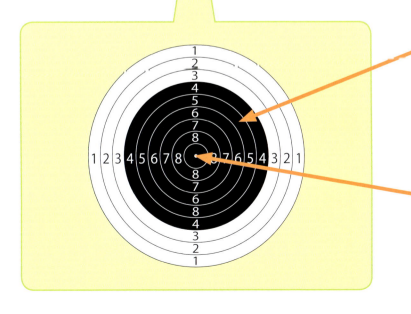

黒点圏
112.4mm

X 点圏
10 点圏の内側にあるマーク。50 m SB の場合、わずか直径 0.5mm。上位決定戦ではここまで判定され、命中すると 10.9 点満点となります。

射撃

201

10mエアピストルの標的

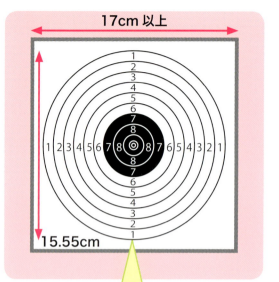

17cm 以上

15.55cm

10mエアピストルの紙標的

一番外側の1点圏から、内側へ行くほど1点ずつ上がり、円の直径は1.6cmずつ小さくなります。真ん中の満点（10点圏）の直径は、1.15cm。

1〜8点の得点数字はそれぞれの得点圏に印刷されていますが、9点圏、10点圏の数字は印刷されていません。

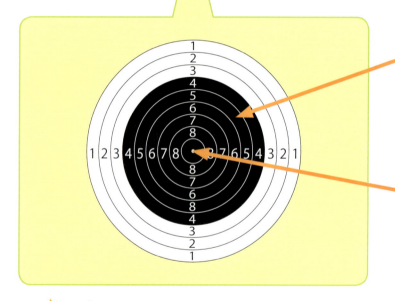

黒点圏
59.5mm

X点圏
10点圏の内側にあるマーク。直径5mm。上位決定戦ではここまで判定され、命中すると10.9点満点となります。

注目 **動く？　動かない??**

　的をねらうには、体のぶれをなくす、すなわち「動かないこと」が大切です。しかし「動いてはいけない」のに、的を撃つためには引き金を引く、つまり「動く」ことが必要となります。

　この相反する動きをするために重要なのが、「引き金」とその重さです。引き金の重さは、ピストルでは500g以上と決まっていますが、ライフルでは特に決まりはありません。選手は、自分のからだの状況に合わせて、適切な重さにすることが勝負のカギをも握ります。

リオ大会２種目金メダリスト

ヴェロニカ・バドビチョワ

　先天性の二分脊椎で生まれました。15歳で射撃と出合い、実力を磨きます。1999年にオーストラリア・シドニーで行われたワールドカップに出場して国際大会にデビュー。パラリンピックでは、第13回北京大会（2008年）10mエアライフル立射（女子・SH1）で金メダルを獲得し、2014年世界選手権でも同種目で優勝します。

　第15回リオ大会（2016年）では同種目と10mエアライフル伏射（男女混合・SH1）の2種目で金メダル、他1種目で銀メダルの大活躍を見せました。

リオ大会２種目金メダルの若き有望株

サレ・ジャバン・マルディドドマニ

　ポリオの影響で障がいを持つに至りましたが、バレーボール、卓球、陸上などさまざまなスポーツに挑戦します。2008年に射撃を開始。第14回ロンドン・パラリンピック（2012年）において10mエアピストル（女子・SH1）で銅メダルに輝くと快進撃が始まります。2014年世界選手権でも同種目で優勝。2016年リオ・パラリンピックでも同種目と50mピストル（男女混合・SH1）の2種目で金メダルを獲得しました。

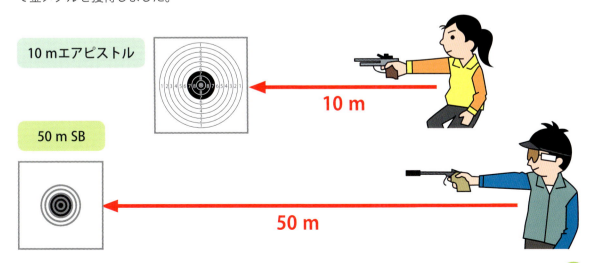

射撃

世界記録

複数選手による種目制覇が目立ったリオ大会における主な金メダリストは次のとおりです。

	種目	クラス	名前	国
男子	10 mエアライフル立射	SH1	ドン・チャオ	中国
男子	50 mライフル3姿勢		ラスロ・シュラニ	セルビア
男子	10 mエアピストル		ヤン・チャオ	中国
女子	10 mエアライフル立射		ヴェロニカ・バドビチョワ	スロバキア
女子	50 mライフル3姿勢		チャン・ツゥイピン	中国
女子	10 mエアピストル		サレ・ジャバン・マルディドドマニ	イラン
混合	10 mエアライフル伏射	SH1	ヴェロニカ・バドビチョワ	スロバキア
混合	10 mエアライフル伏射	SH2	ワシリ・コワリチュク	ウクライナ
混合	10 mエアライフル立射	SH2	ベセルカ・ペベツ	スロベニア
混合	50 mライフル伏射		チャン・ツゥイピン	中国
混合	25 mピストル	SH1	ファン・シン	中国
混合	50 mピストル		サレ・ジャバン・マルディドドマニ	イラン

注目　メンタルの強さが鍵を握る！ 超集中のスポーツ

　一般的にスポーツでは、体力やテクニックのみならずメンタルも大切な要素と言われますが、射撃では特にメンタルの強さが勝負の分かれ目となります。途中まで的の中心に当てていても、メンタル面での崩れによって、急に的の中心を射抜けなくなることもあります。日頃の練習から、自分を追い込み、鍛え上げた精神力も選手達の武器の1つであり、この競技の面白さの1つです。

ローイング

ローイングとは？

・ローイングは、1人または複数人でボートをいかに速くこげるかを競う競技です。

・競技は、浮きで仕切られた長さ2000mの直線コースで行われます。

・パラリンピックでは、2008年の北京大会から正式競技となり、パラリンピック競技の中では比較的歴史の浅い競技となっています。

・種目には1人乗りの「シングルスカル」、2人乗りの「ダブルスカル」、5人乗りの「コックスフォア」の3種類があり、選手の持つ身体機能によって、出場種目が決定される仕組みとなっています。

パラリンピックに参加できる障がいの種類

肢体不自由	立位	●
	車いす	●
	脳性まひ	●
視覚障がい		●
知的障がい		

※リオデジャネイロパラリンピック時点

は じまり

　ローイングの歴史は古く、古代ギリシア人、フェニキア人が輸送手段として用いたことに始まります。スポーツとしてのローイングの記録は、紀元前 1430 年のエジプトのある碑文に、アメンホテプ 2 世がボート選手としての功績も有名であったと記録されています。

　近代のボートレースとして知られる最初のものは、テムズ川のプロの船頭たちが行っていたレースといわれています。1715 年にイギリスで初めてボート競漕の大会が開催され、この大会は現在も続いています。

オリンピックでの 歴 史

　オリンピックでは、男子は第 1 回アテネ大会（1896 年）、女子は第 21 回モントリオール大会（1976 年）から競技として正式採用されています。

※もっとも第 1 回アテネ大会では、悪天候により競技は実施されませんでした。

パ ラリンピックでの歴史

　パラリンピックにおいては、第 13 回北京大会（2008年）に正式競技となったばかりで、まだその歴史は浅いといえます。

北京大会の様子

競技のルール

- パラローイングは距離変更がなされ、直線 2000 mレーンで実施されることとなっています。
- 種目は「シングルスカル」「ダブルスカル」「コックスフォア」の 3 種目です。

コース

コースは基本的に河川に設置され、ブイ（浮標）によって仕切られた直線コースで行われます。

ブイ（浮標）
コースを仕切るために、数 m おきに置かれる。

フィニッシュライン
ボートの先端がフィニッシュラインに到達すればゴールとなる。

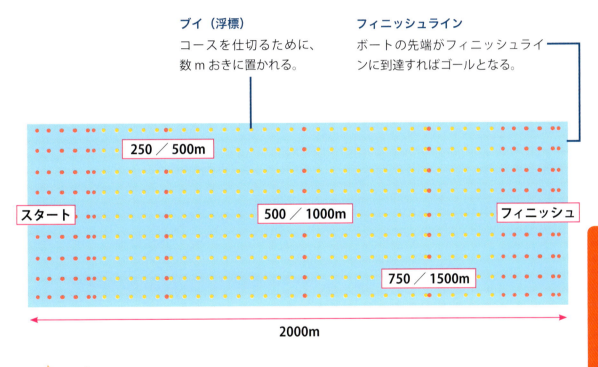

250 ／ 500m

500 ／ 1000m

750 ／ 1500m

スタート

フィニッシュ

2000m

注目 *1000 m→ 2000 mへ　大きな距離変更！*

　リオデジャネイロパラリンピックまで、ローイングは直線 1000 mで競技が行われてきました。しかし、2017 年にパラローイングの距離が 2000 mへと変更されることが決定。2 倍となる距離変更は、パラリンピックを目指す選手たちにとって、非常に大きな変更であるといわれています。

・クラス分けについて
は『クラス分け』(p211)
参照。

スカル

両手で２本のオール
を持ってこぐ艇。くわ
しくは、『競技用具』
p212参照。

コックス

船の舵_{かじ}取りをする人。
くわしくはp209参照。

フォア

フォア艇と呼ばれる４
人乗りのボート。各選
手がそれぞれ１本の
オールを受け持つこぎ
方をする。くわしくは、
『競技用具』p212参照。

種　目

　パラリンピックのローイングでは、選手のもつ身体機能によってクラス分けがされ、その各クラスごとに種目がふり分けられます。

クラス	出場できる種目
AS	シングルスカル（男女別・１人乗り）
TA	ダブルスカル（男女混合・２人乗り）
LTA	コックスフォア（男女混合４人のこぎ手と１人のコックスで１チーム）

●コックス

　4人でボートをこぐ『コックスフォア』では、選手全員が呼吸を合わせて、こぐスピードやタイミングをそろえることが重要になります。そのため、こぎ手ではないコックスが、号令を出すことによって、こぎ手がオールをこぐタイミングを合わせる役割を持ちます。

コックス

ストローク手
コックスの目の前、艇尾に最も近い場所に位置する選手。

バウ
艇のもっとも前方に位置する選手。

進行方向

　例えばスタート時の指示やレースが終わった後に、安全にボートを停止させる指示を出すなど、コックスはボートの動かし方について、多くの役割を担っています。

コックスの号令

スタートするとき

ノーワーク、用意、ローッ！

全員が号令に合わせて、こぎ始めの体勢をとる。

・パラリンピックで行われる種目の中でコックスがいるのは「コックスフォア」だけ。コックスがいないダブルスカルなどでは、舵取り役を担う選手が号令を発する。

・ストローク手は、1分間に何回のレートでこぐか、こぎのリズムを決める役割をもつ。

・スタート前には全員の用意ができたかを確認するため、「用意できたらバウから番号！」と号令を発する。これに対してバウは「バウよし」2番手は「2番手よし」3番手は「3番手よし」ストローク手は「ストロークよし」と答えれば、全員準備完了となる。

・クルー（こぎ手）に
こぐことをやめさせる
ときは、号令の前に予
令を発して、クルーに
心の準備をさせる。予
令には例えば、「次のス
トロークで！」というの
があり、次のストロー
クで「イージーオール」
などと号令を発する。

こぐのをやめるとき

イージーオール！

全員がオールを水
面から上げる。

緊急停止のとき

ストップ！

全員がオールを立
てて水中に入れる。

・ローイングは選手が
後ろ向きで進行する珍
しい競技。その中で前
を向いているコックス
の役割は大きい。

このほか、ボートが風や波の影響を受け
まっすぐに進まないような場合に、コッ
クスが舵を切ってボートをコントロール
し、まっすぐに進むことができるように
することもあります。

ルール

　パラリンピックにおけるローイングは、基本のルールや試合の進
め方、勝敗の決め方など一般のボート競技と同じです。ただし、ボー
トの構造に違いがあります。

- パラローイングにおいては、選手のもつ身体機能によってクラス分けが行われ、それによって出場できる種目も自動的に決定されるしくみになっています。
- クラスは3つに分類されています。

　ボートは腕でオールを引いて動かしますが、オールをこぐには、腕だけでなく、足や胴体の筋力も必要とされます。そのためパラリンピックでは、選手のもつ身体機能によってクラス分けがなされ、出場できる種目もそれによって自動的に決定されるしくみとなっています。選手のもつ身体機能は、アルファベットの組み合わせによってクラスが3つに分類されます。

表記	意味	選手のもつ身体機能
L	レッグ（Leg　脚）	脚の力を使ってこぐことができる
T	トランク（Trunk　体幹）	体幹（胴体）を使ってこぐことができる
A	アーム（Arm　腕）	腕の力を使ってこぐことができる
S	ショルダー（Shoulder　肩）	肩の力を使ってこぐことができる

このアルファベットを組み合わせて、クラス分けがなされています。

クラス	意味	対象選手
AS	A＋S	腕と肩のみでこぎ、歩行はできない車いすの選手
TA	T＋A	胴体と腕を使ってこぐことができる切断や脳性まひ、視覚障がいなどの選手
LTA	L＋T＋A	片足と胴体、腕を使ってこぐことができる切断や脳性まひ、視覚障がいなどの選手

クラスごとに、「シングルスカル」など各種目がふり分けられます。

チームに視覚障がいの選手は2名以内と決められています。

競技用具

- パラリンピックのボートは、「シングルスカル」「ダブルスカル」「コックスフォア」用で、それぞれシートのつくりが異なっています。
- バランスを保つことができるよう、足、膝や腰の部分もマジックテープのついたベルトで固定をします。

ボート

　ローイングのボートは「シングルスカル」「ダブルスカル」「コックスフォア」用で、それぞれシートのつくりが異なっています。

シート

　シートは進行方向に向かって後ろ向きに設置されています。ダブルスカルとコックスフォア用のボートは、人数分のシートが縦に並んで設置されます。

　通常のボートは座面が前後に動く構造で、選手は膝の曲げ伸ばしをしながらボートをこぎますが、パラローイングの場合、下肢に障がいのある選手は膝の曲げ伸ばしができないので、座面は固定されています。

　コックスフォアの場合は、コックスのみ進行方向に向かって座り、こぎ手に指示を出します。

　バランスを保つことができるよう、足は靴ごとしっかりとフットレストに取り付けます。また、膝や腰の部分もマジックテープのついたベルトで固定をします。

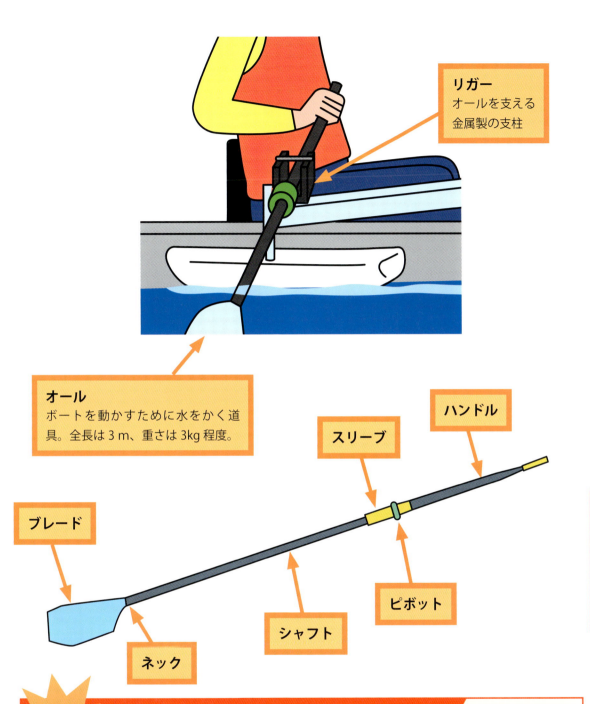

リガー
オールを支える
金属製の支柱

オール
ボートを動かすために水をかく道
具。全長は 3 m、重さは 3kg 程度。

スリーブ

ハンドル

ブレード

ピボット

シャフト

ネック

注目 ***上半身の力をすべてオールに乗せるために！***

　一般のボート競技では両脚を伸縮させる力で進みますが、下半身に障がいのあるクラスの選手は足腰が使えず、主に上体と腕の力で進みます。そこで、上半身の力をいかに分散させずにすべてオールに乗せるかが勝負のカギとなります。そのためには下半身をしっかりと固定することが大切。下半身の固定のために、お尻の型をとって、オーダーメイドの座面を作成する選手もいます。

世界で活躍！ トップ・アスリートたち

 リオで自転車競技以来の金メダル獲得
レイチェル・モリス

17歳に発症した病気により数年後に両脚切断となります。しかし、車いす生活に入るとともに自転車競技を始めたことが人生の大きな転機となりました。

北京パラリンピック（2008年）において自転車競技のタイムトライアルで金メダル、ロンドン・パラリンピック（2012年）において同競技ロードレースで銅メダルに輝きながらも、次なる挑戦を求めて2013年にローイングに転向します。そして、3年目の2016年、リオ大会の女子シングルスカルで見事世界新記録を更新して金メダルを獲得します。

2大会連続銀メダルの実力者
エリック・ホリー

21歳のとき、正面衝突の交通事故で両下肢まひとなりましたが、妻の支えもあり車いすバスケットボールに熱中します。2011年からローイングに転向しました。

パラリンピックでは2012年ロンドン大会、2016年リオ大会と2大会連続で男子シングルスカルにおいて銀メダル。2013〜2015年世界選手権で3連覇を果たしたことから、リオ大会では金メダルの最有力候補と見られていただけに悔しい結果ではありましたが、その実力を見せつけました。

注目の日本人選手たち

東京大会でのメダル獲得を目指す
駒崎 茂

　駒崎選手は、41歳のときに交通事故に遭い、両足を切断しました。退院後、体調管理のために水泳などを行っていましたが、2011年からボートを始めます。

　2016年リオ大会には、有吉利枝選手とともに日本人唯一の代表選手として男女混合ダブルスカル種目に出場。ともに交通事故で足を切断し義足を余儀なくされたという境遇をバネにして、練習に励んできました。

　リオ大会では12位と悔しい結果となりましたが、2020年東京大会での雪辱が期待されます。

2020年東京大会出場を目指す若手
谷口佑樹

　男女混合コックスフォアのチームの一員として2020年東京パラリンピック出場を目指す若手の1人です。障がいを抱えてはいても大のスポーツ好き。学生時代は中学でサッカー部、高校で陸上部に所属するも選手としてではなくマネージャーとしての役割を担っていました。

　しかし、関西のパラローイングチーム立ち上げメンバーの話を受けると選手生活に入ることを決意。2016年リオ大会への出場はなりませんでしたが、キャプテンとして2020年への思いを新たにしています。

ローイング

215

世界記録

ローイングレース発祥の地イギリスが圧巻の強さを見せたリオ大会における主な金メダリストは次のとおりです。女子シングルスカルでは世界新記録も飛び出しました。

種目	名前	国	記録
男子シングルスカル	ロマン・ポリャンシキー	ウクライナ	**04:39.6**
女子シングルスカル	レイチェル・モリス	イギリス	**05:13.7**
混合ダブルスカル	ローレン・ロウルズ ローレンス・ホワイトリー	イギリス	03:55.3
コックスフォア	グレイス・クラフ ダニエル・ブラウン パメラ・レルフ ジェームズ・フォックス ジェームズ・オリバー	イギリス	3:17.17

※赤字は世界新記録、青字はパラリンピック記録

義足の選手は、生活用の義足とボート用の義足とを使い分けて、ボートに適した長さに義足を調整するなどの工夫もしています。

カヌー

カヌーとは？

・カヌーとはパドルをこいで前進する小舟の総称です。

・カヌー競技は、河川や湖に設置したコースでタイムを競うスポーツで、1866年イギリスのテムズ川で初めて競技が行われました。

・パラリンピックでは、2016年のリオデジャネイロ大会で正式競技として採用、カヤック部門が200mの直線スプリントレースで行われました。

・2020年東京大会では、カヤック部門に加えてヴァー部門が採用される予定です。

パラリンピックに参加できる障がいの種類

肢体不自由	立位	●
	車いす	●
	脳性まひ	●
視覚障がい		
知的障がい		

※リオデジャネイロパラリンピック時点

・カヌーの起源は古く 6000 年以上前にさかのぼります。スポーツ競技としての始まりは 1866 年イギリスのテムズ川です。

・パラリンピックでは 2016 年リオデジャネイロ大会から正式競技となりました。2020 年東京大会では 1 部門が追加予定です。

は じまり

カヌーは、海洋、湖沼、河川などあらゆる場所で生まれた水に浮かべる小さな乗り物です。最も古いカヌーは 6000 年ほど前、ユーフラテス川畔のシュメール人の王墓に残されているといわれていました。しかし、最近の研究によって、同じ頃、極東アジアの北極圏から北米イヌイットの世界を経由して、南米に至るモンゴロイド系民族がカヌーに乗っていたとの報告もあります。

スポーツとしての近代カヌーは、19 世紀にイギリスで芽生え、1866 年イギリスのテムズ川で初めてレースが行われました。

オリンピックでの 歴 史

第 11 回ベルリン大会（1936 年）で、カヌーはオリンピックの正式競技として採用されました。なお、1930 年には第 1 回の世界選手権大会が開催されています。

パ ラリンピックでの歴史

パラリンピックでは、2016 年のリオデジャネイロ大会で初めて正式競技となり、カヤック部門が行われました。2020 年東京大会では、さらにヴァー部門が採用される予定です。

リオ大会の様子

競技の
ルール

- パラリンピックではスプリント競技のみの実施となっていますが、一般のカヌーと基本的に同じルールで行います。
- 2020年東京大会ではヴァー部門も正式種目として追加される予定です。

コース

パラリンピックのカヌーは、流れのない河川や池、湖に直線コースが設置されます。

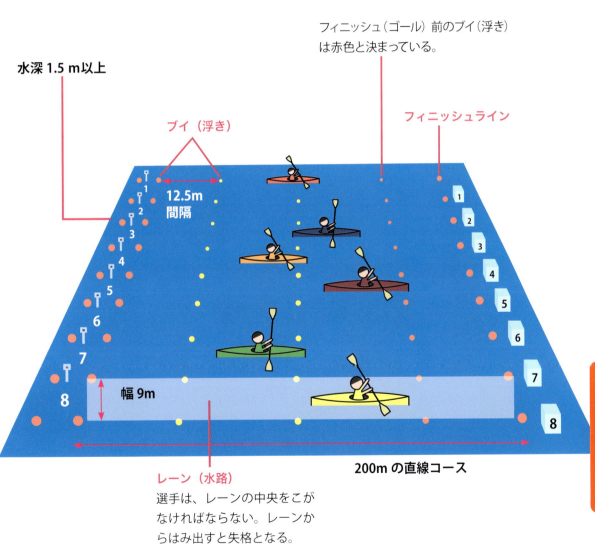

水深 1.5 m以上

ブイ（浮き）

12.5m間隔

フィニッシュ（ゴール）前のブイ（浮き）は赤色と決まっている。

フィニッシュライン

幅 9m

レーン（水路）
選手は、レーンの中央をこがなければならない。レーンからはみ出すと失格となる。

200m の直線コース

カヌー

種　目

　カヌー競技には、「スラローム」（激流をくだる）と「スプリント」（流れのないコースでタイムを競う）があり、オリンピックではその両方が開催されていますが、パラリンピックでは「スプリント」のみの実施となっています。

・カヌー競技自体には、オリンピック競技となってはいないが、他にもいくつもの競技がある。たとえば「ワイルドウォーター」（川の一定区間をいかに早くこぐかを争う。区間内であればどこを通ってもよいのが特徴）、「フリースタイル」（新しい分野の種目で、45秒の間に激流の決められた場所で技術などを競う。「水上のロデオ」と呼ばれる）などがある。

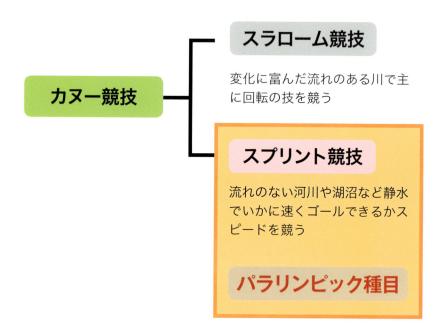

カヌー競技

スラローム競技
変化に富んだ流れのある川で主に回転の技を競う

スプリント競技
流れのない河川や湖沼など静水でいかに速くゴールできるかスピードを競う

パラリンピック種目

スプリント競技の種目

　「スプリント」はさらにカヤック（左右こぐ）とヴァー（アウトリガーカヌー・片方こぐ）の2種目に分かれます。パラリンピックにおいては、2016年リオ大会ではこのうちカヤック部門のみの実施でしたが、2020年東京大会では加えてヴァー部門も行われる予定です。

種目の内容

| カヤック | こぎ手が船の進行方向に向かって座り、両端にブレード（水かき）のついたパドル（櫂_{かい}）を左右交互にこぎながらボートを前に進めます。
 |
| ヴァー | 本体の横にバランスをとるための浮き具（フロート）がついているボートに乗り、片方にブレード（水かき）のついたパドル（櫂_{かい}）で左右どちらか片方のみをこぎながら前に進みます。2020年の東京大会からの採用が予定されています。
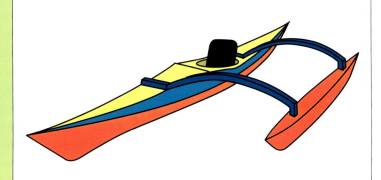 |

・「ブレード」「パドル」について、くわしくは『競技用具』p225を参照。

・ヴァーは「アウトリガーカヌー」ともいう。

ルール

　パラリンピックのカヌー競技は、静水に設置された 200 mの直線コースを、1 人乗りの艇でパドルを使ってこぎ進み、ゴールまでのタイムを競います。

　障がいの種類と程度に合わせてクラス分けがされ、そのクラスごとにレースを行い順位を決定しますが、基本的なルールは一般のカヌー競技のスプリント種目と同じです。

スタートのしかた

❶　自動発艇装置のスターティングブロックにボートの先端を入れて、横一線に並びます。

❷　「Ready（レディ・位置について）」「Set（セット・用意）」で選手はパドル（櫂）を構えて、スタートの準備をします。

❸　号砲「Go（ゴー）」がスタートの合図です。合図が出ると選手はいっせいにスタートします。

自動発艇装置
フライング防止のためスタートで導入されている機械。

　スタートの合図の前にパドルを動かした場合、フライング（不正スタート）宣告されます。同じ選手が 2 度フライングをすると失格となります。

・競技中は、幅 9 mのレーン（コース）の中央をこがねばならず、レーンからはみ出したり、レーンの中央から永く離れると失格となる。
・レース中転覆した場合や艇やパドルが壊れてゴールできない場合も失格となる。
・艇の重さがレース後の検査（検艇）で規定の重さに達していない場合も失格となる。

・ゴールでは電子判定システムが導入され、タイムが 1/1000 秒単位で計測される。

勝敗の決め方

　船首がフィニッシュラインを通過した順に順位が決まります。

- パラリンピックのカヌーでは、主に下半身に障がいのある選手が出場し、3つのクラスに分けられています。
- 数字が少ないほうが障がいの重いクラスとなります。

　パラリンピックのカヌーは、主に下半身に障がいのある選手が出場しますが、障がいの種類と程度によってクラスが次の3つに分けられています。数字が少ないほうが障がいの重いクラスとなります。

クラス	対象選手
L1	胴体が動かせず肩の機能だけでこぐことができる選手
L2	胴体と腕を使ってこぐことができる選手
L3	足、胴体、腕を使うことができ、力を入れて踏ん張るまたは腰かけて艇を操作できる選手

　カヤック部門の場合、カヤック（Kayak）の頭文字「K」をつけて、「KL1」「KL2」などと種目表示がなされます。

注目　何が違う!?　「ローイング（ボート）」と「カヌー」

　競技をしていない人からは分かりづらいのが、「ボート」と「カヌー」の違い。ともに船をこぐ競技ですが、いくつか違いがあります。まず、ボートは後ろ向きに進みますが、カヌーは前を向いて進みます。次にボートの櫂は「オール」ですが、カヌーでは「パドル」といいます。さらに、それらの櫂は、ボートでは艇に取り付けられていますが、カヌーのパドルは固定されていません。

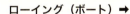
ローイング（ボート）➡

←カヌー

- 競技用カヌーの艇は、速さを追求するためレジャー用とは異なり、細長い形状をしています。
- さらにカヌー競技では両側に「ブレード」と呼ばれる水かきがついたものを使用します。

艇

　競技用カヌーの艇は、速さを追求するためレジャー用とは異なり、細長い形状をしています。

全長 5.2 m 以内、重量 12kg 以上、幅 50cm 以上という規定があります。

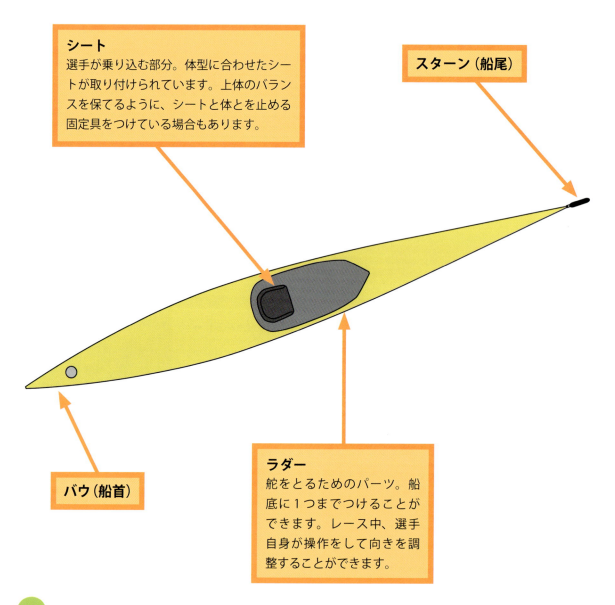

シート
選手が乗り込む部分。体型に合わせたシートが取り付けられています。上体のバランスを保てるように、シートと体とを止める固定具をつけている場合もあります。

スターン（船尾）

バウ（船首）

ラダー
舵をとるためのパーツ。船底に1つまでつけることができます。レース中、選手自身が操作をして向きを調整することができます。

最大のパフォーマンスを出すための艇選び

　速さを競うスプリントのカヌー競技では、一般的に、水の抵抗が少なく、スピードが出やすいことから幅の狭い細長い艇が選ばれます。しかし、下肢に障がいのある選手が出場するパラリンピックにおいては、スピードを重視しすぎると、バランスを失い転覆の危険性が高まります。選手たちは、スピードを追求しつつも、よりバランスのとりやすさを重視して、より幅の広い、安定性のある艇を使用し、自分自身の最大のパフォーマンスを発揮できるよう工夫しています。

パドル（櫂〔かい〕）

　水をかき、艇をこぎ進めるための道具です。カヌーでは両側にブレードと呼ばれる水かきがついたものを使用します。

　ブレード部分は平たいものやスプーン型のものがあり、選手は自身の身体能力や好みに合わせて選択します。

　多くのものは長さ1.6〜2.4mほどとなっています。

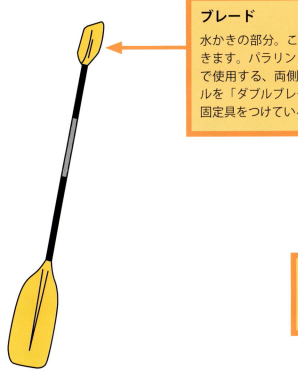

ブレード
水かきの部分。ここで水をかいて進んでいきます。パラリンピック競技の「カヤック」で使用する、両側にブレードがついたパドルを「ダブルブレードパドル」と呼びます。固定具をつけている場合もあります。

パドル（櫂〔かい〕）
多くのものは長さ1.6〜2.4mほど。

カヌー

世界で活躍！ トップ・アスリートたち

元軍人のリオ大会金メダリスト
カーティス・マクグラス

2012年、アフガニスタンの戦地で任務中に地雷を踏み、両脚を失いました。その後、パラカヌーに取り組み、2年後には国際大会で優勝するほどの実力をつけます。もともとはヴァー部門を得意としていましたが、2016年リオ・パラリンピックでヴァー部門は実施されなかったため、リオ大会を前にカヤック部門に照準を定め練習に励みました。

その結果、リオ大会では、男子KL2で見事金メダルを獲得。ライバルの絶対王者マルクス・スヴォボダ（銀メダル）に競り勝ちました。

元パラ水泳選手で 12 個のメダル
ジャネット・チッピングトン

パラ水泳からの転向組。水泳では、パラリンピックにおいて、第8回ソウル大会（1988年）から5大会連続出場し、メダルを12個も獲得しています。

12歳のときウイルス感染から脊髄を損傷し、両脚まひとなります。理学療法士の推薦で水泳を始めるとメキメキと力をつけました。転向したカヌーでは、2016年リオパラリンピック女子KL1で金メダル。同種目には同じく転向組のエディナ・ミュラー選手（銀メダル。元車いすバスケットボール選手）がおり、ライバル関係にありますが、見事に抑えての優勝となりました。

注目の日本人選手たち

リオ大会で8位入賞！期待のホープ
瀬立モニカ

　幼いころからスポーツ万能。カヌーが盛んな東京都江東区で生まれ育ち、中学からカヌーを始めます。高校1年生のときに体育の授業で倒立をした際、そのままつぶれてしまったことが原因で、脳と胸椎を損傷。下肢の筋肉に力が伝わらない「体幹障がい」で車いす生活になります。

　しかし、約1年後にカヌー関係者の勧めで競技に復帰。わずか2年でリオ・パラリンピックの切符をつかみ、女子KL1で8位入賞を果たしました。2020年東京大会ではメダル獲得を目指しています。

日本のヴァー部門の第一人者
諏訪正晃

　2020年東京パラリンピックで正式種目となる予定のヴァー部門で、2015年世界選手権8位に入りました。高校1年の冬、スキーで転倒し脊髄を損傷。体の右半分はほとんど動かない状態だったといいます。カヌーを始めたのは2014年。週末を中心とした集中的な練習で急成長を遂げてきました。

　職場は江東区役所。土木部に所属し、造園のほか、船着き場や子どもが水辺で遊べるような場所などの街作りに携わっています。2020年東京大会での活躍が期待されています。

カヌー

世界記録

女子はイギリス勢が金メダルを独占。男子もヨーロッパ勢の活躍が目立ったリオ大会における主な金メダリストとその記録は次のとおりです。

種目	名前	国	記録
男子 KL1	ヤクブ・トカジ	ポーランド	00:51.1
KL2	カーティス・マクグラス	オーストラリア	00:42.2
KL3	セルヒー・エメリヤノウ	ウクライナ	00:39.8
女子 KL1	ジャネット・チッピングトン	イギリス	00:58.8
KL2	エマ・ウィグス	イギリス	00:53.3
KL3	アン・ディキンズ	イギリス	00:51.3

注目 一般レースと変わらない迫力のスプリント戦！

カヌー・スプリントは 200 m の直線コースで競技が行われるスピードの要素が強い競技です。競技は腕力など上半身の力が重要であるため、一般のスプリント競技と比べても競技レベルはほぼ変わりません。例えば 2016 年リオ・オリンピック男子スプリントの優勝タイムは 35.197。リオ・パラリンピックで一番障がいの軽い KL3 の男子のタイムが 39.810 ですから、そのレベルの高さが分かります。

迫力のレースでは、スタートの合図と同時に全ての選手の櫂（かい）から水しぶきが上がり、ゴールに向かっての熱いデッドヒートが繰り広げられます。

車いすバスケットボール

車いすバスケットボールとは？

・車いすバスケットボールとは、プレーヤーが車いすを使用するバスケットボールです。

・コートの大きさ、ゴールの高さ、ボールの大きさなど一般のバスケットボールと同じで、ルールも一般のバスケットボールとほぼ同じです。

・車いすバスケットボールは、1940年代後半にアメリカ・イギリスで生まれました。

・第1回ローマ大会（1960年）からパラリンピックの正式競技となりました。

・障がい者スポーツの中で、世界的にも日本国内でも大変人気のある競技です。

パラリンピックに参加できる障がいの種類

肢体不自由	立位	●
	車いす	●
	脳性まひ	
視覚障がい		
知的障がい		

※リオデジャネイロパラリンピック時点

・車いすバスケットボールは、第二次世界大戦後、アメリカ・イギリス両国で生まれました。
・パラリンピックでは第1回ローマ大会（1960年）からの正式競技となっています。

は じまり

　第二次世界大戦後、アメリカ・イギリス両国で車いすスポーツが生まれました。

　まず、バスケットボール発祥の地アメリカでは、障がい者の情熱を傾ける対象として、自然発生的に急速に普及・発展しました。そして、1949年には全米車いすバスケットボール協会が設立されています。

　一方、イギリスでは、ストーク・マンデビル病院のグットマン博士により、脊髄損傷者の治療法のひとつとして車いすポロやネットボール（バスケットボールの元となったスポーツ）が導入されました。

　そして、この2国の流れは1950年代後半にひとつとなり、車いすバスケットボールが競技スポーツとして世界中で盛んになっていきます。

日本における歴史

　日本では、1960年に厚生省の派遣でストーク・マンデビル病院国立脊髄損傷センターにおいてスポーツ・リハビリテーションを学んだ国立別府病院の中村裕博士によって、大分県の国立別府病院で紹介されたのが最初です。その後、1964年の東京パラリンピックで広く知られるようになりました。

パ ラリンピックでの歴史

　パラリンピックでは、第1回ローマ大会（1960年）から正式競技となっています。日本代表男子チームは第5回カナダ・トロント大会（1976年）から連続出場を果たしています。

競技の ルール

- ・パラリンピックの車いすバスケットボールは、コートの大きさ、ゴールの高さは一般のバスケットボールと同じです。
- ・ルールは基本的に一般のバスケットボールと同様ですが、「ダブルドリブル」がないなど車いす特有のルールもあります。

競技場

　パラリンピックの車いすバスケットボールは、コートの大きさ、ゴールの高さは一般のバスケットボールと同じです。

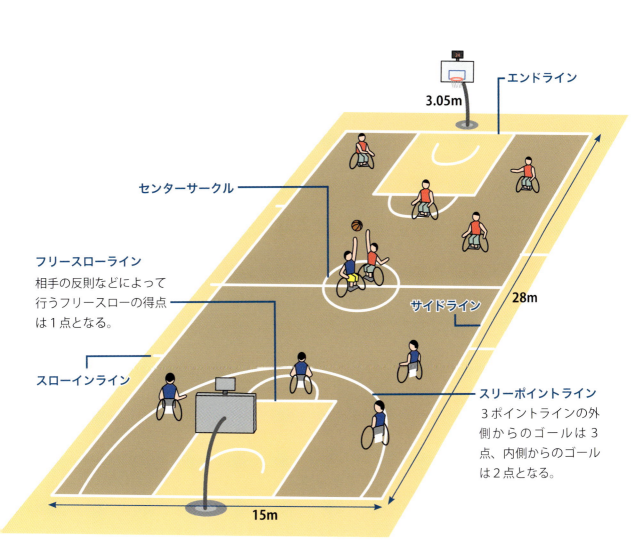

3.05m

エンドライン

センターサークル

サイドライン

28m

フリースローライン
相手の反則などによって行うフリースローの得点は1点となる。

スローインライン

スリーポイントライン
3ポイントラインの外側からのゴールは3点、内側からのゴールは2点となる。

15m

ルール

競技時間など、基本的なルールは一般のバスケットボールと同じですが、障がいの程度に応じた「持ち点制」というシステムが設定されていたり、ダブルドリブルがないなど、車いすバスケットボールならではのルールもあります。

試合時間

1ピリオド（10分）を4回繰り返し、40分で行います。第1・第3ピリオドの間には、2分間のインターバル、第2ピリオドが終わった後、つまり前半が終了したあとには10分のハーフタイムが設けられています。

・ピリオドは「クォーター」という場合もある。

・第4ピリオドが終了した時点で同点の場合は延長ピリオドが始まる。延長ピリオドは1回5分で決着がつくまで行う。

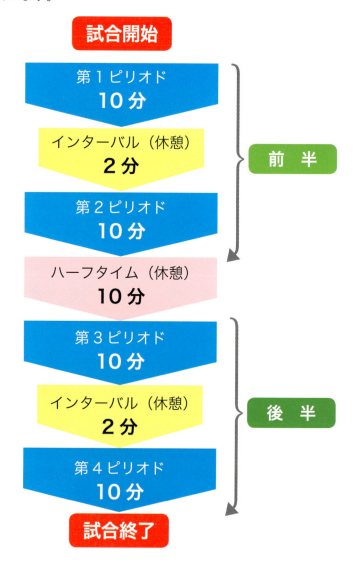

試合開始

第1ピリオド
10分

インターバル（休憩）
2分

第2ピリオド
10分

前　半

ハーフタイム（休憩）
10分

第3ピリオド
10分

インターバル（休憩）
2分

後　半

第4ピリオド
10分

試合終了

試合の進め方

●試合の開始

センターサークルで2人の選手が向かい合い、真上に投げたボールをはじいて奪い合う「タップ・オフ」で始まります。

・第2〜第4ピリオドと延長戦は、スローインラインからボールを投げることによって試合再開となる。

●得点

得点の種類も一般のバスケットボールと同じで、バスケットゴールにボールが入れば（リングを通過すれば）得点になります。得点の種類は3種類です。

得点	方法
3点	スリーポイントラインの外側からのシュート
2点	スリーポイントラインの内側からのシュート
1点	フリースローによるゴール

・スリーポイントシュートが決まることは多くないが、一気に相手を追いつめたり引き離したりすることができるため、スリーポイントシュートを多く決めることができる選手（『シューター』と呼ばれる）はチームにとって大きな武器であり、相手にとっては大きな脅威となる。

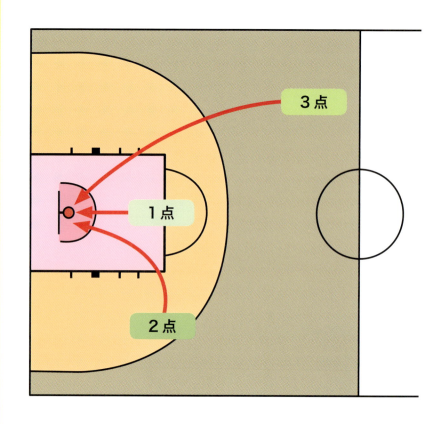

ボールの運び方

●ドリブル

ボールを膝の上に乗せたまま、車いすを3回以上こぐとトラベリングとなってしまうため、選手は車いすを2回こぐたびにボールを手に持ってドリブルする必要があります。

●パス

パスの方法は一般のバスケットボールとほとんど変わりません。選手はさまざまなパスを駆使して、ボールをすばやく回していきます。

・すばやい攻撃をしかけるためには、車いすをこぎながらドリブルし、相手をかわす必要がある。

チェストパス

両手でボールをはさみ持ち、胸の前から両手を突き出すようにして放り投げるパス。

ショルダーパス

肩の上から押し出すようにして投げるパス。

スローパス

片手で野球のピッチャーのように振りかぶってから投げるパス。

バウンドパス

コートにボールを一度バウンドさせるようにして投げるパス。

・チェストパスはバスケットボールで最も用いられることの多いパスである。

・スローパスは遠くへ速くボールを投げられるので、速攻の時などによく使われる。

　車いすから立ち上がったり、ジャンプしたりすることができず、ほとんど手の力のみでボールをコントロールしなければならないため、高いシュートテクニックが求められます。

・一般のバスケットボールの「ダンクシュート」のような派手なシュートはないが、車いす同士で接触しながら位置取りをしてのシュートは見ごたえがある。

・レイアップシュートは「ランニングシュート」とも呼ばれる。速攻の時などによく使われ、基本的で成功率の高いシュートである。

レイアップシュート

ゴールに向かって走り込み、両手もしくは片手で車いすで移動しながら放つシュート。

フックシュート

ゴールに対して真っ直ぐ向けない場合などに、体を半身に開いた状態で、片手で手首のスナップをきかせて放つシュート。

バックシュート

ゴール（バックボード）の下（裏）を通り、走り込んだ方と逆サイドにまわりこんで、ゴールが体の後ろにある状態で放つシュート。

動きのテクニック

●ティルティング

　少しでも高さを出したり、手を遠くに伸ばそうとして、車いすの片方の車輪を浮かす動作。試合開始の際のタップ・オフやシュート、ブロックショット、リバウンドなど、多くの場面で見られますが、特にゴール下の攻防戦で重要となってくる車いすならではのテクニックです。

・ティルティングは片方の車輪だけでバランスを保つため、筋力とボディバランスが必要とされる。世界に高さで劣る日本ではティルティングが武器となっている。

●スクリーンプレー

　味方のシューターを助けるために、車いすの幅を利用して壁（スクリーン）になり、相手の守備の動きを止めるテクニック。

・車いすバスケは、車いすの幅の分、スクリーンプレーが非常に効果的といわれる。

・ピック＆ロールは試合でよく見られる得点パターンである。

●ピック＆ロール

スクリーンプレーの応用編。相手守備にスクリーンをかけに行き（ピック）、相手のマークが味方に集中する間に空いたスペースへ素早く移動し（ロール）パスを受けてシュートをする、コンビネーションプレーです。

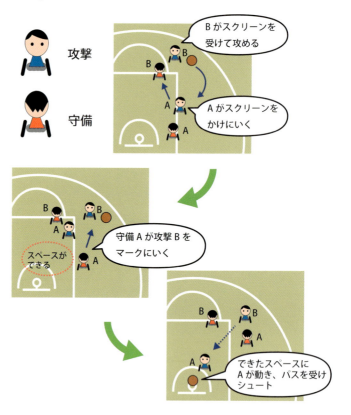

用語

ハイポインター

「持ち点制」における 3.0 〜 4.5 の選手のこと。くわしくは『クラス分け』p242 参照。

バックコートで相手選手の進路の方向を防ぐことによって、守備への参加を遅らせるテクニックを『バックピック』といいます。例えば、相手のハイポインターにバックピックをかけて守備参加を遅らせることで、自分たちの攻撃を優位にすることができます。

チームの人数

1チーム5名です。この5名は、車いすバスケにある「持ち点制」というシステムにより、持ち点14点以内で組み合わせる必要があります。

・「持ち点制」について、くわしくは『クラス分け』p242参照。

主な反則

基本的に反則も一般のバスケットボールと同様です。反則を判断する上では、車いすも身体の一部とみなされます。

	反則の内容
プッシング	手や体、車いすで「押す」行為に対して課せられます。
ホールディング	相手の体や車いすを「つかむ」行為に対して課せられます。

・反則は主に「押す」「蹴る」「叩く」「押さえる」などの行為で、相手プレーヤーの動きを妨げた場合に課せられる。

・手を使って相手を押すのはもちろん、守っている際に相手のプレーヤーを体（お腹や肩など）で押す行為なども含まれる。

・車いすも身体の一部とみなされるため、つかむと反則となる。

・車いすをつかんだ上、相手の動きを封じた場合には、アンスポーツマンライク・ファウルの反則となる。

239

・チャージングは一般のバスケットボールの場合には、相手プレーヤーに対して体を当てたり、手で押したりする行為に対して課せられる。

・例えば、進みたい方向に相手プレーヤーがいるにも関わらず、そのまま突き進んでいって相手を押したり、ぶつかったりすればチャージングとなる。一方、もし進みたい方向に相手が遅れて入ってきて衝突した場合は、相手プレーヤーにブロッキングの反則が課せられる。チャージングとブロッキングは表裏一体と言える。

・ブロッキングは例えば、車いすのバンパーを使って相手の車いすの動きを止めたり、相手に車いすをぶつけたときに課せられる。

・イリーガル・ユース・オブ・ハンズは手の扱いに関する反則を一くくりにしているが、程度が重くなると、それぞれホールディングやプッシングになる。

	反則の内容
チャージング	攻めている側のプレーヤーが、ボールを持っているか否かに関わらず、車いすで相手チームの車いすにぶつかる行為に対して課せられます。
ブロッキング	相手プレーヤーがボールを持っているかどうかに関わらず、相手の車いすの進行の邪魔をする行為に課せられます。
イリーガル・ユース・オブ・ハンズ	手を使って相手プレーヤーをつかんだり、はたいたりして相手プレーヤーの動きを妨げる行為に対して課せられます。

トラヴェリング	車いすを続けて 3 回以上プッシュ（手でこぐ）した場合に課せられます。 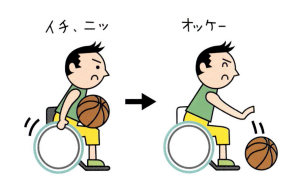

・トラヴェリングは、一般のバスケットボールの場合は、3 歩以上歩くと課せられる反則である。

・一般のバスケットボールと異なり、「ダブルドリブル」の反則はない。2 回以内こぐごとに 1 回でもドリブルをすればよい。

反則があった場合

　反則があった場合、相手チームのスローインで再開します。ただし、シュート中あるいはシュート体勢の選手に反則を犯した場合、シュートが成功すれば得点は認められ、さらにフリースロー 1 本を与えてしまいます。シュートが失敗すると、スリーポイントラインの内側からのシュートの場合は、フリースロー 2 本、スリーポイントラインの外側からのシュートの場合は、フリースロー 3 本を与えてしまいます。

相手のシュート中などに反則を犯すと、場合によってはフリースロー 3 本を与えてしまいます。

　1 ピリオドにチームファウルが 4 つを越えると、5 つ目から相手のフリースローとなります。ただし、攻撃側の反則の場合は、フリースローではなく、相手のスローインとなります。

・なお、同じ選手が 1 試合で 5 回の反則を犯すとファイブファウルとなり、それ以降その試合には出場することができなくなる。

241

クラス分け

- 車いすバスケットボールでは、各選手に障がいの程度に応じてクラス分けがされ、それに応じた持ち点があります。
- コート上には、14点以内で構成された5人の選手が立つことができます。

　各選手の車いす操作、ドリブル、パス、シュート、リバウンドなどの基本的な動きによる身体能力や車いすに座った状態での体幹のバランス能力などを見て、クラス分けが行われます。クラスは8つに分けられ、各クラスに「持ち点」（1.0〜4.5の0.5点刻み）が設定されています。そして、コート上に立つ5人の選手の合計の持ち点が14点以内になるようにしなければなりません。

障がいが軽い　　　　0.5 点刻み　　　　障がいが重い

4.0〜4.5 点
片膝下の切断や、ごく軽度の脚の障がいなどを持つ選手です。体を横に大きく傾け、安定して動くことができるため、攻守ともにチームの中心となる存在です。

3.0〜3.5 点
脊髄損傷や両脚の切断などの選手で、足に少し筋力があるためすばやく上体を起こすことができます。ただし、横への動きはコントロールできません。

2.0〜2.5 点
腹筋や背筋の機能が少し残っていて、わずかに前傾姿勢がとれ、体を少しひねることができます。

1.0〜1.5 点
腹筋・背筋の機能がなく、座ったときのバランスがとれないため、背もたれから離れたプレーはできません。

「持ち点制」は、障がいの重い選手も軽い選手もみんなが試合に出場し、活躍できるようにするためのルールです。

主に1.0〜2.5点の選手を「ローポインター」、3.0〜4.5点の選手を「ハイポインター」と呼びます。

競技用具

- 車いすバスケットボールで使用される車いすは、車輪がハの字型になっていて、安定して方向転換できる形になっています。
- ボールは一般のバスケットボールと同様のものを使用します。

バスケットボール専用車いす

　車いすバスケットボールで使用される車いすは、車輪がハの字型になっていて、安定して方向転換できる形になっています。また、試合においては、車いす同士がぶつかることもめずらしくないため、激しい衝撃を和らげたり、足を保護したりするため、バンパーが車いすの前についています。

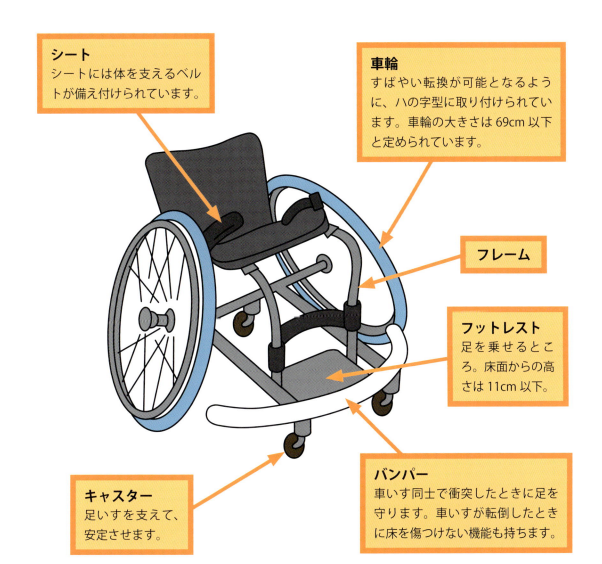

シート
シートには体を支えるベルトが備え付けられています。

車輪
すばやい転換が可能となるように、ハの字型に取り付けられています。車輪の大きさは69cm以下と定められています。

フレーム

フットレスト
足を乗せるところ。床面からの高さは11cm以下。

キャスター
足いすを支えて、安定させます。

バンパー
車いす同士で衝突したときに足を守ります。車いすが転倒したときに床を傷つけない機能も持ちます。

世界で活躍！ トップ・アスリートたち

アメリカに28年ぶりの金メダルをもたらす
トレボン・ジェニファー

　先天性切断のため両足を欠いて生まれました。高校時代はレスリングに打ち込みますが、華々しい成績とはいかず、ペンシルベニア大学に入学すると車いすバスケットボールを始めます。するとチームのキャプテンを務めるまでに成長し、2010年に全米第1位、2011年に全米第2位となります。

　パラリンピックにおいては、2012年第14回ロンドン大会での銅メダル獲得に貢献すると、2016年第15回リオ大会ではアメリカに28年ぶりとなる金メダルをもたらしました。

北京パラリンピックから3大会連続出場
アブディ・ジャマ

　生まれつき身体能力が高く、将来の夢はプロのサッカー選手になることでしたが、14歳のときに窓から転落する事故で、車いす生活となります。その後車いすバスケットボールを始めると着実に実力を磨き、19歳で代表入りを果たします。

　パラリンピックには、第13回北京大会（2008年）から3大会連続出場。北京大会、リオ大会（2016年）ともに銅メダル獲得に貢献しました。2013年、2015年世界選手権で優勝もしており、今後も活躍が期待されています。

注目の日本人選手たち

リオ大会に17歳で出場の若手ホープ
鳥海連志

　脛骨が両足ともに欠損、右手に4本、左手に2本の指が残された両手指欠損で生まれましたが、自由に動けるようにと、両親は3歳で両下肢の切断を決めます。車いすバスケットボールとの出合いは中学1年生のとき。もともとバスケットボール一家に育ったこともあり、数年後には全国障害者スポーツ大会で3位躍進の原動力となり、アジアユースパラ競技大会日本代表（U-23）にチーム最年少で選ばれ、2016年リオ・パラリンピックでは日の丸のユニフォームを着ました（2.0クラス）。2020年東京大会での活躍が期待されています。

2020年東京大会で主軸をねらう
村上直広

　先天性の二分脊椎症。脊髄に脂肪が巻き付いた状態で生まれ、生後3カ月で手術。右足の膝下と左足のつま先の神経も一緒に切除せざるを得ず、歩けなくなりました。支えになったのが小学5年で始めた車いすバスケ。毎週末、母の運転で姫路や神戸、伊丹に練習に通い、高校1年で日本車いすバスケットボール連盟のU-23に選ばれます。その後ドイツ・ケルンのチームから誘いを受け、2016年リオ大会代表にも選出されました。一番の目標となる2020年東京大会では主軸となることを目指しています。

世界記録

2016年リオ大会では男女共アメリカが金メダルを獲得しました。女子は2008年北京大会以来2大会ぶり、男子は28年ぶりの優勝でした。優勝メンバーは以下のとおりです。

種目	名前	国
男子	ジェイク・ウィリアムズ（2.5） ジョシュア・トゥレック（3.5） マイケル・ペイ（3.0） ブライアン・ベル（4.5） マット・スコット（3.5） スティーブ・セリオ（3.5） ジョン・ギルバート（1.0） イアン・リンチ（1.0） ネイト・ヒンズ（4.5） トレボン・ジェニファー（2.5） ジャレッド・アランブラ（2.5） アーロン・ガウジ（2.0）	アメリカ
女子	ゲイル・ガエン（3.5） ミーガン・ブランク（3.0） ダーリーン・ハンター（1.0） ナタリー・シュナイダー（4.5） デズリー・ミラー（3.5） ジェニファー・ポイスト（2.0） バネッサ・エルスキン（1.0） レベッカ・マーリー（2.5） ローズ・ホラーマン（3.5） アビゲイル・ダンキン（3.5） クリスティーナ・シュワブ（2.5） マッケンジー・ソルダン（1.0）	アメリカ

※カッコ内は持ち点制による各選手の持ち点

シッティングバレーボール

シッティングバレーボールとは？

・シッティング（Sitting　英語で「座ったまま」の意味）バレーボールとは、床にでん部の一部が常に接触したまま行うバレーボールです。

・下肢などに障がいのある選手が6人制でプレーを行います。

・戦争などで負傷した人たちのためのリハビリテーションとして、1956年にオランダで誕生しました。

・パラリンピックにおいては、第6回アーネム大会（1980年）で正式競技として採用されました。

・障がいのある人もない人も楽しめるスポーツとして広まりを見せています。

パラリンピックに参加できる障がいの種類

肢体不自由	立位	●
	車いす	●
	脳性まひ	●
視覚障がい		
知的障がい		

※リオデジャネイロパラリンピック時点

競技の歴史

- シッティングバレーボールは、1956年、戦争によって障がいを負った人々によりオランダで考案されたスポーツです。
- パラリンピックでは、第6回アーネム大会（1980年）から正式競技として採用されています。

はじまり

シッティングバレーボールは、1956年、戦争によって障がいを負った人々によりオランダで考案されたスポーツです。動きの少ない『シットボール』と『バレーボール』を組み合わせて作られました。

シッティングバレーボールが一般に関心を集めるようになったのは、1957年に大会が開催されたことに由来します。この大会開催のために、さまざまな話し合いが行われて、例えばルールやコートの広さ、ネットの高さなどが決定されました。

その後、シッティングバレーボールを考案した団体が1961年に独立して障がい者スポーツ協会を設立し、以来、選手達や試合を通し、数あるスポーツの中のひとつとして成長していきました。

日本における歴史

日本では、1992年に東京で初めてのシッティングバレーボールチームが結成されました。その後1997年に、第1回日本シッティングバレーボール選手権大会が埼玉県で開催され、少しずつ認知されていきました。

パラリンピックでの歴史

パラリンピックでは、第6回アーネム大会（1980年）から正式競技として採用されています。

日本代表男子チームは、第11回シドニー大会（2000年）から第13回北京大会（2008年）まで3大会連続出場を果たし、女子チームも北京、ロンドンと連続出場しましたが、リオ大会では残念ながら男女とも出場権を得ることはできませんでした。

競技の ルール

- シッティングバレーボールのコートは、一般の6人制バレーボールコートよりも狭く、また、ネットも低くなっています。
- 基本的なルールは一般のバレーボールと同様ですが、「座った姿勢でプレーする」特性から一部ルールが変更されています。

競技場

　シッティングバレーボールのコートは、一般の6人制バレーボールコートよりも狭く、また、ネットも低くなっています。

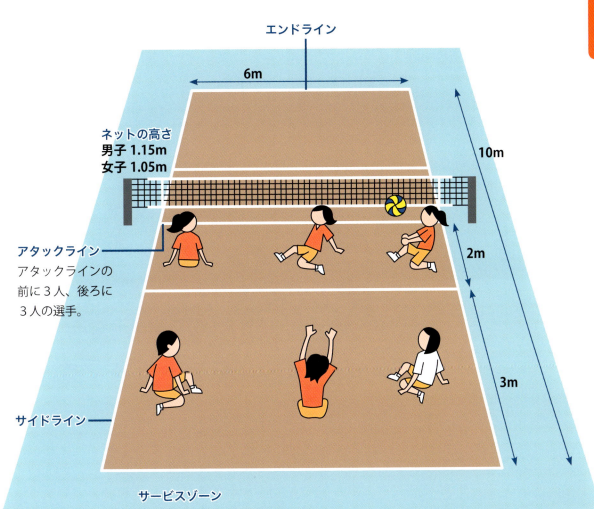

エンドライン

6m

ネットの高さ
男子 1.15m
女子 1.05m

10m

アタックライン
アタックラインの
前に3人、後ろに
3人の選手。

2m

3m

サイドライン

サービスゾーン

ルール

　競技の進め方など、基本的なルールは一般の 6 人制バレーボールと同じですが、シッティングバレーボール特有の特別ルールも存在します。

試合の進め方

●ラリーポイント制

　ラリーポイント制とは、サーブから始まったラリーで攻撃を決めるか、もしくはミスや反則をしなかった側が勝者となり、1 ポイントを獲得する制度です。

　すなわち、ラリーポイント制とは、サーブ権の有無に関わらずポイントが加算される制度をいいます。

・ラリーの勝者となった者がサーブ権を持っていなかった場合には、サーブ権も獲得する。サーブ権を持っていた場合は同じ者が再度サーブを続ける。

サーブ権の有無に関わらずラリーで攻撃が決まるか、反則やミスをしなかった方にポイントが加算されます！

●メンバー

コート上には6人が入ることができます。

6人が前衛3人、後衛3人に分かれて並びます。シッティングバレーボールでは、でん部（肩からお尻までの上半身）の位置によってどのポジションにいるかが判断されます。

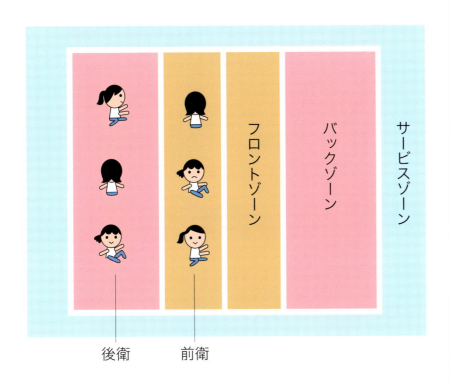

後衛　　　前衛

6人の選手は、サービス権を得ると時計回りにポジションを移動します。これを「ローテーション」といいます。

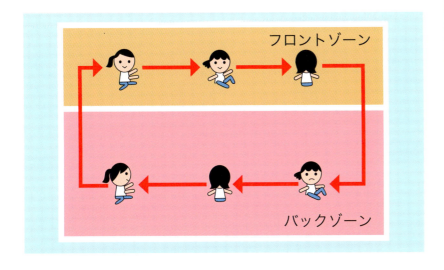

フロントゾーン

バックゾーン

用語

前衛・後衛
前衛は、フロントゾーンで競技する選手のこと。後衛はバックゾーンで競技する選手のこと。それぞれ「フロント」「バック」とも呼ばれる。

・シッティングバレーボールでいう「でん部」にはお尻のみならず、上体（腰から上の部分）も含まれる。
・でん部の位置によってポジションが判断されるということは、手足はアタックゾーンやコート外のフリーゾーンにあってもよいということを意味する。

251

・シッティングバレーボールでは、一般のバレーボールと同じく、相手のブロックをかわすためにコンビネーションが多く用いられる。決定力の高いスパイクを打つためにコンビネーションが欠かせない。

注目 ローテーションは勝負の鍵

ローテーション自体は難しいものではないのが分かっていただけると思います。しかし、このローテーション、ゲームを考える上での戦略的なシステムやポジション（役割という意味）、フォーメーションと絡んで、ゲームのカギを握ることになります。チームの監督らは、今、どの選手がどの位置にいるのか、「ラインアップシート」と呼ばれる表でチェックをして、試合を有利に進めようと考えを巡らせます。

用語

リベロ

リベロは守備専門なので、サーブは打たない。また、前衛に行くことはできず、前衛に行く（ローテーションする）直前に交代する。

なお、メンバーには「リベロ」と呼ばれる守備専門の選手が入ることがあります。リベロはほかの選手とちがう色のユニフォームを着ています。

さまざまなプレー

●サーブ

サービスゾーンから相手コート内にボールを打ち込みます。お尻の部分がエンドラインの外に出ていれば、手や脚がコートの中に入っても反則にはなりません。

・サーブは、バックゾーン（p251参照）の右端に位置する選手が行う。

●スパイク

ボールを相手のコート内にたたきつけるように打ち込む攻撃です。シッティングバレーボールでは、お尻が床から離れると反則となるため、スパイクの時にもジャンプすることができません。そのため、一般のバレーボール以上に身長の高い選手が有利となります。

・身長の低い選手は、「フェイント」や「ブロックアウト（ブロックされたボールがアウトとなるプレー）」をねらうなど、プレーとテクニックを工夫することが要求される。

シッティングバレーボール

●ブロック

　前衛の選手が両腕を伸ばして壁をつくり、相手の攻撃を阻止するプレーです。シッティングバレーボールでは、相手のサーブを直接ブロックする「サーブブロック」も認められており、この点で一般のバレーボールと異なっています。

・ブロックをするときにもお尻を床から持ち上げてはならない。

●レシーブ

　相手からのスパイクやサーブを受けるプレーをいいます。レシーブ時にも、基本的にはお尻を床から離してはいけませんが、ボールに向かって手を伸ばすためのほんの短い時間であればお尻を床から離してボールを受けることが認められています。しかし、歩いて移動したり、明らかに立ち上がったりすることは禁止されており、反則となります。

・「ほんの短い時間」に当たるかどうかの判断は審判が行う。

●クイックとコンビネーション

　シッティングバレーボールにおいても、相手の高いブロックをかわすために、「クイック（低いトスからのテンポの早いスパイク）」や「コンビネーション（ほかの選手がスパイクを打つふりをして相手を引きつけ、味方選手がスパイクを打ちやすいようにすること）」を用います。

・一般のバレーボールに比べてネットが低いため、「クイック」や「コンビネーション」を生かした頭脳プレーが大きく勝敗を左右する。

　さまざまなプレーにおいて、選手は床にお尻部分をつけたままプレーしなければならないので、腕の力を使ってお尻をすべらせるように移動します。

シッティングバレーボール

主な反則

　一般のバレーボールと同様、最大3回で相手チームにボールを返さなければなりません。4回以上触れた場合、「オーバータイムス」という反則になります。

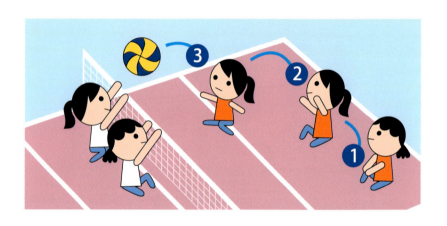

・タッチネットは白帯以外に触れても反則にならないが、わざと触った場合には反則となる。

主な反則	内容
タッチネット	ネット上部の白帯を触ること。白帯以外は触れても反則にはなりません。
ダブルコンタクト（ドリブル）	1人の競技者が2回連続でボールに触れること。ただしブロックした場合には、もう一度触ることができます。
オーバーネット	相手空間内にあるボールに触れること。ただし、ブロックは認められています。

勝敗の決め方

　試合は5セットマッチで行われ、3セット取ったチームの勝利です。なお、第1〜第4セットは25ポイント、最終第5セットは15ポイントで行われます。最後から2番目のポイントが同点となった場合（第1〜第4セットなら24-24、第5セットなら14-14）、相手と2ポイント差がつくまでそのセットは続けられます。これを「デュース」といいます。

クラス分け

- シッティングバレーボールでは、障がいの程度に応じて2つのクラス分けがされています。
- MDの選手は1チーム2名まで、コート上に出ることができるのは1名のみと決められています。

　パラリンピックでは、指の切断のように、わずかな障がいを持った「MD」の選手と、障がいの程度が重い「D」の選手2つに分けられています。

クラス	対象となる選手
MD	指の切断のように、わずかな障がいを持った選手
D	障がいの程度が重い選手

MDの選手は1チーム2名まで認められています。そして、試合中のコート上にはそのうちの1名が出ることができます。

注目　守備もトスもチーム一丸で！

　シッティングバレーボールでは、一般のバレーボールと比べて、選手1人あたりの守備範囲が狭くなるため、チーム全員で協力してコートを守る必要があります。また、レシーブを毎回セッターに返球することも容易ではありません。そのため、セッター以外の選手にも正確なトスを上げるテクニックが要求されます。このように、チーム一丸となって1つのコートを守る選手たちの懸命な姿もシッティングバレーボールの魅力の1つです。

世界で活躍！トップ・アスリートたち

アメリカの金メダルに貢献したママ選手
ローラ・ウェブスター

　11歳になる頃、左脛骨の骨肉腫と診断されます。癌性の骨を取り除くため、彼女は回転捻挫手術を受け、その結果、膝から下を失い、義足となります。

　高校時代は陸上とダイビングに励みましたが、その後、シッティングバレーボールに出合い、力をつけます。そして、2003年、パラパン・アメリカン・ゲームで金メダルを獲得、2004年には第12回アテネ・パラリンピックで銅メダルに輝きます。

　2016年第15回リオ大会ではアメリカの金メダルに大きく貢献しました。

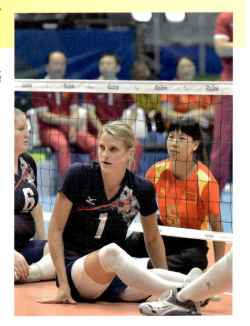

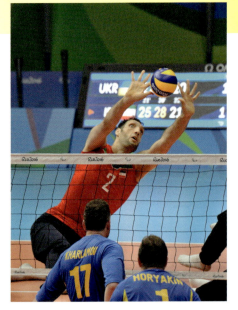

イランを金メダルに導いた身長2m46cmの新鋭
モルテザ・メヘルザード

　成長期に、異常な骨の発達を引き起こす若年期の先端巨大症と診断されます。のみならず、15歳のときには、自転車事故により骨盤を痛め、右足の成長が止まり、左足よりも15cm短い状態となりました。

　転機はテレビ番組への出演。『イランで最も身長の高い男性』と紹介され、シッティングバレーボール関係者の目に留まります。2016年のリオ大会では、2000年シドニー大会以来、金と銀を交互に取り合ってきたボスニアと決勝戦で対決。右手を伸ばしたアタック最高到達点230cmを武器に金メダルを獲得しました。

注目の日本人選手たち

2020年東京大会出場を目指すセッター
嵯峨根望

　先天性の骨形成不全のため、幼い頃に両足を切断。義足での生活を送ります。シッティングバレーボールに出会ったのは、小学校4年生のとき。義足を外せない時期もありましたが、中学2年の夏に、ある友人の前で義足を脱いだ時の、「やっと足を見せてくれた」という一言を聞いて障がいを受け容れられるようになりました。

　中学時代からはシッティングバレーボールから離れますが、大学4年生のとき、競技を再開します。2010年広州アジアパラ競技大会以降、日本代表として活躍し、現在は2020年東京パラリンピック出場を目指し、練習に励んでいます。

日本女子代表最年少。メダル獲得に意欲
波田みか

　小学1年から、地元のスポーツ少年団でバレーを始めます。週4日のバレー漬けの生活で県大会にも出場。しかし、小学6年生の時骨肉腫を患い、1年間入院。手術を受け、右膝部分を人工関節に替えます。そして退院後、父親の勧めでシッティングバレーボールを始めました。

　年齢の高い選手も多い中、中学生で日本代表に選ばれ、2015年12月の日本選手権では初のMVPに輝きます。日本女子チームの最年少として、2020年東京大会への出場とメダル獲得を目指します。

世界記録

　パラリンピックにおいては、男子は 2000 年シドニー大会以来、イランとボスニア・ヘルツェゴビナが交互に金・銀メダルを分け合っており、2016 年リオ大会も同様の結果となりました。女子は、中国が過去 3 大会連続優勝を重ねてきましたが、リオ大会ではアメリカが 4 大会ぶりの金メダルを奪取しました。

　そうした強豪国の順位の変遷も面白いシッティングバレーボール。パラリンピック過去 5 大会の上位 3 か国の一覧は以下のとおりです。

	大会	金	銀	銅
男子	シドニー（2000 年）	イラン	ボスニア・ヘルツェゴビナ	フィンランド
	アテネ（2004 年）	ボスニア・ヘルツェゴビナ	イラン	エジプト
	北京（2008 年）	イラン	ボスニア・ヘルツェゴビナ	ロシア
	ロンドン（2012 年）	ボスニア・ヘルツェゴビナ	イラン	ドイツ
	リオ（2016 年）	イラン	ボスニア・ヘルツェゴビナ	エジプト
女子	シドニー（2000 年）	ドイツ	カナダ	スロバキア
	アテネ（2004 年）	中国	オランダ	アメリカ
	北京（2008 年）	中国	アメリカ	オランダ
	ロンドン（2012 年）	中国	アメリカ	ウクライナ
	リオ（2016 年）	アメリカ	中国	ブラジル

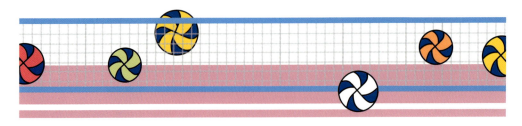

ウィルチェアーラグビー

ウィルチェアーラグビーとは？

・「ウィルチェアー（車いす）に乗ってするラグビー」という意味ですが、競技はラグビーのみならず、バスケットボール、バレーボール、アイスホッケー等の要素が組み合わされています。

・車いす競技の中で唯一、タックルなどコンタクトが認められている激しいスポーツです。

・パラリンピックにおいては、第11回シドニー大会（2000年）から正式競技となりました。

・日本代表チームは世界トップクラスのレベルを誇っており、2016年リオ・パラリンピックでは悲願の銅メダルを獲得しました。

パラリンピックに参加できる障がいの種類

肢体不自由	立位	●
	車いす	●
	脳性まひ	●
視覚障がい		
知的障がい		

※リオデジャネイロパラリンピック時点

- ウィルチェアーラグビーは 1977 年にカナダで考案されました。
- パラリンピックでは第 11 回シドニー大会（2000 年）から正式競技として採用されています。
- 日本は第 16 回リオ大会（2016 年）で銅メダルを獲得しました。

は じまり

　ウィルチェアーラグビーは、四肢まひ者など（頸椎損傷や四肢の切断、脳性まひ等で四肢に障がいを持つ者）が、チーム・スポーツを行う機会を得るため、1977 年にカナダで考案されました。当初はその激しさから『マーダーボール（MURDERBALL〔殺人球技〕）』と呼ばれていたといいます。

　初の国際大会は 1982 年、アメリカとカナダの間で行われました。アメリカやヨーロッパの一部の国では、四肢に障がいを持つ者が行う競技であることから『クアドラグビー（QUAD RUGBY）』とも呼ばれています。

パラリンピックでの 歴 史

　第 10 回アトランタ大会（1996 年）に公開競技として初登場しました。次の第 11 回シドニー大会（2000 年）からは正式競技として採用されています。

日 本における競技の歴史

　日本においては、アトランタ・パラリンピック後の 1996 年 11 月に正式に競技が紹介されました。そして、1997 年 4 月に連盟が設立され、1999 年 11 月には第 1 回 日本選手権大会が開催されます。

　パラリンピックには、第 12 回アテネ大会に初出場。世界のトップクラスのレベルを持つチームに成長します。第 16 回リオ大会（2016 年）では、3 位決定戦でカナダと対戦、52-50 で勝利し、悲願の銅メダルを獲得しました。

競技の ルール

- ・ウィルチェアーラグビーは、屋内で行われます。コートの大きさはバスケットボールのコートと同じ大きさです。
- ・基本は、ボールを相手の得点エリアに運び、得点を競うというゲームになります。

コート

　ウィルチェアーラグビーは、一般のラグビーと異なり、屋内で行われます。コートの大きさはバスケットボールのコートと同じ大きさです。

テーブル・オフィシャルズ
4人が座っている。競技時間を管理する人、得点やファウルを記録する人、スコアシートを記入する人などがいる。

ペナルティボックス
タイムペナルティが科せられた選手は1分間、または相手チームがゴールを決めるまでこの場所にいなければならない。

ゴールポスト
触れると反則になる。

センターライン
一度センターラインを超えてからはセンターラインの自陣側にボールを戻してはいけない。

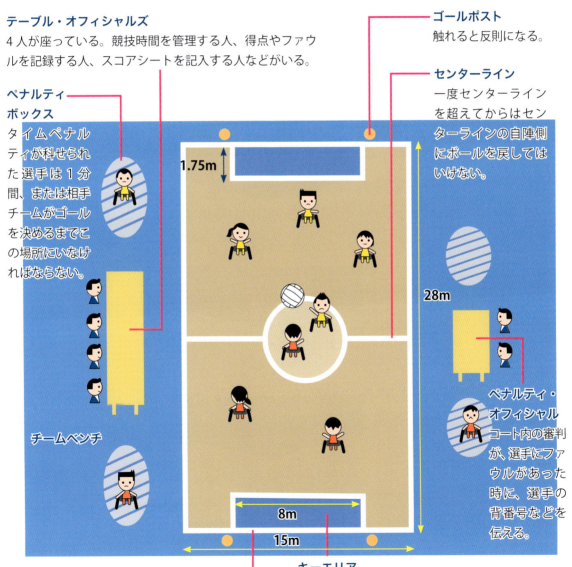

チームベンチ

1.75m

28m

8m

15m

ペナルティ・オフィシャル
コート内の審判が、選手にファウルがあった時に、選手の背番号などを伝える。

ゴールライン
ボールを持った選手の車いすの2つの車輪が、このラインに乗るか通過すると1点が入る。

キーエリア
ディフェンス（守備）側が同時に入れるのは3人までで。また、オフェンス（攻撃）側がキーエリアにいられるのも10秒までと決められている。

ルール

　基本的に、ボールを相手の得点エリアに運び、得点を競うというゲームです。ラグビーのみならず、バスケットボール、バレーボール、アイスホッケー等の要素が組み合わされています。障がいの程度に応じた「持ち点制」というシステムが設定されているなど、特殊なルールもあります。

・「持ち点制」を採用しているパラリンピック競技として、他に「車いすバスケットボール」がある。

試合時間

1試合で、8分間のピリオドを4回行います。

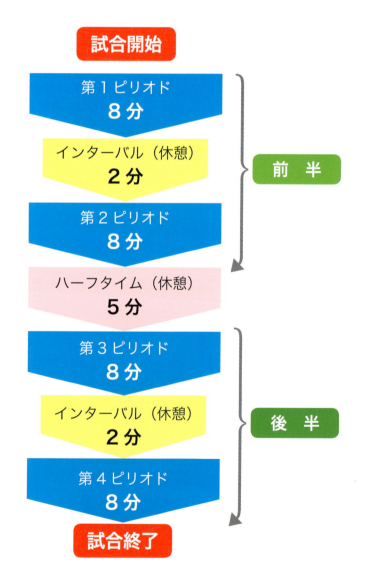

試合の進め方

●得点

得点の種類は1種類です。ボールを持った選手の車いすの前後4輪のうち2輪がゴールライン上に達するか、超えれば得点となります。

ボールの運び方

ウィルチェアーラグビーでは、車いすに座ったままボールを扱わなければなりません。蹴ることを除いて、投げたり手で打つことによってパスをしたり、転がしたり、バスケットボールのようにドリブルを行っても構いません。

●ドリブル

ボールを膝の上に乗せたまま、何回ハンドリムを押しても（車いすをこいでも）構いませんが、10秒以内に1回はドリブルかパスを行わなければ反則となります。

・違反の場合、『10（テン）セコンド・スローイン・バイオレーション』という反則になり、相手チームにボールの所有権が渡る。

265

●パス

投げたり手で打つことによってパスをすることができます。パスは通常のラグビー競技と違い、スローフォワード（前方へのパス）が認められています。

通常のラグビー	ウィルチェアーラグビー
前方へのパスは禁止	**前方へのパスもOK！**
前方へのパスは『スローフォワード』と呼ばれる反則に当たり、禁止されています。	いかなる方向へのパスも認められています。

・違反の場合は、『スローイン・バイオレーション』という反則になり、相手チームにボールの所有権が渡る。

●スローイン

ゴールやバイオレーションまたはファウルの後に試合を再開する時や、第2～第4ピリオドの開始時に行います。スローインする場合、レフリーの正当な接触の開始を示すホイッスルの後に、ボールが10秒以内にオフェンスかディフェンスに触れなければなりません。

動きのテクニック

●タックル

　相手選手を妨害するため、車いすでぶつかるタックルが認められています。味方のアタッカーがゴールラインに到達できるよう、相手のディフェンスの動きを止め、道を作るためのタックルも行われます。

●チェアワーク

　相手のタックルやディフェンスをかいくぐるため、腕だけでなく、腰や腹筋を使ってすばやい方向転換やダッシュを組み合わせます。

・ただし、後輪車軸より後方へのタックルによって、相手の車いすを回転させてバランスを失わせたり転倒させるような場合は、スピニングという反則になる。

・選手交代に人数制限はない。選手交代は、ベンチからテーブルオフィシャルに申告する。
・女性が選手に加わる場合には、1人ごとに持ち点を0.5点追加することができる。「持ち点制」について、くわしくは『クラス分け』p272参照。

チームの人数

男女混合が可能で、1チーム12名、コートに立つことができるのは4名です。この4名は、「持ち点制」というシステムにより、持ち点8.0点以内で組み合わせる必要があります。

主な反則

ウィルチェアーラグビーの反則には、エリアにかかわらず該当する基本的な反則と、キーエリア（制限区域）内でのみ反則となるものの2種類があります。

基本的な反則

・この場合、オフェンス（攻撃側）の反則となるので、反則があった場合、相手チームにボールの所有権が渡る。

	反則の内容
12（トゥエルブ）セコンド・バイオレーション	オフェンス（攻撃側）がバックコートでボールを入手した場合、12秒以内にフロントコート（相手側コート）にボールを持ち込まなければなりません。 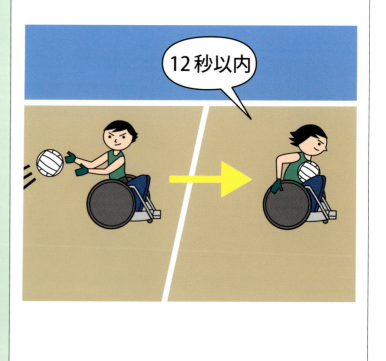

バックコート	フロントコートでボールを所有している選手は、ボールを持っている間にバックコートに戻ったり、バックコートにいる味方選手にパスをしてはいけません。 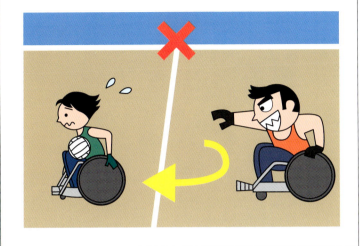
イリーガル・ユーズ・オブ・ハンズ	手や腕が相手選手（所有するボールを除く）に触れると、違法に手を使用したことになり反則になります。 
ホールディング	手や腕などによって相手選手の身体や車いすを押さえると反則となります。 

・バックコートの反則があった場合、相手チームにボールの所有権が渡る。

・選手は反則にならないようにするため、相手の持っているボールだけをはたき落とさなければならない。

	反則の内容
40 （フォーティー）セカンド・バイオレーション	オフェンス（攻撃側）は 40 秒以内にゴールしなければなりません。 

・40 秒ルールの反則があった場合、相手チームにボールの所有権が渡る。

キーエリア（制限区域）内での反則

	反則の内容
10 （テン）セカンド・イン・ザ・キー・バイオレーション	オフェンス（攻撃側）は、10 秒までしかエリア内に入っていることはできません。 

・この場合、オフェンス（攻撃側）の反則となるので、反則があった場合、相手チームにボールの所有権が渡る。

ディフェンス（防御側）の場合、キーエリア内に同時に入れる人数は３人までです。４人目がキーエリアに入った場合、その選手にペナルティーが科せられます。

・ペナルティーを科せられた選手は、１分間、または相手チームがゴールを決めるまでペナルティボックス（p263参照）にいなければならない。

反則があった場合

反則があった場合、オフェンス（攻撃側）の反則のときは相手チームにボールの所有権が渡ります。一方、ディフェンス（防御側）の反則のときはその選手にペナルティーが科せられます。

その後、相手チームのスローインで試合が再開されます。

タイムアウト

ウィルチェアーラグビーでは、各チーム（チームがライブ状態にあるボールを所有している時）は、１試合に４回まで、30秒間のタイムアウトを取ることができます。

・なお、コーチはボールデッドの時に１試合に２回まで、１分間のベンチ・タイムアウトを取ることができる。

用語

ボールデッド
プレーが止まっている時のこと。

- ウィルチェアーラグビーでは、各選手に障がいの程度に応じてクラス分けがされ、それに応じた持ち点があります。
- コート上には、原則として合計8.0点以内で構成された4人の選手が立つことができます。

ウィルチェアーラグビーの選手には障がいの程度によりそれぞれ持ち点が付けられます。障がいの重い方（0.5点）〜軽い方（3.5点）まで0.5点刻みの7段階に分けられます。

その上で、1チーム4人の持ち点の合計が8.0点以下で構成されなければなりません。ただし、4名の中に女子選手が含まれる場合は、0.5点の追加ポイントが許可され、したがってチームの合計は8.0点を超えることが許されます（最大4名で10点まで）。

障がいが軽い	0.5点刻み	障がいが重い

3.5点
片手でのドリブルやパス、車いすの操作が安定してできます。体幹機能がしっかりしていて、腰をひねってプレーすることも可能。攻守にわたってコートを動き回り、ボール争いに積極的にからみます。

2.0点
体幹機能や上半身の筋力が十分で、腕の力で車いすを全方向に操作できます。プレー中に身体を乗りだしてパスやキャッチを行うことができます。

0.5点
上半身の筋力や握力が弱く、体幹機能がありません。車いすの操作においては手首から下が使えず、前腕を使用します。キャッチやパスが難しいため、両手での下手投げなどでパスの飛距離を稼ぐこともあります。

「持ち点制」は、障がいの重い選手も軽い選手もみんなが試合に出場し、活躍できるようにするためのルールです。
3.0点など障がいの軽く持ち点の高い選手を「ハイポインター」と呼びます。ハイポインターは豊富な運動量でボールを運び、得点源としての役割を果たします。一方、1.0点など障がいが重い選手（「ローポインター」）は、ハイポインターのための走路をつくる守備を行います。

・ウィルチェアーラグビーで使用される車いすは、攻撃用と守備用とで構造の違うものが使い分けられています。
・ボールやグローブも専用のものが使用されています。

ウィルチェアーラグビー専用車いす

ウィルチェアーラグビーでは、激しいプレーにたえられる頑丈な車いすを使用します。攻撃用の車いすと守備用の車いすは、バンパーの長さが異なるなど、ポジションによって使い分けられます。また、車輪は簡単に取り外せるしくみになっています。

攻撃型（ラグ車）
相手の守備をかわしてせまいところでも動けるように、前方のバンパーは短く凹凸がありません。コンパクトな丸いフォルムと、相手のブロックから逃れるためのウィングが特徴です。

車輪
すばやい方向転換が可能となるように、ハの字型に取り付けられています。

スポークガード
車輪が壊れないようにするためのカバー。

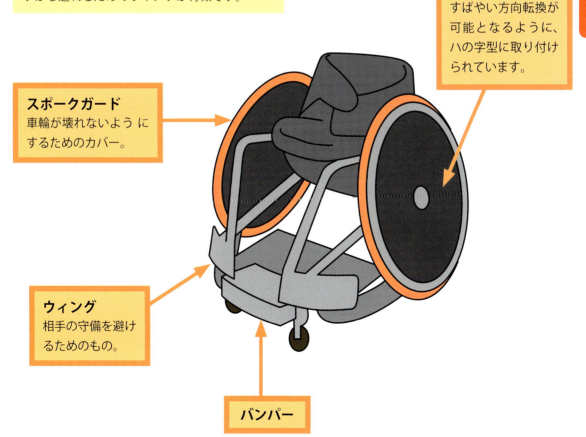

ウィング
相手の守備を避けるためのもの。

バンパー

守備型
相手の車いすに衝突したり、ひっかけたりして
ブロックするために、前方には長いバンパーが
飛び出ており、L字型をしています。相手の動
きをブロックしやすい形が特徴です。

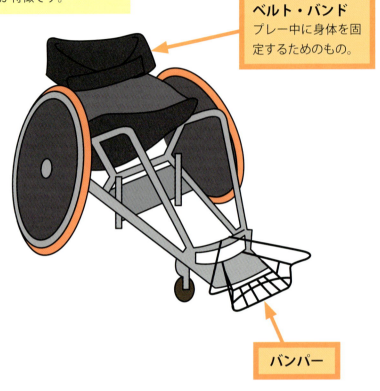

ベルト・バンド
プレー中に身体を固
定するためのもの。

バンパー

ボール

バレーボール（5号球）をもとに作られた専用
ボールを使用します。

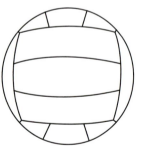

グローブ

グリップ面がゴム製でザラザラしています。そ
のため、握力の弱い選手でも車いすやボールを
扱いやすくなります。

世界で活躍！ トップ・アスリートたち

世界一のウィルチェアーラグビー選手
ライリー・バット

先天的な四肢障がいでしたが、父はトライアスロンをしていて、スポーツが身近にありました。12歳で競技に出合うと、車いすごとぶつかり合うコンタクト感とスピード感に魅了されます。13歳でオーストラリア代表チームに加入、若冠15歳で第12回アテネ・パラリンピック（2004年）に初出場を果たします。

その後、第13回北京大会（2008年）で銀メダルを獲得すると、第14回ロンドン大会（2012年）、第15回リオ大会（2016年）で連続金メダルに貢献したスーパースターです。

ウィルチェアーラグビー

アメリカリーグで最優秀選手にも輝く
マット・ルイス

24歳の時、自宅でガスボンベの誤操作で爆発を起こし、1か月以上も昏睡状態となりました。指の大部分を失い、両足を膝上で切断することを余儀なくされた上に、聴覚にも損傷を負います。

その後、競技に出合うと、2013～2014年のシーズンには、アメリカのナショナルリーグに参加し、リーグ最優秀選手に選出。さらに2014年には、オーストラリア代表に選出されます。

第15回リオ・パラリンピック（2016年）では、オーストラリアの連続金メダル獲得に大いに貢献しました。

注目の日本人選手たち

リオ大会銅メダル獲得、日本のエース
池崎大輔

　6歳のとき、手足の筋力が徐々に低下する難病シャルコー・マリー・トゥース病を発症。高校時代に車いすバスケットボールを始めますが、病気のため腕の筋力が低下し、思うようなプレーができなくなったため、2008年からウィルチェアーラグビーに転向します。

　パラリンピックでは、第14回ロンドン大会（2012年）においてチーム最多得点を挙げるも、チームは3位決定戦で惜敗。しかし、第15回リオ大会（2016年）では雪辱の銅メダルを獲得しました。

「いけ・いけ」コンビ、日本の司令塔
池　透暢

　19歳の時、親友3人を亡くした交通事故で、自身も全身火傷を負い左足を切断、左手も感覚を失いました。退院後、車いすバスケットボールを始め、その後ウィルチェアーラグビーへと転向します。

　転向後は、車いすバスケで培った経験を活かし、わずか半年で日本代表入り。2015年には主将に就任します。残された右腕からの正確なロングパスを身につけた司令塔は、池崎選手とともに「いけ・いけ」コンビといわれ、日本代表に欠かせない存在です。

世界記録

パラリンピックでは、オーストラリアとアメリカのメダル獲得が目立ちます。2016年リオ大会では、オーストラリアがアメリカを破り、2大会連続となる金メダルを獲得しました。以下は、各大会におけるメダル獲得国の一覧です。

大会	金	銀	銅
アトランタ公開競技（1996年）	アメリカ	カナダ	ニュージーランド
シドニー（2000年）	アメリカ	オーストラリア	ニュージーランド
アテネ（2004年）	ニュージーランド	カナダ	アメリカ
北京（2008年）	アメリカ	オーストラリア	カナダ
ロンドン（2012年）	オーストラリア	カナダ	アメリカ
リオデジャネイロ（2016年）	オーストラリア	アメリカ	日本

以下は、メダル獲得数の一覧です。

	国	金	銀	銅	計
1	オーストラリア	2	2	0	4
2	アメリカ	2	1	2	5
3	ニュージーランド	1	0	1	2
4	カナダ	0	2	1	3
5	日本	0	0	1	1
計		5	5	5	15

ウィルチェアーラグビー

ゴールボール

ゴールボールとは？

・ゴールボールとは、鈴の入ったボールを相手ゴールに入れる視覚障がい者のための競技です。

・第二次世界大戦で視覚に障がいを負った軍人のためのリハビリテーションプログラムの1つでしたが、1946年にヨーロッパで競技として紹介されたのが始まりといわれています。

・パラリンピックでは、第4回ハイデルベルグ大会（1972年）で公開競技、第5回トロント大会（1976年）から正式競技となりました。

・日本代表チームも、女子が第14回ロンドン大会（2012年）で、団体で金メダルを獲得しています。

パラリンピックに参加できる障がいの種類

肢体不自由	立位	
	車いす	
	脳性まひ	
視覚障がい		●
知的障がい		

※リオデジャネイロパラリンピック時点

- ゴールボールは、第二次世界大戦で視覚に障がいを負った軍人のためのリハビリテーションプログラムの1つでした。
- パラリンピックにおいては、第5回トロント大会（1976年）から正式競技とされています。

はじまり

　ゴールボールは、第二次世界大戦で視覚に障がいを負った軍人のためのリハビリテーションプログラムの1つでした。その後、1946年にオーストリアのハインツ・ローレンツェン、ドイツのセット・ラインドルの両氏によって競技として紹介されたのがスポーツとしてのゴールボールの始まりとされています。

パラリンピックでの歴史

　パラリンピックにおいては、第4回ハイデルベルグ大会（1972年）で公開競技となり、第5回トロント大会（1976年）で正式競技として採用されました。

　なお、世界的に広まったのは、1978年にオーストリアでワールドチャンピオンシップが開かれたことがきっかけとされています。

ゴールボール

日本における競技の歴史

　日本でゴールボールが初めて紹介されたのは、1982年、デンマークのスポーツコンサルタントのクラウス・ボス氏が来日した際です。しかし、このときは競技の全国的な普及には至りませんでした。その後、1992年、財団法人日本身体障がい者スポーツ協会によりゴールボールの本格的な競技規則の翻訳が行われ、ゴールボール競技の全国的な紹介がなされました。

　日本では特に女子代表チームが活躍しており、第12回アテネ大会（2004年）以降、パラリンピックには4大会連続出場しており、第14回ロンドン大会（2012年）では、団体で金メダルを獲得しました。

競技の
ルール

- ゴールボールはパラリンピック特有の競技で、コートは6人制バレーボール コートと同じ広さです。
- 1チーム3人がプレーを行います。攻撃側は鈴の入ったボールをゴールに向かって転がし、守備側は3人でゴールを守ります。

コート

競技は9m×18mの長方形のコート（6人制バレーボールコートと同じ広さ）で行います。

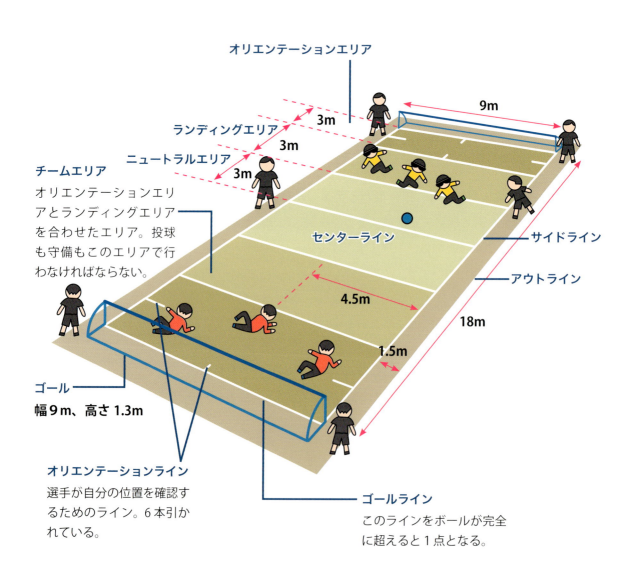

オリエンテーションエリア

ランディングエリア 3m

ニュートラルエリア 3m

3m

チームエリア
オリエンテーションエリアとランディングエリアを合わせたエリア。投球も守備もこのエリアで行わなければならない。

9m

センターライン

サイドライン

アウトライン

4.5m

18m

1.5m

ゴール
幅9m、高さ1.3m

オリエンテーションライン
選手が自分の位置を確認するためのライン。6本引かれている。

ゴールライン
このラインをボールが完全に超えると1点となる。

種　目

男女別に団体戦で行われます。

ルール

基本的には、鈴の入ったボールを互いに転がし合い、相手ゴールに入った得点を競います。

試合時間

前半・後半各 12 分間です。前後半の間に 3 分間のハーフタイムが設けられています。

前半・後半が終わって両チームが同点の場合、延長戦を行います。延長戦は前半・後半各 3 分間です。

試合開始

前半
12 分

ハーフタイム（休憩）
3 分

後半
12 分

試合終了

・延長戦では、どちらかのチームが得点した時点で試合終了となる「ゴールデンゴール方式」がとられる。

・延長戦でも勝敗が決しない場合は、エクストラスローを行う。

用語

エクストラスロー
試合前に提出したオーダー表の順番で攻撃側1人、守備側1人（1対1）の選手によって行われる（サッカーのPKと似ている）。エクストラスローの投球回数は、両チームの登録選手の少ない方の人数に合わせて行われる。エクストラスローでも勝敗が決しない場合は、サドンデスエクストラスローを行い、勝敗が決するまで行われる。

281

試合の進め方

・試合開始の際の審判の吹笛は3回である。

❶

❶　ゲームは審判の「プレー」のコールから始まります。

・先攻側と守備側の決定は、コイントスで決定される。

❷

❷　攻撃側がボールを転がします。

・各チームは、試合中45秒のタイムアウトを4回とることができる。

❸

❸　相手選手に止められることなく、ボールがゴールに入った場合、攻撃側に1点が入ります。

❹

❹　❸のように得点が入った場合や、相手選手がボールを止めた場合、攻守が交代します。

用語

10セカンズ
攻撃側の選手は、止めたボールに初めて触れてから10秒以内に投げ返してセンターラインを越えなかった場合にとられる反則。

❺　❷～❹を試合終了までくり返します。　守備→攻撃に移る際には「10セカンズ」というルールがあるため、攻守がひんぱんに入れ替わり、お互いボールを投げ合います。

動きのテクニック

攻　撃

●**投げ方の基本**

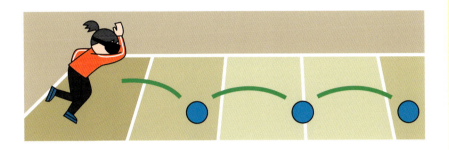

　攻撃する選手は、「攻撃側のエリア」と「ニュートラルエリア」の両方の床に、ボールがバウンドするように投げなければなりません。

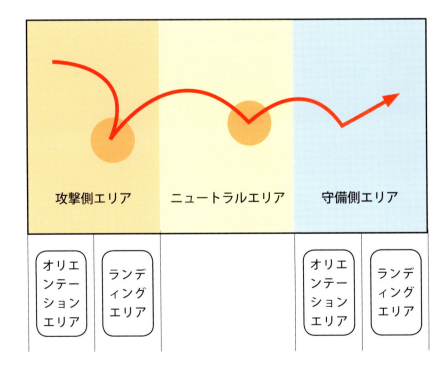

攻撃側エリア	ニュートラルエリア	守備側エリア
オリエンテーションエリア ／ ランディングエリア		オリエンテーションエリア ／ ランディングエリア

・男子選手の試合では、投げるボールスピードは時速50kmにもなり、かなりの迫力がある。

●投げ方の工夫

	内容
移動攻撃	ボールをキャッチした場所から、静かに反対側へ移動してボールを投げることにより、相手ディフェンスにボールの来る方向を予測させないテクニックです。 
カーブ攻撃	単に強いボールを転がすだけでなく、手首を使ってさまざまな回転をかけることで、ボールが相手守備選手に当たった際にはね返る方向が予測できないようにします。 

・各チームは、試合中4回の選手交代が許可される。そのうち1回は前半で行わなければならない。交代の際には、主審にハンドシグナルで必ず知らせる。

パ
ス
交
換

相手にボールのありかを把握させにくくするため、パス交換をしてから攻撃します。床に転がしたり、直接手渡ししたりして、音をさせないようすばやく味方にパスをします。

・このほか、鈴の音が鳴らないようにする「回転投げ」、バウンド後の変化が予想しづらい変化球やスローボールなどさまざまな投げ方がある。

守 備

●守りの基本

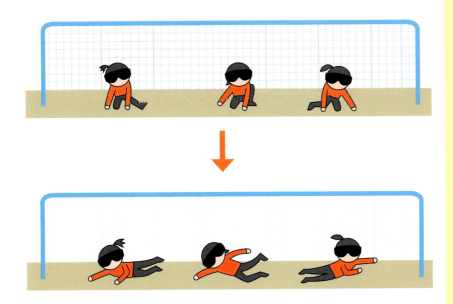

守りの選手は、等間隔で構え、ゴールをカバーするように飛んで、ボールを阻止します。ボールは固く重いため、スピードの速いボールやバウンドするボールは、一度体で止めても、ボールがはね返ってゴールになってしまうこともあります。このため、ゴールを守るためには、おなかや手足の先まで力を入れなければならず、体全体の筋力が必要です。

●守り方の工夫

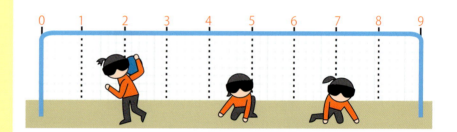

　日本独自のテクニックとして、「位置を数字に置きかえて、位置を的確に把握しながら守る」方法があります。上の図のように、ゴールを9分割して、その位置を数字におきかえることで、守る側は、「今、相手側(攻撃側)のどの選手がボールを持っているか」をきちんと把握することができます。

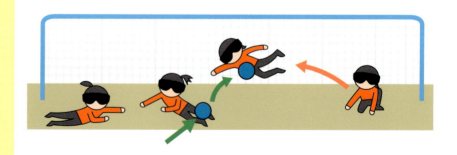

　ボールが体を越えていったり、ゴールの方にはね返ってしまった場合については、ボールの向かった方向を味方選手に瞬時に伝え、チームプレーでゴールを防ぐ必要があります。これをカバーリングといい、トップクラスのチームが行う高度な技術です。

・このほか、日本代表チームの効果的なプレーとして、守備からすぐに攻撃に移る「速攻」がある。

チームの人数

1チームは選手3名、控え選手3名の最大6名で構成されます。

主な反則

ゴールボールには、「ペナルティスローになる反則」と「ボールの所有権が相手に移る反則」の2種類があります。

ペナルティスローになる反則

	反則の内容
ハイボール	投げたボールが最初にコートにつく場所が、攻撃側のチームエリアではなかった場合の反則です。 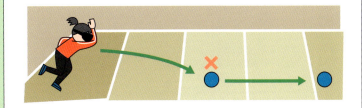
ロングボール	投げたボールをニュートラルエリアでバウンドさせなかった場合、反則になります。 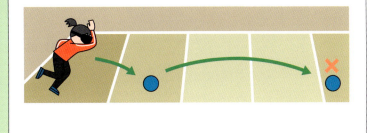

・なお、審判は主審1名、副審1名、ゴール審判員4名、10秒レフェリー2名から構成される。

・ハイボールは、パーソナルペナルティとなる（パーソナルペナルティについては後述p289参照）。

・ロングボールは、パーソナルペナルティとなる（パーソナルペナルティについては後述p289参照）。

ゴールボール

・アイシェードは、パーソナルペナルティとなる（パーソナルペナルティについては後述 p289 参照）。

・イリーガルディフェンスは、パーソナルペナルティとなる（パーソナルペナルティについては後述 p289 参照）。

・10 セカンズは、チームペナルティとなる（チームペナルティについては後述 p289 参照）。
・この 10 セカンズのため、通常のタイマーのほかに「10 秒レフェリー」という競技役員（オフィシャル）が存在する。

アイシェード	試合中に審判員の許可なく選手がアイシェード（目隠し）に触れた場合、反則になります（ハーフタイムは除く）。
イリーガルディフェンス	守備側の選手がチームエリアをこえて守備を行った場合、反則になります。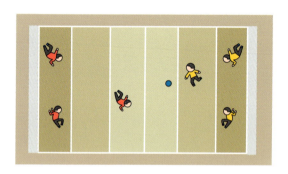
10 セカンズ	選手またはチームは、次の相手の攻撃に対し守備の用意ができてから 10 秒以内に投球して、センターラインを越えなくてはなりません。10 秒を経過してもセンターラインを越えなかった場合、反則になります。

反則があった場合

　得点は無効となり、ペナルティスローが行われます。ペナルティスローには、「パーソナルペナルティ」と「チームペナルティ」の2種類があります。

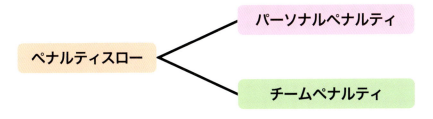

　ペナルティスローは、反則を犯した側が守備側となり、相手方のチームが攻撃側となる1対1の勝負です。攻撃側にとっては得点のビッグチャンスとなります。

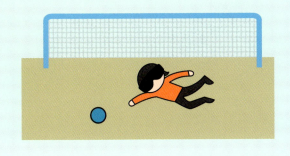

ボールの所有権が相手に移る反則

		反則の内容
プリマチュアスロー		審判の投球許可の合図の前に投球した場合、反則となります。
デッドボール		投球されたボールが相手プレーヤーに触れることなくチームエリアで止まった場合、反則となります。

用語

パーソナルペナルティ
ペナルティを犯した選手がコート内に1人残されて、ペナルティスローを受ける方法。
チームペナルティ
ペナルティを犯したチームの最終投球者がコート内に1人残されペナルティスローを受ける方法。

・なお、ペナルティスローを受ける選手以外は、コートの外へ出される。

・ペナルティスローがペナルティになった場合はゴールにはならず、そのまま試合が再開される。

ゴールボール

パスアウト	チーム間のパス交換の際ボールがサイドラインを越えてしまった場合、反則になります。
ボールオーバー	相手側の投球を守備側がブロックしたにもかかわらず、ボールがセンターラインなどを越えて、相手チーム側まではね返った場合、反則になります。

・跳ね返ったボールがニュートラルエリアのサイドラインを越えた場合、クロスバーに当たった場合も同様に反則となる。

反則があった場合

得点は無効となり、ボール所有権が相手側へ移ります。

・視覚障がいの程度によって、有利・不利が生じないよう、選手全員がアイシェードという目隠しをつけて競技を行います。
・ボールはバスケットボール（7号球）とほぼ同じ大きさですが、重さはほぼ2倍と重いのが特徴です。

アイシェード

　視覚障がいの程度によって、有利・不利が生じないよう、選手全員がつけて完全に目隠しをします。アイシェードの下にはさらにアイパッチを貼り、徹底して視覚をふさいでいます。

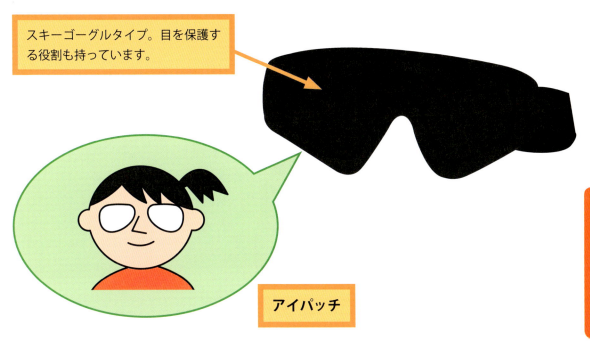

スキーゴーグルタイプ。目を保護する役割も持っています。

アイパッチ

ゴールボール

ボール

　大きさはバスケットボール（7号球）とほぼ同じ。しかし重さはほぼ2倍の1.25kgと重いのが特徴です。
周囲は76cmの硬いゴム製で、中に鈴が入っています。直径1cmの穴が8カ所空けられています。

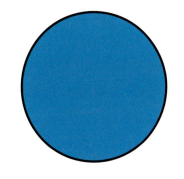

ユニフォームには、前後に 20cm 以上の大きさの番号をつけるという決まりがあります。

着たときに、身体から 10cm 以上離れるような余裕があってはいけません。

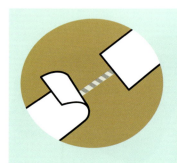

ゴールボールにはラインにも工夫があります。すなわち、コート上の幅 5cm の白いラインの下に、太さ 3mm のたこ糸が通してあるのです。選手たちは、糸の凹凸を感じることで、位置を確認することができます。アウトライン以外すべてのラインに、この工夫がされています。

注目　魅力は、静寂の中でのだまし合い！

　視覚障がいのある選手たちにとって、ボールや相手選手の位置を把握する手段は、ボールから出る鈴の音や相手選手の足音だけです。攻撃側の選手は、ボールをとった位置から音を立てないように移動して、ボールを転がしたり、ボールを持っていない選手もボールを転がすしぐさをして、守備側の選手をかくらんします。静寂の中で行われるこれらの駆け引きは、ゴールボールの大きな魅力の 1 つです。

世界で活躍！ トップ・アスリートたち

最高得点者としてトルコに金メダルをもたらした
セブダ・アルトゥンオ

生まれつきの視覚障がいを持っていますが、12歳でゴールボールを始めます。以降、実力をつけていった彼女は、2015年には、IBSAヨーロッパ選手権大会において最高得点者として金メダルをもたらします。

第15回リオデジャネイロ・パラリンピック（2016年）ではトルコの女子代表チームの一員として出場し、チームは7試合に全勝し、無敗のまま、トルコへパラリンピック史上初の団体競技の金メダルをもたらす快挙を成し遂げ、また彼女は最高得点者にも輝きました。

アメリカ女子代表の若きエース
アマンダ・デニス

無虹彩症による視覚障がいを持っていましたが、7歳のときにゴールボールと出合い、アメリカ・アトランタのスポーツ教育キャンプにおいて競技を始めます。18歳で初出場した第14回ロンドン・パラリンピック（2012年）では4位に終わりましたが、2014年世界選手権ではチームトップの13得点を挙げ、優勝へと貢献します。

第15回リオデジャネイロ・パラリンピック（2016年）では、3位決定戦でホスト国ブラジルと対戦、3-2と勝利の末、銅メダル獲得の立役者となりました。

注目の日本人選手たち

日本女子代表の司令塔　浦田理恵

　教師を目指していた20歳のころ、「網膜色素変性症」という病気のため急激に視力が低下。治療を受けたものの、左目を失明。右目も視野が95％欠損します。その後、鍼灸・マッサージ師を目指して進学した専門学校でゴールボールと出合い、トレーニングの末に日本代表チーム入りを果たします。

　第14回ロンドン・パラリンピック（2012年）では日本女子代表として金メダル獲得に大きく貢献しました。

　リオ大会では惜しくもメダルを逃しましたが、2020年東京大会でのメダル奪還を目指しています。

父は元プロ野球選手の期待の星　欠端瑛子

　父は、通算57勝を挙げた元プロ野球選手。遺伝子の突然変異などでメラニン色素が欠如する「先天性白皮症」で生まれつき視力が弱かったといいます。特別支援学校高等部1年の時に、友人の影響でゴールボールを始めます。父親譲りの強肩で、身長165cmから威力のあるボールを投げます。

　2012年ロンドン・パラリンピック大会ではチームは金メダルを獲得したものの決勝には出場できず、悔しい思いをしました。2020年東京大会での決勝出場を胸に練習に励んでいます。

陸上競技から転向　天摩由貴

　もともとは陸上選手として、2010アジアパラ競技大会陸上競技視覚障害T11クラス女子200m1位、女子100m4位の活躍を見せ、2012年ロンドン・パラリンピックにも出場しました。

　陸上競技引退から1年半後の2014年1月には、ゴールボールへ転向します。

　2017年8月に行われたジャパンパラゴールボール競技大会ではキャプテンとしてチームをまとめ、2014年ぶりの優勝を果たしました。

パラリンピック過去 5 大会の上位 3 か国の一覧は以下のとおりです。

	大会	金	銀	銅
男子	シドニー（2000 年）	デンマーク	リトアニア	スウェーデン
	アテネ（2004 年）	デンマーク	スウェーデン	アメリカ
	北京（2008 年）	中国	リトアニア	スウェーデン
	ロンドン（2012 年）	フィンランド	ブラジル	トルコ
	リオ（2016 年）	リトアニア	アメリカ	ブラジル
女子	シドニー（2000 年）	カナダ	スペイン	スウェーデン
	アテネ（2004 年）	カナダ	アメリカ	日本
	北京（2008 年）	アメリカ	中国	デンマーク
	ロンドン（2012 年）	日本	中国	スウェーデン
	リオ（2016 年）	トルコ	中国	アメリカ

注目 守備はチームワークが大切！

　ゴールボールでは、9 m のゴールを 3 人で守らなければならないため、ボールや相手選手の位置を把握することはもちろんのこと、自分や味方選手の位置についても正確に把握していなければなりません。選手たちは 9 m を 9 分割したイメージを持ちながら「5 に来るよ」「8 に移動する」などと声をかけあって、転がってきたボールを連携してキャッチやカバーリングを行います。そうした選手たちの華麗なチームワークは、選手たちが音だけをたよりにプレーしていることを忘れてしまうほどのものです。

５人制サッカー

５人制サッカーとは？

・５人制サッカーとは、視覚に障がいを持った選手がプレーできるよう考案されたサッカーで、「ブラインドサッカー」とも呼ばれています。

・1980年代初めに考案され、その後ヨーロッパや南米に広まりました。

・フィールドプレーヤーとして参加できるのはアイマスクをつけた全盲の選手だけで、転がるとシャカシャカと音が出るボールを使用します。

・パラリンピックでは、第12回アテネ大会（2004年）で正式競技として採用されました。

パラリンピックに参加できる障がいの種類

肢体不自由	立位	
	車いす	
	脳性まひ	
視覚障がい		●
知的障がい		

※リオデジャネイロパラリンピック時点

競技の歴史

・中世にイギリスで行われていたフットボール祭がサッカーの起源とされています。
・視覚障がい者サッカーは 1980 年代初めに開発され、パラリンピックでは第 12 回アテネ大会（2004 年）で正式競技として採用されました。

はじまり

　サッカーの前身ともいえる、ボール状のものを蹴るという催事は、宗教行事あるいは遊びとして世界中で行われていました。そして、2000 年前には中国でサッカーのような競技が行われていたといわれています。起源としては、中世にイギリスで行われていたフットボール祭が挙げられることが多いようです。

　現在の形のサッカーの発祥は、1863 年、ロンドンとその近郊にあるフットボールクラブの代表者が集まり、共通したルールを決めるとともに、サッカー協会（The Football Association）が設立された時とされています。

　視覚障がい者によるサッカーは、1980 年代の初めに開発され、その後ヨーロッパや南米を中心に広まりました。

パラリンピックでの歴史

　パラリンピックでは、第 12 回アテネ大会（2004 年）に正式競技として採用されました。

　なお、2020 年東京大会では正式競技から外されることが発表されている脳性まひの選手のための 7 人制サッカーは、ニューヨーク・アイレスベリー大会（1984 年）から正式競技となっていました。

アテネ大会の様子

5 人制サッカー

競技の ルール

- 5人制サッカーはフットサルと同じサイズのコートで行います。
- 両サイドに高さ1mのフェンスが設置されているのが特徴です。
- 2017年国際公式試合より、ゴールエリア、ゴールの大きさや、第2PKとなる反則数など一部のルールが変更になっています。

コート

フットサルと同じサイズのコートですが、両サイドに高さ1mのフェンスが設置されているのが特徴です。2017年国際公式試合より、ゴールエリアやゴールの大きさが変更となっています。

ガイドエリア

サイドフェンス
サイドライン上に設けられ、ボールが外に出るのを防ぐ。

GKエリア

2m
2m
5.82m

センターサークル
半径5m

第2ペナルティースポット
ゴールラインから8m

ハーフウェーライン

40m

ペナルティースポット
ゴールラインから6m

ペナルティーエリア

1m

2.14m

3.66m

ルール

フットサルとよく似ています。2017 年国際公式試合より、一部の
ルールに変更がなされています。

チームの構成

4 人の全盲のフィールドプレーヤーと 1 人の晴眼または弱視のゴー
ルキーパーの、1 チーム 5 人の競技者が基本です。

	障がいの程度	役割・ポジションなど
フィールドプレーヤー	全盲（B1 クラス）	フィールドに立つのは 4 人。視力を平等にするためにアイマスクをつけます。
ゴールキーパー	晴眼者または弱視者	ゴールを守ることはもちろん、自分のチームの選手に声でガイドし、守備の指示を出します。
監督（コーチ）	おもに晴眼者	チーム全体を指揮します。サイドフェンスの外側、中盤辺りの位置から指示を出します。
ガイド（コーラー）	おもに晴眼者	チームに 1 人。相手ゴール裏に立って、「5 m、45 度」などとゴールまでの距離や角度などをプレーヤーに伝えます。

フィールドプレーヤー

ガイド（コーラー）

監督（コーチ）

ゴールキーパー

・晴眼とは、視覚障がいのないことをいう。

・B1 クラスについてくわしくは『クラス分け』p306 を参照。

・控え選手などを含めたチーム全体は、フィールドプレーヤー 8 人、ゴールキーパー 2 人、ガイド 1 人、コーチ 1 人、アシスタントコーチ 1 人、医師 1 人、理学療法士 1 人の最大 15 人で構成される。

5 人制サッカー

ガイドできる範囲

　ゴールキーパー、監督（コーチ）、ガイド（コーラー）はそれぞれフィールドプレーヤーをガイドする役割も持っていますが、それぞれガイドすることのできる範囲が決められています。

ポジション	ガイドできる範囲
ゴールキーパー	守備エリア（ピンク）
監督（コーチ）	中盤エリア（黄色）
ガイド（コーラー）	攻撃エリア（ガイドエリア　青色）

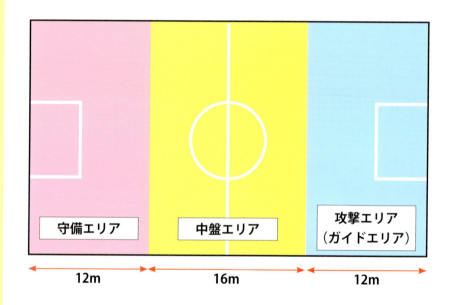

守備エリア	中盤エリア	攻撃エリア（ガイドエリア）
12m	16m	12m

2017年ルール変更①
これまで試合時間は前後半それぞれ25分間だったが、2017年国際公式試合より、それぞれ20分間へと変更がなされた。

・なお、チームは、試合中、前・後半各1回、1分間のタイムアウトを要求することができる。

競技時間

　前・後半それぞれ20分間で行われます。前半と後半の間に10分以内のハーフタイム（休憩）があります。

前 半 20分	ハーフ タイム	後 半 20分

試合の始め方

　コインをトスし、勝ったチームが試合の前半に攻めるゴールを決めます。そして、コイントスに負けた他方のチームが 試合開始のキックオフを行います。

　キックオフは主審が合図をします。キックオフをするチームの相手競技者は、ボールがインプレーになるまで5m以上ボールから離れなければなりません。

用語 🖌

キックオフ
試合開始のプレー。相手陣内にボールを蹴り出して試合をスタートさせる。

・なお、試合の後半開始のキックオフは、トスに勝ったチームが行う。

基本的なルール

●かけ声

　5人制サッカーでは、ディフェンスをする際、相手のボールを取りに行く時に、「ボイ！」と声をかけなければなりません。これは無駄な接触プレーを防ぐためです。

・「ボイ！(Voy)」とは、スペイン語で「行くぞ」という意味である。
・「ボイ！」と声をかけなかった場合、「ノー・スピーキング」という反則となる。

5
人
制
サ
ッ
カ
ー

・「直接 FK」「間接 FK」
については、p304 参照。

●主な反則

　5 人制サッカーの反則には、相手チームに「直接フリーキック（直接 FK）」が与えられる反則と、相手チームに「間接フリーキック（間接 FK）」が与えられる反則の 2 種類があります。

直接 FK が与えられる反則

　「ボイ」、「ゴー」、もしくはそれに類する言葉を明確に、聞き取れるようにいわない場合。

・ただし、ゴールキーパーが自分のゴールキーパーエリア内にあるボールを扱う場合には、ボールを手または腕で扱うことも認められる。

　ボールを意図的に手または腕で扱った場合。

用語

チャージ
相手選手に対する危険な、あるいは乱暴な行為。唯一正当なチャージとして認められているのは、肩同士をぶつけ合うショルダーチャージのみである。

　相手競技者にチャージした場合。

間接 FK が与えられる反則

ゴールキーパーが、ハーフウェーラインを越えておらず、一度も相手チームに触れていないチームメイトのバックパスに触れた場合。

相手チームの競技者の方向感覚を失わせる、または惑わすような言葉や音を発した場合。

間接 FK が与えられる反則として、他に「味方チームの競技者がキックインしたボールに直接手で触れる、もしくは、コントロールした場合」や「競技者がプレー中、またはボールにプレーしようとしている時、相手チームの競技者より有利になるようフェンスを両手でつかんだ場合」などがあります。

反則があった場合

反則があったと審判が判断した場合、反則の種類によって、直接FK ないし間接 FK が相手チームに与えられます。

用語

ペナルティーキック
略して PK。キッカーとゴールキーパーが１対１の勝負で行うフリーキック（FK）の１種。くわしくは p305 参照。

・なお、ゴールキーパーエリア内で与えられた間接 FK は、反則の起きたところに最も近い、ゴールキーパーエリアの 2m の仮想ラインとペナルティーエリアラインの交点から行われる。

	原則	PA 内の場合
直接FK	ボールが相手ゴールに直接入った場合、得点となる FK です。原則として、反則の起きた場所から行います。	競技者が自分のペナルティーエリア（PA）内で反則を犯した場合には、ボールの位置に関係なく、**ペナルティーキック（PK）** が相手チームに与えられます。
間接FK	ゴールに入る前に他の競技者がボールに触れた場合のみ得点となる FK です。原則として反則の起きた場所から行います。	ペナルティーエリア内かつゴールキーパーエリアの外で与えられた間接 FK は、違反の起きたところに最も近いペナルティーエリアライン上の地点から行います。

PK となる場合

5 人制サッカー における PK には、一般のサッカーと異なり、「PK」と「第 2PK」の 2 種類があります。「第 2PK」は 5 人制サッカー特有の PK です。

	内　容
P K	競技者が自分のペナルティーエリア内で反則を犯した場合に与えられる PK です。 ゴールから 6 mの位置にボールを置き、ゴールキーパーと 1 対 1 でキックを行います。 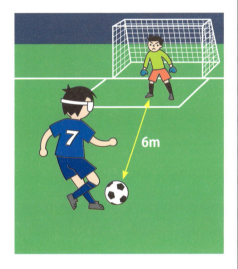 6m
第 2 P K	チーム全体での累積反則数が、前半・後半それぞれで 6 つを超えた場合に、7 つ目から反則をするたびに相手チームに与えられる PK です。 第 2PK は、通常の PK よりも遠い 8 mの位置にある「第 2 ペナルティースポット」からキックを行います。  8m

2017 年ルール変更②
これまで第 2PK が与えられる累積反則数は「3 つを超えた場合」であったが、2017 年国際公式試合より、「6 つを超えた場合」に変更された。

・5人制サッカーでは、パラリンピックなどの国際大会にフィールドプレーヤーとして出場できるのは、B1クラスの全盲の選手と決められています。

5人制サッカーでは、パラリンピックなどの国際大会にフィールドプレーヤーとして出場できるのは、下の表のB1クラスの全盲の選手と決められています。

クラス	対象選手
B1	全盲（視力なし）からほぼ全盲。光を全く感じないか、光を感じても手の影を認識できないクラス。
B2	弱視。手の影が認識でき、矯正後の視力が0.03未満、または視野が5度未満のクラス。
B3	弱視。矯正後の視力が0.03〜0.1、または視野が5度〜20度までのクラス。

注目 *B2・B3クラスのための「ロービジョンフットサル」*

視覚障がい者5人制サッカーに出場できるのはB1クラスの選手ですが、B2・B3クラスの選手がプレーするサッカーとして、「ロービジョンフットサル」があります。

5人制サッカーとロービジョンフットサルの違い

	5人制サッカー	ロービジョンフットサル
選手のクラス	B1	B2・B3
アイマスク	着用しなければならない	着用しない
ボール	鈴の音の鳴るボール	濃い色のボール
ガイド（コーラー）	あり	なし
サイドフェンス	あり	なし
試合時間	ともに前・後半それぞれ20分	

ロービジョンフットサルでは、鈴が入ったボールこそ使用しませんが、弱視の選手でもボールを識別しやすいよう濃い色のボールを使います。

・5人制サッカーでは、視力を公平にするため、フィールドプレーヤーは、アイパッチを貼った上にアイマスクを着用します。

・ボールには、選手が位置を把握できるように、鈴が入っており、転がると「シャカシャカ」と音が出ます。

アイマスクとアイパッチ

視覚障がいとはいっても障がいの程度には幅があります。この差による有利不利をなくすために、フィールドプレーヤーの4人は全員、「アイマスク」を着用する必要があります。

さらにアイマスクの下には、両目にアイパッチを貼り、徹底して視覚をふさぎます。

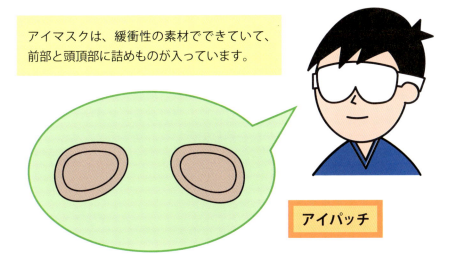

アイマスクは、緩衝性の素材でできていて、前部と頭頂部に詰めものが入っています。

アイパッチ

アイパッチのつけ方

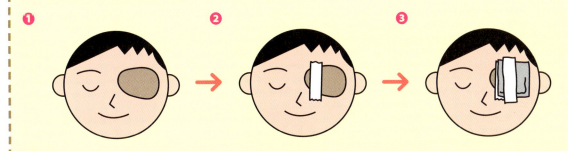

❶　❷　❸

アイパッチは、ウォームアップ前、各ハーフの開始時、タイムアウト後、交代の前に、それぞれ主審・第2審判・第3審判によって点検されます。主審・第2審判は試合中いつでも点検することができ、必要な場合には主審・第2審判のみが判断を下すことができます。

5人制サッカー

▦ ボール

視覚障がいのある選手がボールの位置を把握できるように、ボールには鈴が入っており、転がると「シャカシャカ」と音が出ます。

選手はこの音からボールの位置だけではなく、転がり方やスピードを把握します。

使用されるボールは、皮革などでできており、外周は、60cm 以上 62cm 以下、重さは、510g 以上 540g 以下と定められています。
中には音が出るように鈴が入っています。

選手はボールが脚に触れる感覚を頼りに、正確に足元でボールをコントロールし、果敢にドリブルをしかけます。特にドリブルは、相手選手の息遣いや味方選手からの声かけを頼りに行われ、相手ディフェンスの隙間を縫うように進む華麗なドリブルも見られます。

注目　観戦はお静かに！　観客のマナーが大切

選手たちにとって、ボールの音や、ゴールキーパーやコーラーの声といった音が大切な情報です。そのため、観客の歓声や物音が選手たちのプレーに大きな影響を与えないよう、プレー中は観客も静かに見ることが求められます。そのかわり、ゴールが決まった瞬間は大歓声で応援します。選手はその声で、自分の得点がわかるのです。

世界で活躍！ トップ・アスリートたち

パラ4連覇ブラジルのエースストライカー
リカルド・アウベス

　『ブラインドサッカー界のメッシ』と呼ばれるブラジル代表チームのキャプテン兼エースストライカー。ブラジルのパラリンピック4連覇の立役者です。

　6歳の時に網膜の病気で視力を失います。それでもスピード感あふれる変幻自在のドリブルを武器に17歳で代表デビューすると、第13回北京パラリンピック（2008年）で自身初の金メダルを獲得、以降パラリンピックで3大会連続金メダルをとります。のみならず世界選手権でも2010年、2014年と優勝。あらゆるタイトルを総なめにしている、まさにエースです。

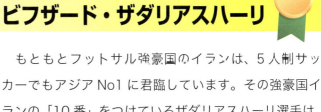

アジアのスター、強豪国イランの「10番」
ビフザード・ザダリアスハーリ

　もともとフットサル強豪国のイランは、5人制サッカーでもアジアNo1に君臨しています。その強豪国イランの「10番」をつけているザダリアスハーリ選手は、2016年リオ・パラリンピックで躍動し、話題に。グループAのモロッコ戦で見せたサイドから内側へのカットインから、そのままフィールドプレーヤー4人全員をドリブルで抜いての強烈なシュートは、「まるでメッシの様だ」と言われました。決勝戦で惜しくもブラジルに敗れはしましたが、2020年東京パラリンピックでもアジアの底力を見せてくれることが期待されています。

5人制サッカー

注目の日本人選手たち

2020年世代のエースストライカー
川村　怜

　5歳の時に発症したぶどう膜炎で視力が衰え始め、大学入学の頃までは弱視でしたが、2013年に全盲の診断を受けます。ブラインドサッカーに出合ったのは大学時代。初めて見た試合でまるで見えているようなプレーの数々に衝撃を受け、競技を始めます。

　2013年、日本代表初戦のブラジルとの親善試合で代表初ゴール。2014年日本選手権ではMVPに選ばれます。

　2020年東京パラリンピックでは自国開催として初出場となる日本のエースストライカーです。

© JBFA

日本の背番号「10番」
落合啓士

　10歳の時、徐々に視力が落ちる網膜色素変性症を発症し、18歳で視覚障がい者になります。その後25歳でブラインドサッカーに出合い、着実に力をつけると日本代表に選出。2014年の世界選手権、2015年のアジア選手権では日本代表キャプテンとして出場します。

　2020年東京パラリンピックに向けて「ポゼッションサッカー」強化に本腰を入れる日本代表にとって欠かせない存在。ドリブルテクニック、パスの精度、シュートの巧さはいずれも日本最高レベルです。

© JBFA

世界記録

　5人制サッカーがパラリンピックの正式競技となったアテネ大会以降、4大会連続金メダルを獲得している「絶対王者ブラジル」。そのほかにもアルゼンチンなど南米が強豪国です。アテネ大会以降の上位3か国は以下のとおりです。

大会	金	銀	銅
アテネ（2004年）	ブラジル	アルゼンチン	スペイン
北京（2008年）	ブラジル	中国	アルゼンチン
ロンドン（2012年）	ブラジル	フランス	スペイン
リオ（2016年）	ブラジル	イラン	アルゼンチン

注目　サイドフェンスの使い方が鍵を握る！

　プレーヤーは目が見えないためラインを自分で判断することができません。そのため、ピッチの両サイド、通常サイドラインがある場所には1mほどの壁（サイドフェンス）が設置されています。

　この壁はボールが外に出ることを防ぐ役割も、また選手が安全にプレーする役割も持っていますが、さらに攻撃で相手ゴール前にボールを運ぶ際にはこの壁をいかに有利に利用するかがポイントとなってくることもあります。ボールを運ばれる守備側もそれを理解しているので壁際に陣取って守備をします。その結果、壁際では激しいボディコンタクトが行われ、その度に「ドン！」という激しい音が響き渡ることになります。

5人制サッカー

パラバドミントン

パラバドミントンとは？

・パラバドミントンとは、からだに障がいを持った選手のためのバドミントンです。

・障がいの程度に応じて４つのカテゴリー（立位上肢・立位下肢・車いす・低身長）に分かれており、さらに、障がいの度合いによって６つのクラスに分けて、シングルス（男子・女子）、ダブルス（男子・女子）、混合ダブルスを行います。

・パラリンピックでは、第16回東京大会（2020年）から正式競技として採用されることになっており、注目が高まっています。

パラリンピックに参加できる障がいの種類

肢体不自由	立位	●
	車いす	●
	脳性まひ	
視覚障がい		
知的障がい		

競技の歴史

・バドミントンは、イギリスに古くから伝わる「バトルドー・アンド・シャトルコック」という羽根突き遊びが起源です。
・パラリンピックでは第 16 回東京大会（2020 年）で正式競技として採用されることになっており、注目が高まっています。

はじまり

　バドミントン競技のルーツは、イギリスに古くから伝わる「バトルドー・アンド・シャトルコック」と呼ばれる羽根突き遊びです。この遊びはもともと競技性が低く、せいぜい打ち続ける回数を競う程度のものでした。

　しかし、19 世紀中頃、イギリスのボーフォート公爵家のバドミントンハウスと呼ばれる邸宅の大広間で盛んに行われていたとき、この遊びをおもしろくするために色々なルールが考えられました。2 人の間にネットを張るという発想もこのときに生まれました。

　この新しいゲームはその名も「バドミントン」と呼ばれるようになり、その後色々な人々によって改良を加えられました。

　そして、1893 年にイギリスで協会が設立されたのをきっかけに近代スポーツの仲間入りをしました。

パラリンピックでの歴史

　パラリンピックでは、第 16 回東京大会（2020 年）から正式競技として採用されます。

　パラリンピック以外の国際大会としては、1998 年より奇数年に開催されているパラバドミントン世界選手権、偶数年に開催されている大陸選手権のほか、アジアパラ競技大会や ASEAN パラ競技大会においても、競技として採用されています。

　なお、オリンピックにおいては、第 20 回ミュンヘン大会（1972 年）と第 24 回ソウル大会（1988 年）で公開競技として採用、第 25 回バルセロナ大会（1992 年）から正式競技とされています。

・基本的に一般のバドミントンと同じサイズのコートで、ネットの高さも同じですが、コートの半分のみを使用する部門があります。

コート

基本的に一般のバドミントンと同じサイズのコートで、ネットの高さも変わりありません。ただし、車いすのシングルスと、下肢障がいのシングルスはコートの半分を使います。すべてのラインの幅は4cmです。

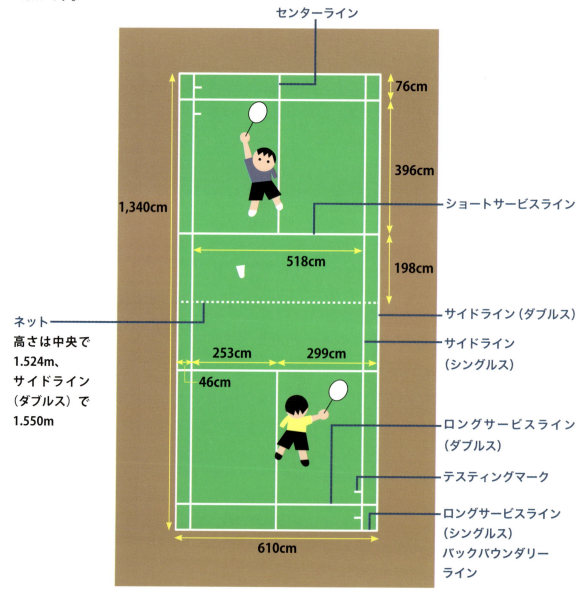

センターライン

76cm

396cm

ショートサービスライン

1,340cm

518cm

198cm

サイドライン（ダブルス）

ネット
高さは中央で
1.524m、
サイドライン
（ダブルス）で
1.550m

サイドライン
（シングルス）

253cm　299cm

46cm

ロングサービスライン
（ダブルス）

テスティングマーク

ロングサービスライン
（シングルス）
バックバウンダリー
ライン

610cm

種　目

シングルス（男子・女子）、ダブルス（男子・女子）、混合ダブルス
があります。

ルール

ルールはおおむね、オリンピックのバドミントンと同じですが、パ
ラバドミントンならではの特別なルールもあります。

勝敗の決め方

1ゲーム21点マッチ方式で3ゲーム行い、2ゲーム先取すると勝
利となります。

試合の始め方

コインをトスし、勝ったチームが「サーブかレシーブか」「エンド」
のいずれか好きな方を選びます。コイントスに負けた他方のチームは
残りを選びます。

コイントスに勝ったチーム

サーブする方を選びます！

コイントスに負けたチーム

それでは、私たちは右側の
エンドを選びます！

・パラバドミントンは、
2020年の東京パラリ
ンピック大会で初めて、
正式競技となるため、
具体的なルールやクラ
ス分けなどは未定であ
る。したがって、ここ
では、現在行われてい
る一般的な国際ルール
などに沿って説明する。

・スコアが20点オール
になった場合は、その
後最初に2点リードした
側がそのゲームの勝者
となる。

・スコアが29点オール
になった場合には、30
点目を得点した側がそ
のゲームの勝者となる。

エンド

コートのこと。どちら
側の面でプレーするか
を選ぶことを「エンド
選択」、プレーする面
を交替することを「エ
ンドチェンジ」などと
いう。

・国際大会ではコイン
を投げて裏表で決定（コ
イントス）することが
ほとんどだが、日本国
内の試合ではじゃんけ
んをする場合もある。

フォルト
サービスが正しくない場合や、インプレ—のシャトルがコートの境界線の外に落ちたり、ネットを越えなかったりすることをいう。

・車いすと下肢障がいのクラスでは特有のルールがあるので注意。くわしくは p318参照。

得　点

ラリーに勝った側が得点することができます。すなわち、相手チームがフォルトしたり、シャトルが相手のコート内に落ちてインプレーできなくなったりした場合です。

サービスコート

●シングルス

プレーヤーは、サーバー（サービスをする人）のスコアが０か偶数のとき、右サービスコートでサーブをし、レシーブをします。奇数のときは、左サービスコートでサーブし、レシーブをします。

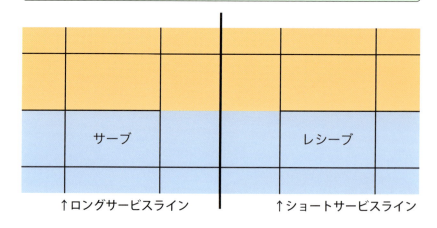

例えばスコアが「12（サーバー）対7」の場合（偶数の場合）

↑ロングサービスライン　　　　↑ショートサービスライン

例えばスコアが「15（サーバー）対6」の場合（奇数の場合）

●ダブルス

サービングサイド（サービスをする側）のスコアが0か偶数のとき、サービングサイドのプレーヤーは、右サービスコートからサービスをします。奇数のときは、左サービスコートからサービスをします。そして、サーバーと斜めに向きあっているレシービングサイドのプレーヤーがレシーバーとなります。

例えばスコアが「12（サーバー）対7」の場合（偶数の場合）

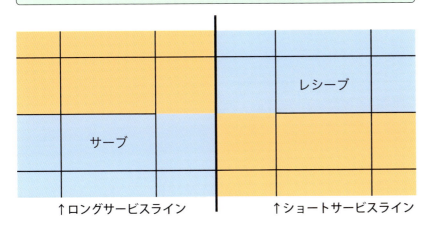

↑ロングサービスライン　　　　　　↑ショートサービスライン

例えばスコアが「15（サーバー）対6」の場合（奇数の場合）

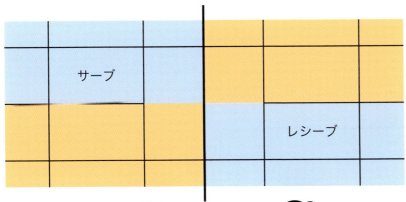

・なお、審判には、ネット横に設置された高いいすに座って全判定を決めるチェアアンパイア（主審）と、シャトルがライン内に入ったかを判定するラインアンパイア（線審）がいる。

特別ルール

　車いすクラス（WH1・WH2）と一部の立位下肢障がいクラス（SL3）のシングルスはコートの横幅が半分になり、ほぼ半面で戦います。車いすクラスではさらにネット〜ショートサービスラインの間もプレーエリア外となります。

●シングルス

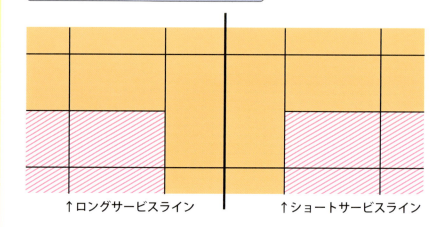

車いすクラス（WH1・WH2）

↑ロングサービスライン　　　　↑ショートサービスライン

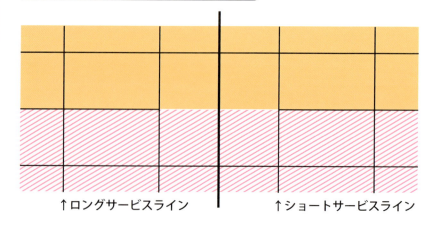

一部の立位下肢障がいクラス（SL3）

↑ロングサービスライン　　　　↑ショートサービスライン

・車いすのカテゴリーでは、シャトルを打つ瞬間に胴体の一部が車いすと接していなければならない。

・なお、ゲーム中、どちらかが11点を先取した時と、ゲームとゲームの間に休憩が設けられる。コートチェンジは、第1ゲームと第2ゲームの終了後と、第3ゲームでどちらかが11点を先取した時に行う。

　なお、サーブのときは、ショートサービスライン〜ロングサービスライン内に入らなければアウトとなります。

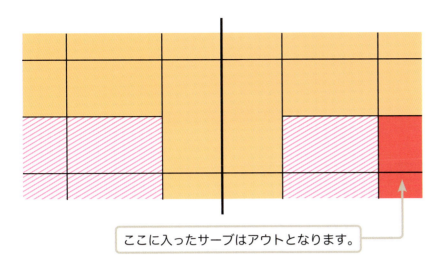

ここに入ったサーブはアウトとなります。

●ダブルス

ダブルスの場合も、車いすクラス（WH1・WH2）ではネット～ショートサービスラインの間はプレーエリア外となります。

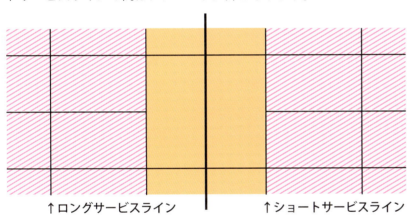

↑ロングサービスライン　　　　↑ショートサービスライン

さらに、サーブのときは、ショートサービスライン～ロングサービスライン内に入らなければアウトとなります。

ここに入ったサーブはアウトとなります。

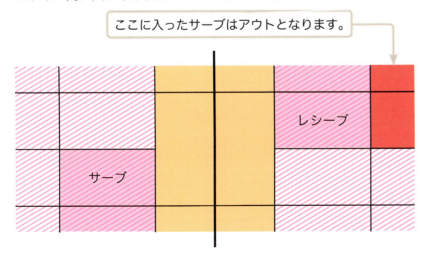

レシーブ

サーブ

- クラス分けは4つのカテゴリー、6つのクラスに分けられます。
- 立位下肢障がいクラス（SL3・SL4）では試合中、義足や松葉杖の使用ができますが、立位上肢障がいクラス（SU5）では、義手の使用は認められていません。

　パラバドミントンの国際大会では、「車いす」「立位下肢障がい」「立位上肢障がい」「低身長」の4つのカテゴリーに分かれています。それがさらに障がいの重さによって全部で6つのクラスに分けられます。数字が小さい方が障がいの重いクラスになります。

カテゴリー	クラス	障がいの内容
車いす	WH1	両方の下肢と体幹に機能障がいのある場合
	WH2	片方または両方の下肢に機能障がいがある場合で体幹に機能障がいはないか、もしくは軽微なとき
立位下肢障がい	SL3	片方または両方の下肢に機能障がいがある場合。歩行・走行時のバランス障がいがある場合
	SL4	SL3より機能障害が軽微なもの
立位上肢障がい	SU5	上肢に機能障がいがある場合
低身長	SS6	小人症と称される、遺伝子状態に起因して低身長をきたす場合

注目　11点5ゲーム制へ?!　変更可能性あり

　パラバドミントンも一般のバドミントンも、現在は21点3ゲーム制を採用していますが、試合時間短縮などを目的として、11点5ゲーム制への得点方式の変更が検討されています。

　世界バドミントン連盟（BWF）によれば、2016年のリオデジャネイロオリンピック・パラリンピック以降、当面は21点3ゲーム制を維持するとのことですが、2020年東京大会ではどうなるか、注目する必要があります。

競技用具

- ラケットやシャトルは、一般のバドミントンと同じものが使われます。
- シャトルには天然の羽根を使ったものと合成素材の羽根のものがあり、重さや寸法などが決められています。

ラケット

ラケットは、一般のバドミントンと同じものが使われます。全長や幅、一部の形状は細かく決められていますが、その他素材や重さ、色などについては特に規定がありません。

したがって、メーカーや選手の自由にゆだねられている部分も多くあります。

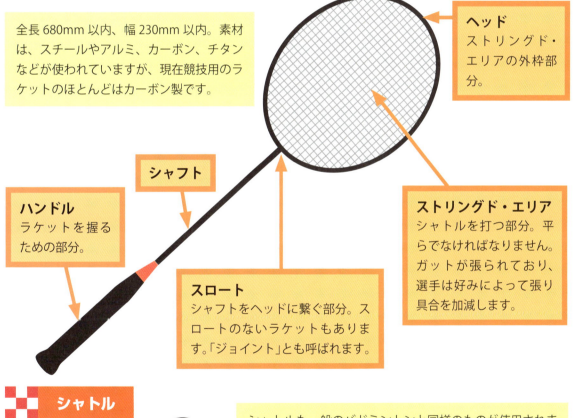

全長 680mm 以内、幅 230mm 以内。素材は、スチールやアルミ、カーボン、チタンなどが使われていますが、現在競技用のラケットのほとんどはカーボン製です。

ヘッド
ストリングド・エリアの外枠部分。

シャフト

ハンドル
ラケットを握るための部分。

スロート
シャフトをヘッドに繋ぐ部分。スロートのないラケットもあります。「ジョイント」とも呼ばれます。

ストリングド・エリア
シャトルを打つ部分。平らでなければなりません。ガットが張られており、選手は好みによって張り具合を加減します。

シャトル

シャトルも一般のバドミントンと同様のものが使用されます。シャトルは天然（水鳥の羽根）と合成素材の両者を組み合わせるか、いずれか一方から作られます。天然の羽根をつけたシャトルは、16枚の羽根を台に取り付けます。重さは 4.74 ～ 5.50g。天然の羽根でない場合は、天然の羽根の代わりにスカート部分が合成素材でできています。重さは同様ですが、10%の誤差が認められています。

シャトルは気温や湿度によって飛び方が大きく変わり、また、大会によって使用するシャトルも異なります。そのため、試合前に行うアップ、試打が非常に重要となります。いかにその試合会場でのシャトルの飛び方の感覚をつかみ、試合に臨めるかが試合の行方を左右するといっても過言ではありません。

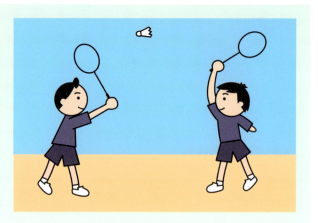

競技用車いす

　車いすのカテゴリーの選手は、バドミントン専用の競技用車いすを使用します。

　パラバドミントンでは接触プレーがないため、車いすバスケットボール用の車いすのようなバンパーはついていません。

　シャトルのスピードについていけるよう、女性でも簡単に持ち上げられるほど軽量化されています。

背もたれ
後ろに飛んだシャトルを拾う時などに身体の動きを最大限に発揮できるよう低くつくられています。

車輪
こぎやすく、かつ転倒しづらいように、ハの字型に取り付けられています。角度は 14°〜 20°にするのが一般的です。

ベルト
身体と車いすを固定するためのもの。腰・太もも・足の甲にある最大 3 つのベルトでしっかりと固定します。

リアキャスター
後方につけられた小さな車輪。ラケットを上から振りかぶって打つときなど、体重を後ろにかけた時の転倒を防ぐ目的でつけられています。通常は 1 〜 2cm 程度地面から浮いています。

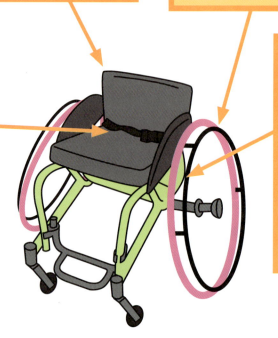

注目の日本人選手たち

初代女王を目指す日本のエース
鈴木亜弥子

生まれつき右腕が肩より上がらない障がいがありましたが、小学3年でバドミントンを始め、中・高・大学までバドミントン部に所属。インターハイに出場するなど健常者の大会で結果を残してきました。大学3年で初めて障がい者の大会に出場すると、2009年世界選手権と2010年アジアパラ競技大会で金メダルを獲得。その後、一度は現役を引退しましたが、東京パラリンピックを目指して復帰。復帰後は日本選手権優勝。アイルランドやインドネシアでの国際大会でも連続優勝を果たすなど、金メダルの最有力候補です。

2020年世代の期待の若手
豊田まみ子

先天的に左ひじから先がなく誕生しますが、実母の影響で小学1年次からバドミントン競技を始めます。高校ではバドミントン強豪校に進学し、大学在学中には、一般社会人チームに所属して活動していた2013年、ドイツのドルトムントで開催されたパラバドミントン世界選手権で優勝します。2015年のパラバドミントン世界選手権では惜しくも準優勝となりますが、その実力を発揮しました。

2020年東京パラリンピックでは、上肢障がい（SU5）クラスで、メダルが期待されている選手です。

パラテコンドー

パラテコンドーとは？

・パラテコンドーとは、上肢障がい者（ないし知的障がい者）を対象としたテコンドーです。

・テコンドーとは、「蹴る」ことに特化した韓国の国技で、「足のボクシング」とも例えられる競技です。

・競技は、キョルギ（組手）とプムセ（型）の2種類からなりますが、パラリンピック種目のキョルギはかかと落としや回し蹴りなどの足技で戦います。

・オリンピックでは2000年のシドニー大会で正式競技となりました。

・パラリンピックでは、第16回東京大会（2020年）から正式競技として採用が決定しています。

パラリンピックに参加できる障がいの種類

肢体不自由	立位	●
	車いす	
	脳性まひ	
視覚障がい		
知的障がい		

・テコンドーは、朝鮮半島の古武術や中国武術、日本の空手を基礎として確立された競技です。
・パラリンピックでは第 16 回東京大会（2020 年）で正式競技として採用されることになっています。

はじまり

テコンドーは、創始者である崔 泓熙（チェ・ホンヒ）氏が、朝鮮半島の古武術（テッキョンやスバック）や中国武術、そして崔氏が日本留学中に学んだ松涛館空手を基礎とし研究を重ね、独自の技術体系を確立。1955 年にテコンドーと命名しました。

漢字では『跆拳道』と表記し、「跆」は " 踏む・蹴る・跳ぶ " を、「拳」は " 拳で突く " こと、「道」は " 正しき道を歩む精神 " を意味します。

テコンドーの原形は、古くは高句麗時代の遺跡にある壁画に、その姿を見ることができるともいわれています。

また、近代スポーツとしてのテコンドーは、世界テコンドー連盟（WTF）が創設された 1973 年に始まりました。

パラリンピックでの歴史

パラリンピックでは、第 16 回東京大会（2020 年）から正式競技として採用されます。

世界テコンドー連盟（WTF）は、パラスポーツとしてのキョルギ（組手）を 2005 年から、プムセ（型）を 2013 年から始めました。2009 年には第 1 回パラテコンドー世界選手権がアゼルバイジャンのバクで開催され、2014 年にロシアのモスクワで行われた第 5 回大会には 37 の国から 120 人の選手が参加するなど、パラテコンドーは発展を続けています。

なお、オリンピックにおいては、第 24 回ソウル大会（1988 年）と第 25 回バルセロナ大会（1992 年）で公開競技として採用され、第 27 回シドニー大会（2000 年）から正式競技とされています。

競技の ルール

- 基本的に一般のテコンドーと同じサイズの競技コートで行います。キョルギの競技コートは競技エリアと安全エリアで構成され、それぞれ異なる色のマットが敷かれています。
- 頭部への攻撃は禁止され、パンチは得点にはなりません。

競技コート（キョルギ〔組手〕）

　基本的に一般のテコンドーと同じサイズの競技コートで行います。競技コートは競技エリアと安全エリアで構成されます。競技エリアと安全エリアのマットは異なる色で設置され、その縁の線を境界線とし、選手の両足が境界線を越えるとキョンゴ（警告）が宣告されます。

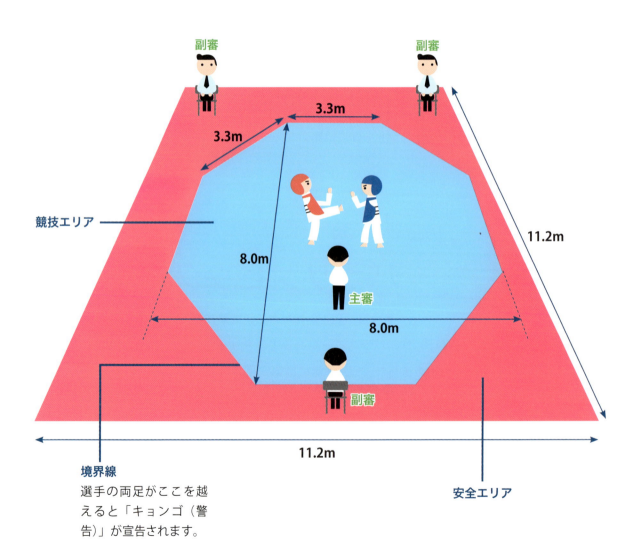

境界線
選手の両足がここを越えると「キョンゴ（警告）」が宣告されます。

種　目

　パラテコンドーはキョルギ（組手）とプムセ（型）の２種類から
なりますが、パラリンピック種目はキョルギのみです。

試合の進め方

　キョルギは、テコンドーの代表的なスパーリング種目です。空手と
キックボクシングをミックスしたようなスポーツ性の高いフルコンタ
クト制の格闘技で、特に足技を重視します。

　試合では道着の上に危険防止のため胴プロテクターやヘッドギアな
どのプロテクターを装着します。試合時間内に獲得したポイント数に
よって勝敗を決めます。

　パラテコンドーでは男女とも体重別の３階級に分かれています。

男子		女子	
－ 61kg 級	61kg 未満	－ 49kg 級	49kg 未満
－ 75kg 級	61 〜 75kg 未満	－ 58kg 級	49 〜 58kg 未満
＋ 75kg 級	75kg 以上	＋ 58kg 級	58kg 以上

・キョルギは、漢字表記
すると「競技」、英語で
表記すると「Gyeorugi」
である。

用語

フルコンタクト

英語では Full contact
と表記する。フルコン
タクトは、もとは空手
のスタイルの１つで、
体に直接蹴りやパンチ
を与える直接打撃制
ルールを採用する組手
競技や会派・団体をい
う。これに対して、体
には直接当てずに直前
で止める組手競技や会
派・団体を「寸止め」
と呼ぶ。

・プムセは、漢字表記すると「品勢」、英語で表記すると「Poomsae」で発音はプンセに近い。

・プムセは、各級ごとに演じる型が決まっており、単純な動きから級が上がるごとに複雑な動きへと、段階を追って技術を身に付けていけるように構成されている。一般的な道場ではキョルギよりも多く練習が行われている。

プムセ（型）

プムセは、テコンドーにおける各種防御と攻撃技術の組み合わせにより構成された演武です。一定の演武線（進行線）にしたがって、四方八方に動きながら演武します。

キョルギと同じく足技の美しさを特徴とし、攻防の技を1人で練習できるように創られたテコンドーの技術体系といえます。

プムセにはそれぞれ名前があって、「太極（1–8章）」「髙麗」「金剛」「太白」「平原」「十進」「地胎」「天権」「漢水」「一如」という17の型からなります。

ルール

ルールは基本的に一般のテコンドーと同じですが、キョルギでは頭部への攻撃が認められていない、パンチは得点にならないなど、パラテコンドーならではの特別なルールもあります。

以下では、パラテコンドーのパラリンピック種目のキョルギを中心にそのルールをみていきます。

試合時間

2分×3ラウンドで行います。ラウンド間には1分間のインターバルが設けられます。

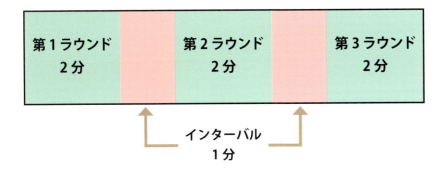

| 第1ラウンド 2分 | | 第2ラウンド 2分 | | 第3ラウンド 2分 |

インターバル 1分

勝敗の決め方

試合の勝敗は、技の種類により決められたポイントを多く獲得した選手が勝利するポイント制を採用しています。第3ラウンド終了時点で同点の場合は、2分間のゴールデンポイントラウンドに進みます。ゴールデンポイントラウンドでは、時間内に1点でも先取した選手が勝ちとなります。

また、ポイント制とは別に、攻撃し倒れた相手が10カウント以内にファイティングポーズを取れない場合（KO）や、相手のセコンドが試合を中止させた（TKO）場合も勝利となります。

・ゴールデンポイントラウンド終了時にもポイントが入らない場合は、主審のジャッジにより内容が優勢だった方に勝利が与えられる。

・このほかにも「第2ラウンド終了時点または第3ラウンド中で12点以上の差が開いた場合（PTG）」や「反則が累積5点となり相手選手が失格した場合（DSQ）」「相手選手棄権による不戦勝の場合（WDR）」なども勝利となる。

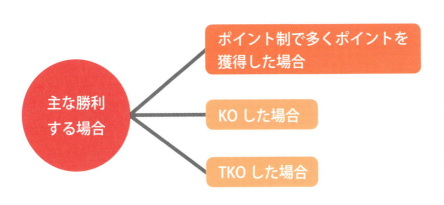

主な勝利する場合

ポイント制で多くポイントを獲得した場合

KOした場合

TKOした場合

上段・中段・下段
テコンドーや空手では
「上段」「中段」「下段」
という言い回しをする。
「上段」とは、肩より上
のことをいい、頭部や
首などは上段に入る。
「中段」とは、肩から腰
までの胴体部分。「下段」
とは、腰より下の脚の
部分をそれぞれいう。

・表を見ると分かるよ
うに、パラテコンドー
の点数は「1点」か「3
点」の2つしかないた
め、観戦していて分か
りやすいという長所が
ある。

ポイント（得点）

　パラテコンドーにおける攻撃は、胴体に装着する胴プロテクターに対してのみ可能で、それ以外（頭部、体の後面・下段）への攻撃は厳しく禁止されています。パラテコンドーにおいては、パンチは得点にならないので、胴体への蹴りが中心となります。

	オリンピック	パラリンピック
胴プロテクターへの攻撃	**1点**（パラリンピックでは蹴りのみ）	
胴プロテクターへの回転蹴り	**3点**	
頭部得点部位への蹴り技	**3点**	×
頭部得点部位への回転蹴り	**4点**	×
相手選手が2回警告または減点宣言を受けることで得られるポイント	**1点**	

代表的な技

　以下は代表的な技の種類とその得点です。

●モントン　トリョチャギ

中段（モントン）への回し蹴り（トリョチャギ）。得点の6～7割がこの蹴り技です。1点が与えられます。

・二重蹴りはヤンバルチャギという。2回とも当たると2点となる。

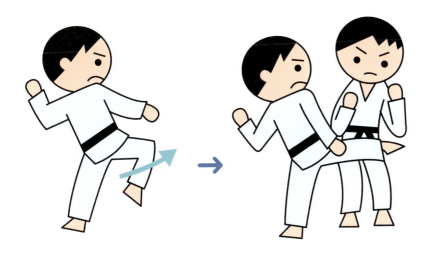

●ヨプ　チャギ

足刀蹴り。1点が与えられます。

・足刀による蹴りはテコンドーの元となった空手独特のもので、他の打撃系格闘技ではあまりみられない。足刀は足首から先の足の裏の外側の部分を刀に見立てた技。主に横蹴りとして、蹴り上げ、蹴り込みに使われる。

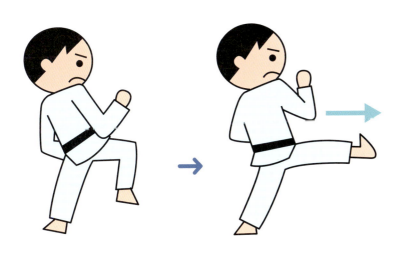

●ティ　チャギ

後ろ蹴り。振り向きながら直線的に蹴ります。3点が与えられます。

パラテコンドー

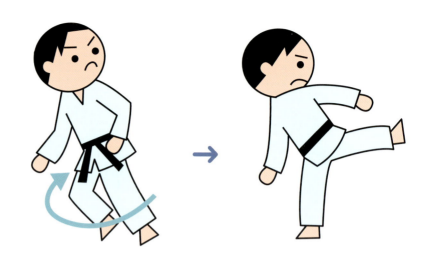

・パラテコンドーでは
頭部への攻撃は禁止さ
れているが、オリンピッ
クなどで上段（オルグ
ル）へのターンチャギ
が決まると4点が与え
られる。

● **ターン　チャギ**

180度回転した後に蹴る技。中段（モントン）に当てれば3点が
与えられます。

主な反則

パラテコンドーの反則には、「キョンゴ（警告）となるもの」と「カ
ムチョン（減点）となるもの」に分類されます。反則は主審が宣言し
ます。

キョンゴ（警告）となる反則

境界線を両足が越え場外に出る場合。

背中を見せて、戦わない場合。

相手を抱きかかえる（クリンチで押さえる）場合。

カムチョン（減点）となる反則

相手をつかんで投げる、または突き飛ばす場合。

・キョンゴとなる反則としては、このほか「相手をつかむ」「痛みを誇張し偽る」「膝や頭突きでの攻撃」「陰部への攻撃」などがある。

用語

クリンチ
格闘技の立ち技状態において、相手の体に抱きついたり体の一部をつかんで相手の動きや攻撃を止める技術をいう。

止め（カルリョ）がかかってからの攻撃や倒れた相手への攻撃の場合。

・カムチョンとなる反則としては、このほか「選手またはコーチによる不品行な言動や競技の進行を妨害した場合」などがあり、さらに主審が注意して1分間従わなかった場合、負けを宣告することができる。

手により相手の顔面を故意に攻撃する（ダメージが大きい）場合。

注目 強豪・ヨーロッパ勢に勝つためには⁈

パラテコンドーは、障がい者スポーツにおいて、自身の身体能力だけで闘うフルコンタクトの数少ない競技です。そのため、身一つで果敢に攻め込んでいくところがこの競技ならではの面白さとなっています。

現在はロシアやアゼルバイジャン、トルコといった東欧勢を始めとしたヨーロッパ勢が足の長さを生かして強豪国となっていますが、戦術次第でアジア勢にも勝機があります。

反則があった場合

反則があったと主審が判断した場合、反則の種類によって、キョンゴ（警告）ないしカムチョン（減点）が与えられます。

●キョンゴ（警告）

キョンゴ（警告）2回で相手選手の加点1となります。ただし、最終奇数番目のキョンゴは総得点には加算されません。

選手が10回のキョンゴを試合中に受けたり、キョンゴとカムチョン（減点）を合わせて合計がマイナス5ポイントに達した時点で、主審はその選手を敗者として宣言します。

キョンゴの回数	点数など
1回	− 0.5点 （ただし奇数回は数えない）
2回	相手の加点1
10回 or カムチョンとキョンゴ の合計が5ポイント	失格（DSQ）

●カムチョン（減点）

カムチョン（減点）は回数にかかわらず相手の加点1となります。

選手が5回のカムチョンを試合中に受けたり、キョンゴ（警告）とカムチョンを合わせて合計がマイナス5ポイントに達した時点で、主審はその選手を敗者として宣言します。

カムチョン	点数など
回数にかかわらず	相手の加点1
5回 or カムチョンとキョンゴ の合計が5ポイント	失格（DSQ）

・キョンゴ（警告）とカムチョン（減点）は3ラウンドの総得点に随時加算されます。

・キョンゴのとき、審判は以下のような動作をする。

・カムチョンのとき、審判は以下のような動作をする。

335

- パラテコンドーのキョルギ（組手）は上肢に障がいのある選手が対象で、4つのクラスに分けられます。
- さらに男女別に分けられ、体重別にも3つの階級に分けられています。

パラテコンドーのキョルギ（組手）は上肢に障がいのある選手が対象で、原則として以下の障がいの種類や程度に応じて4つのクラスに分けられます。

クラス	区分内容
K41	両腕の欠損で、残っている腕の長さが既定の長さよりも短い
K42	片腕の欠損で、残っている腕の長さが既定の長さよりも短い 両ひじ関節から上の欠損で、残っている腕の長さが両腕とも既定の長さ以上ある
K43	両ひじ関節よりも下かつ、両手関節よりも上の両腕欠損
K44	片腕に機能障がいやまひがある 片手関節より上の欠損で、残っている腕の長さが既定の長さ以上ある

注目　胴への攻撃がカギ！　体格差を戦術でカバー

パラテコンドーでは、一般のテコンドーと異なり、頭部への攻撃が禁止されている分、胴への的確な攻撃が大切です。そのため、手を使える選手は足での攻撃に加えて、パンチでダメージを与えて隙をつくったり、相手からの攻撃を手でガードしたりします。一方、手の使えない選手は、すばやいステップワークで相手をかわしながら連続蹴りで攻め立てるなど、からだの機能に合わせた戦術をしっかりと立てて戦います。したがって、パワーや体格の差があっても十分に勝てる可能性があるのは、パラテコンドーの大きな魅力の1つです。

競技用具

- 選手は公式の道着を着用し、さらにヘッドギアと胴プロテクターを装着します。
- その他、ハンドグローブ、マウスピース、アームガード（前腕）、シンガード（脛）などを着用します。

胴プロテクター

　オリンピック・パラリンピックなどの国際大会や主要な国内大会では、電子胴プロテクターが使われており、攻撃が決まると自動でポイントが入る仕組みになっています。

　攻撃の有効性・打撃の強さ、打撃部位の適正さもその胴プロテクターによって判定されるしくみです。

　識別のために、一方が赤、もう一方が青を使用します。電子防具を使用しない試合でのポイント判定は、2名～4名の各副審が判定機の赤色または青色のボタンを押し、2名以上が同時に同じ色のボタンを押すことで認められポイントになります。副審は攻撃が入った方の選手カラー（赤または青）のボタンを押します。

ヘッドギア

ハンドグローブ

注目の日本人選手たち

家族とともに北海道から東京へ移住
伊藤　力

　中学では剣道部、高校ではテニス部に所属するスポーツマンでしたが、2015年4月、職場での事故により右ひじ上部を切断。退院後、アンプティサッカーをしていましたが、その関係者の紹介で、2016年1月よりパラテコンドーを始めます。

　3か月後の4月には「アジアパラテコンドーオープン選手権大会」に出場しますが、初戦敗退。そのことをきっかけに、本格的な指導と練習環境を求め、東京移住を決意します。現在は、週4日は都内の大学などで練習に励み、メダルを目指しています。

注目　知的障がい者のための「プムセ」にも注目！

　2020年東京大会では、キョルギ（組手）のみが正式種目として採用され、知的障がい者のための「プムセ（型）」は採用に至りませんでした。その理由の1つは競技人口、代表候補選手がまだ少ないということです。

　それでも日本国内では2016年6月に第1回全日本障がい者総合テコンドープムセ選手権大会が開催され、他種目からの転向組も増えるなど、裾野は少しずつ広がっています。

冬季競技

アルペンスキー

アルペンスキーとは？

・アルペンスキーは、雪山の急斜面をスキーで滑り降り、そのタイムを競う競技です。

・障がい者によるアルペンスキーは、第二次世界大戦後に戦争で負傷した人びとが、ドイツやオーストリアで始めたのが起源とされています。

・パラリンピックでは、1976年の第1回大会から正式競技とされ、「スラローム（回転）」「ジャイアントスラローム（大回転）」の2種目が行われました。

・その後、種目が増やされていき、現在は、「ダウンヒル（滑降）」「スーパー大回転」「スーパーコンバインド（複合）」の5つの種目が行われています。

パラリンピックに参加できる障がいの種類

肢体不自由	立位	●
	車いす	●
	脳性まひ	●
視覚障がい		●
知的障がい		

※ソチパラリンピック時点

競技の歴史

じまり

スキーの歴史は古く、その起源は紀元前 2500 年、あるいはそれ以前の神話の時代まで遡ることができます。北欧、ウラル・アルタイ地方、シベリア、中国、朝鮮半島、樺太など広い地域で、スキーについての記録が残されています。

近代スキーは 1870 年頃にノルウェーで始まりました。スキー部隊のスキー訓練の成果を競い合うことで、競技が始まったのです。また、ノルウェー王室はスキー競技の勝者に賞を与えました。

障がいのある人々によるアルペンスキーは、第二次世界大戦後に多くの戦傷者がいたドイツやオーストリアで、短いスキーに松葉杖を取り付けたりして、レースを行ったのが起源とされています。

パラリンピックでの歴史

パラリンピックでは、1976 年にスウェーデンで行われた第 1 回エーンシェルドスピーク大会から正式競技とされ、「スラローム（回転）」「ジャイアントスラローム（大回転）」の 2 種目が行われました。

その後、1984 年の第 3 回冬季パラリンピックで「ダウンヒル（滑降）」が加わります。また、公開競技として、シットスキー（座位）が実施されました。

1992 年のアルベールビル冬季パラリンピックで「スーパー大回転」が加えられます。

2006 年にはクラス分けが大幅に手直しされ、ほぼ今の形になりました。

2010 年のバンクーバー冬季パラリンピックで、「スーパーコンバインド（複合）」が加わり、5 種目が行われるようになりました。

競技の ルール

- アルペンスキーの種目は「高速系種目」「技術系種目」の2つに分けられ、それぞれ標高差や旗門の数が異なります。
- パラリンピックでは、選手のクラスに関係なく、カテゴリー別に競技を行い、計算タイムによる順位の決定が行われます。

コース

アルペンスキーは山の斜面に作られたコースを滑降します。

種目は、「高速系種目（ダウンヒル〔滑降〕、スーパーG〔スーパー大回転〕）」「技術系種目（スラローム〔回転〕、ジャイアントスラローム〔大回転〕）」の2つに分けられ、それぞれ標高差や旗門の数が異なります。

ここでは、高速系種目のダウンヒルと技術系種目のスラロームのコースを見ていきます。

高速系種目・ダウンヒル（滑降）

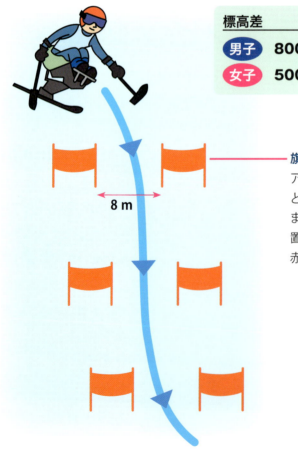

標高差
男子	800 ～ 1100 m
女子	500 ～ 800 m

8 m

旗門
アルペンスキーの他の競技種目では赤色と青色の旗門を交互に立てる必要がありますが、滑降では赤または青の旗門を設置すればよいことになっており、通常は赤の旗門が使用されます。

技術系種目・スラローム（回転）

標高差
男子 180 ～ 220 m
女子 130 ～ 180 m

旗門数
男子 最小 55 － 3、最高 75 ＋ 3
女子 最小 45 － 3、最高 60 ＋ 3

オープンゲート

4～6m

12～18m

クローズゲート

最近のパラリンピックにおいてはポール外側を示す長さ1mほどのラインが施されており、このラインを踏み越すとコースアウト（旗門不通過）となります。

シケインパート
3～4旗門が細かく速くなっている

4~6 m

0.75m~1 m

可倒式ポール
アルペンスキー種目の中でも、最も間隔が狭くなっています。2本一組になった赤と青のポールが交互に立っており、対になった同じ色のポールの間を滑ります。

4~6 m

6m~13 m

種　目

　アルペンスキーの種目は、「高速系種目（ダウンヒル〔滑降〕、スーパーG〔スーパー大回転〕）」「技術系種目（スラローム〔回転〕、ジャイアントスラローム〔大回転〕）」の大きく2つに分けられます。これに加えて、パラリンピックでは高速系種目であるスーパーGと技術系種目であるスラロームを組み合わせたスーパーコンバインド（複合）も実施されています。

高速系種目
- ダウンヒル（滑降）
- スーパーG（スーパー大回転）

技術系種目
- スラローム（回転）
- ジャイアントスラローム（大回転）

混合種目
- スーパーコンバインド（複合）

アルペンスキー

高速系種目

●ダウンヒル（滑降）

　アルペンスキーの種目の中で最も長い距離を最も速いスピード（平均時速100km以上）で滑り降ります。旗門の数は少なく、大きなターンもほかの種目に比べると少なく設定されています。

・「アルペンスキー」という名前は、ヨーロッパのアルプス山脈で生まれたスポーツであることに由来している。

用語

旗門
コースを示す旗やポールをいう。

・ダウンヒルのコース図についてはp342参照。

・ダウンヒルのコースには6つの要素を試すパートが含まれる。それは「技術」「勇気」「スピード」「危険を冒す」「身体能力」「判断力」である。

●スーパーG（スーパー大回転）

　ダウンヒル同様に高速で斜面を滑り降りながら、大中のカーブを曲がることが要求される種目です。ダウンヒルより距離は短く設定されています。オープンゲートとクローズゲートが設置されており、より高度なターン技術が要求されます。

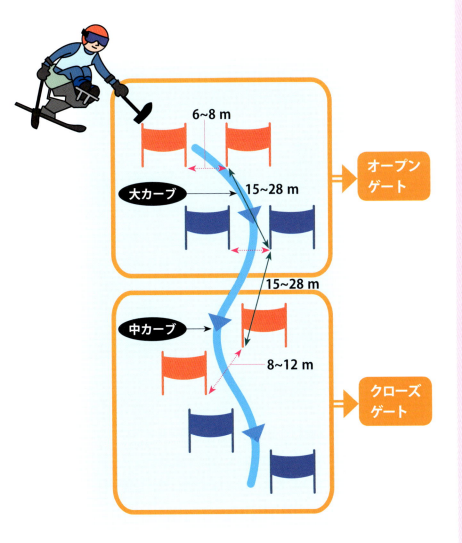

6~8 m

大カーブ

15~28 m

→ **オープンゲート**

15~28 m

中カーブ

8~12 m

→ **クローズゲート**

・スーパーGは略して「SG」と表記されることがある。

用語

オープンゲート
2つの旗門が平行に並んでいるゲートをいう。カーブの角度は緩い。

クローズゲート
2つの旗門が縦に並んでいるゲートをいう。カーブの角度は急。

・ジャイアントスラローム（p347参照）で立てられている旗門がオープンゲートのみなのに対して、スーパーGではオープンゲートとクローズゲートが設置されていることから、より高度なターン技術が要求されていることがわかる。

・スーパーGの標高差は男子で400～650m、女子はパラリンピックなどでは400～600m。

見どころ → **高速ターンを見逃すな！**

　スーパーＧは、滑降競技を得意とする「ダウンヒラー」と、大回転を得意とする技術系の選手もエントリーするので、旗門の設定によってはスピード重視のコースにも、よりターン技術が要求されるテクニカルなコースにもなるのが特徴です。

　最大の見どころは高速ターンをする選手の技術。時速50kmを超えるハイスピードでターンしていく様子は迫力満点！　滑降競技と同じく「経験」も大切ですが、パワーや勢いも必要です。

　ベテランと若手の対決も見どころの1つです。

技術系種目

●スラローム（回転）

　急勾配で、細かいカーブを素早く完璧に曲がる、スピードと技術の両面が要求される種目です。ポールの数が最も多く、オープンゲートやクローズゲートだけではなく、さらにターンの難易度の高いシケインパートが設置されています。

・スラロームのコース図については p343 参照。

・スラロームは略して「SL」と表記されることがある。

用語 🖋

シケインパート
ヘアピンコンビネーションともいう。3〜4つのポールが細かく連なっている部分。

見どころ → **逆手テクニックに注目！**

　スラロームは1旗門ごとにインサイドポールとアウトサイドポールが1本ずつ配置され、選手はその間を通過しなければいけません。ターンの外側の手でポールをなぎ倒していくスラローム独特の「逆手テクニック」は迫力満点！

　一瞬のミスでコースアウトしてしまう確率も高く、1本目の順位から2本目で快走を見せて大きく順位がジャンプアップしたり、逆に1本目でトップだった選手が2本目で大きなミスを冒してしまうこともあり、最後まで何が起きるかわからないスリリングな展開も見どころの1つです。

●ジャイアントスラローム（大回転）

スラロームに次いで旗門数が多く、大中小のカーブを規則正しく曲がることが要求される種目です。コース上には 50 〜 60 本の旗門が立てられます。

オープンゲートの場合

6 〜 8 m

4~8 m

10 m以上

・ジャイアントスラロームは略して「GS」と表記されることがある。

・ジャイアントスラロームの男子の標高差は 300 〜 450 m。

見どころ → **迫力のカービングターン**

　ジャイアントスラロームの平均時速はおよそ 40 〜 60km。滑降競技に比べるとスピードは劣りますが、選手が雪面を切るようにズレ幅の少ないカービングターンで時速 50km 近いスピードで旗門にアタックしていくシーンが見どころです。

　最短の「ライン取り」を、いかにスピードを落とさずつなげていくことができるかも勝敗の分かれ目として注目です。

・スーパーコンバインドは「スーパーコンビ」といわれることもある。

・2日間かけて競技が行われる複合種目を「Combined（コンバインド）」または「CB」と表記するのに対し、1日で行う複合種目を「Super Combined（スーパーコンバインド）」、「SC」と表記し、パラリンピックで行われるのは後者である。

・カテゴリーは p353、計算タイムは p352 参照。

・ただし、ダウンヒルは本番前に公式トレーニングが行われるが、スーパーGでは公式トレーニングは行われず、本番1本のみという違いがある。また、ジャイアントスラロームの場合は1本目と2本目のコース範囲は重なってもよいとされるが（旗門設定は変更する）、スラロームでは1本目と2本目のコース範囲は重なってはならないとされる違いがある。

混合種目

●スーパーコンバインド（複合）

スーパーGとスラロームという2つの種目の合計タイムで順位を競う種目です。1本目のスーパーGで完走しないと、2本目のスラロームに進むことはできません。2種目を完走できる、より幅広い技術が求められます。

ルール

基本的に旗門を正確に通って、いかに早く斜面を滑り降りられるかを競う点で、オリンピックもパラリンピックも変わりありません。ただし、パラリンピックにおけるアルペンスキーでは、選手のクラスに関係なく、カテゴリー別に競技を行い、計算タイムによる順位の決定が行われます。

勝敗の決め方

種　目	勝敗の決め方
ダウンヒル	基本的に1回のタイムで決まります。
スーパーG	
スラローム	基本的に同日に行われる2回のタイム合計で決まります。
ジャイアントスラローム	
スーパーコンバインド	基本的に同日に行われる2本のタイム合計で決まります。

ダウンヒルは、本番１回のタイムで勝敗が決まりますが、コースのライン取りを間違うと大けがにつながる危険性があるため、基本的に本番のレース前にコースを試走する３本の「公式トレーニング」が行われます。その後、本番のレースを１回のみ行い、各旗門をしっかりと通過した上でもっとも早くゴールした選手が勝者となるしくみです。

見どころ → 最善の「ライン取り」！

ダウンヒルの最大の魅力は、何といっても時速100kmを超えるスピードや大迫力のジャンプセクションですが、勝負を制するためには、技術と体力だけではなく、コースを攻略する緻密な戦術が求められます。そこで注目したいのが、選手がねらう「ライン取り」です。

実はアルペンスキー競技では、旗門と旗門を直線的に結んだ最短距離を滑っても、結果的に速くゴールすることができるとは限りません。

コースの状況や２～３つ先の旗門の位置などを総合して判断し、いかにスムーズにターンをし、スピードを最後まで落とさない「ライン取り」ができるかがポイントとなります。

スタート

ダウンヒル、スーパーG、ジャイアントスラロームの場合、スタートエリアで出走制限時間の10秒前が選手に告げられます。5秒前からはカウントダウンが始まり、制限時間到来のタイミングで「ゴー」と声がかかります。選手は、その制限時間までの5秒間の好きなタイミングでの出走が認められています。

・全種目共通のルールとして、実際のタイム計測は、選手の膝下がスタートラインを越えた時点で始まる。

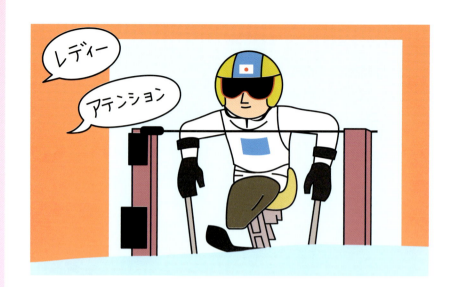

・「レディー」「アテンション」「ゴー」(英語表記で「Ready」「Attention」「Go」)はそれぞれ、「用意」「お知らせします」「行ってください」の意味。

　スラロームの場合、スタートエリアへ選手が入った段階で、審判から「レディー」「アテンション」と選手に告げられます。その数秒後に「ゴー」と声がかかります。選手はその「ゴー」の声から10秒以内にスタートを切らないといけません。

●**スタートの間隔**

　選手と選手のスタートの間隔がどのようにとられるかは、種目によって異なります。

　種目ごとのスタート間隔のルールは以下のとおりです。

種　目	スタートの間隔
ダウンヒル	基本的に60秒毎。最短でも40秒。
スーパーG	
スラローム	基本的に任意。
ジャイアントスラローム	基本的に60秒毎。最短でも30秒。

全種目共通ルール

コース上に設置されている全ての旗門を正しく通過しなければなりません。

コース上で完全に停止してしまった場合には、すぐにレースを止めてコース外に出なければなりません。例外的にスラロームで次走者の邪魔にならない場合のみ続行可能です。

●旗門のルール

旗門を通過せずに脇を通り過ぎてしまった場合は、登りなおして通過することができます。

旗門のポールを両足でまたいでしまった場合は即刻失格となります。また、旗門を通過しないまま滑り降りてしまった場合も同様に失格となります。

・選手は全旗門を正しく通過しなければならない。なお、最後の旗門後に転倒やスキー板が外れるなどした場合、歩いてフィニッシュラインを越えても良いとされている。

計算タイム

パラリンピックにおけるアルペンスキーでは、選手のクラス（p353参照）に関係なく、カテゴリー別に競技を行います。そして、順位の決定には、実走タイムではなく、計算タイムを用いることで、クラスの差による有利不利をなくし、より公平な勝負をすることができるようにしています。

●**計算タイムって？**

　計算タイムとは、実走タイムに、クラスごとにあらかじめ定められた『係数』をかけあわせ、算出されるタイムのことをいいます。障がいの程度が軽ければ係数は大きく（最大100％）、重いほど係数は小さくなるため、障がいの程度が重い選手は、実走タイムに比べて計算タイムが短くなります。

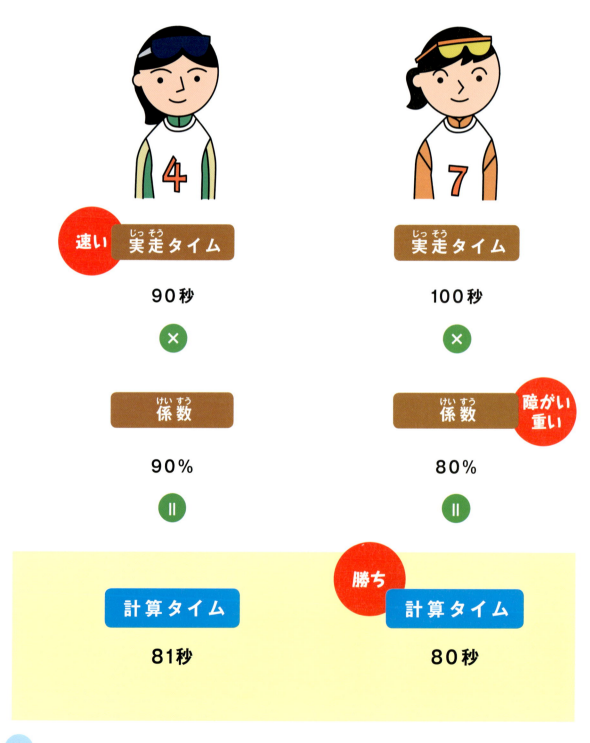

クラス分け

- パラリンピックのアルペンスキーでは、「スタンディング（立った状態）」「シッティング（座った状態）」「ビジュアリーインペアード（視覚障がい）」の3つのカテゴリーに分かれます。
- さらに障がいの種類や程度によりクラス分けがなされます。

パラリンピックのアルペンスキーでは、「スタンディング（立った状態）」「シッティング（座った状態）」「ビジュアリーインペアード（視覚障がい）」の3つのカテゴリーに分かれます。

さらに、各カテゴリー内では、選手の障がいの種類や程度、運動機能などによって、クラス分けが行われ、順位を決定するときの参考にされます。

スタンディング（立った状態）

スキーをはいて、立った状態で滑ります。障がいの程度によって、LW1 ～ LW9-2 までのクラスに分けられます。

クラス	障がいの種類・程度	具体例
LW1	両下肢・重度	両大腿切断で義足使用
LW2	片下肢・重度	片大腿切断
LW3	両下肢	足首関節以上の両下腿切断、中度から軽度の両まひ
LW4	片下腿	片下腿切断で義足使用・片側膝関節の固定
LW5/7-1	両上肢	両上腕切断・両上肢まひ
LW5/7-2		片側上腕切断＋片側前腕切断
LW5/7-3		両前腕切断
LW6/8-1	片上肢	片側上腕切断・片側上肢の完全まひで固定
LW6/8-2		片側前腕切断・片側上肢のまひで未固定
LW9-1	片上肢および片下肢・重度	片上肢および片大腿切断
LW9-2	片上肢および片下肢	片上肢および片下腿切断

※　LW1 ～ 4 に該当する障がいを持つ選手は、座位クラスを選択することもできます。

シッティング（座った状態）

　「チェアスキー」と呼ばれる競技用具を用いて、座った状態で滑ります。障がいの程度によって、LW10-1 〜 LW12-2 クラスに分けられます。

クラス	障がいの種類・程度	具体例
LW10-1	下肢および上部腹筋の機能なし＋座位バランスなし	脊髄損傷・脳性まひ
LW10-2	下肢の機能障がいおよび上部腹筋に軽度の機能障がい＋座位バランスが不良	
LW11	下肢に機能障がい＋座位バランス中程度	
LW12-1	下肢に機能障がい＋座位バランス良好	脊髄損傷
LW12-2	下肢に何らかの切断	両大腿切断

ビジュアリーインペアード（視覚障がい）

　視覚障がいのある選手が、「ガイド」と呼ばれるスキーヤーと一緒に滑ることが認められています。障がいの程度によって、B1 〜 B3 の3クラスに分けられます。

クラス		
B1	B2	B3
全盲（視力0）から光覚（光を認識する感覚）まで	矯正後の診断で視力0.03までか、視野（視力の及ぶ範囲）5度までか、その両方	矯正後の診断で視力0.1までか、視野（視力の及ぶ範囲）20度までか、その両方

競技用具

- シッティングカテゴリーの選手は、スキー板にいすが取りつけられたチェアスキーに乗り、アウトリガーを使用して競技を行います。
- カテゴリー、クラスごとに使用する用具が決められています。

アルペンスキー

チェアスキー

チェアスキーは、車いすを使用するなど下肢に障がいのある選手のために設計された、スキー板にいすが取りつけられたスキーです。

シッティングカテゴリーの選手は、このチェアスキーに乗って競技を行います。

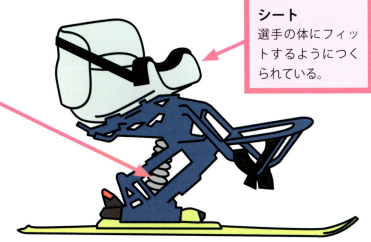

サスペンション
人間のひざのように、雪の上を滑り下りるときに衝撃を吸収するはたらきをする。

シート
選手の体にフィットするようにつくられている。

アウトリガー

シッティングカテゴリーや下肢障がいの選手が、バランスを取りやすいよう使用します。先端がスキーのようになっているのが特徴です。

カフ
腕を通して固定する。

グリップ
手でにぎる場所

シャフト
長さを調整できる。

355

カテゴリー・クラス別の使用用具

●スタンディング（立位）

クラス	使用する用具
LW1	2本のアウトリガー（またはストック）＋1本あるいは2本のスキー板
LW2	2本のアウトリガー（またはストック）＋1本のスキー板（※例外あり）
LW3	2本のストック＋2本のスキー板
LW4	
LW5/7-1	ストックなしで2本のスキー板
LW5/7-2	
LW5/7-3	
LW6/8-1	1本のストック＋2本のスキー板
LW6/8-2	
LW9-1	自ら選択した用具を使用
LW9-2	

●シッティング（座位）

クラス	使用する用具
LW10-1	チェアスキー
LW10-2	
LW11	
LW12-1	
LW12-2	

ビジュアリーインペアード（視覚障がい）カテゴリーではガイドと一緒に滑ることが認められていますが、そのうちのB1クラスの選手は、必ず目隠しをしてガイドをつけなければなりません。

世界で活躍！ トップ・アスリートたち

ソチ5冠、圧倒的強さの女王
アナ・シャッフェルフーバー

まひのため、車いす生活を送っていましたが、スキーを始めます。パラリンピックには2010年バンクーバー冬季大会で初出場。女子スーパーG（スーパー大回転〔座位〕）で銅メダルを獲得します。以降、W杯で2011年、2013年と連続金メダル。迎えた2014年ソチ冬季パラリンピックでは圧巻の5冠に輝きます（スラローム〔回転、座位・立位〕、ジャイアントスラローム〔大回転〕、スーパーG〔スーパー大回転〕、スーパーコンバインド）。その後も2015年、2017年W杯で金メダルを獲得し、勢いは続いています。

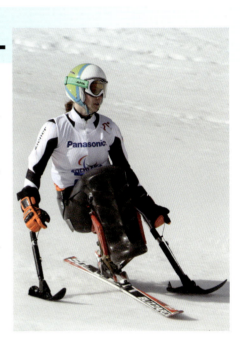

オリンピックの夢をパラリンピックで叶える
マティアス・ランツィンガー

もともとはオリンピック出場を目指し、若くしてW杯出場メンバーに入る有望選手でしたが、2008年W杯のスーパー大回転で激しく転倒し、左脚膝下の切断を余儀なくされました。

それでも新しい道を見つけ、2011年、義足を着け、障がい者アルペンスキーのレースに参戦し始めます。そして2014年ソチ・パラリンピックに出場。選手層のきわめて厚い男子スーパー大回転（立位）だけに金メダルには一歩及びませんでしたが、銀メダルを獲得。夢に一歩近づいた瞬間でした。

注目の日本人選手たち

ソチ大会金メダリスト
鈴木猛史

　交通事故により両大腿を切断し、9歳でチェアスキーを始めます。大学卒業後も競技を続け、冬季パラリンピックには2006年のトリノ大会から3大会連続出場。2010年のバンクーバー大会では男子ジャイアントスラローム（大回転〔座位〕）で銅メダルを獲得します。さらに2014年のソチ大会では男子ダウンヒル（滑降）において銅メダル、男子スラローム（回転）では金メダルを獲得しました。

　2018年平昌大会では「金メダルに一番近い男」と言われ、期待されています。

3大会連続金メダルを目指す
狩野 亮

　小学校3年生のとき登校中の自動車事故で脊髄損傷。その後さまざまなスポーツを経験し、中学1年生のときスキーを始めます。パラリンピックには、2006年のトリノ大会より2大会連続出場。2010年のバンクーバー大会では男子スーパーG（スーパー大回転〔座位〕）で金メダル、男子ダウンヒル（滑降〔座位〕）で銅メダルをそれぞれ獲得。さらに2014年ソチ大会男子ダウンヒル（滑降）でも金メダルを獲得、日本人選手の金メダル第一号となりました。2018年平昌大会でもメダル獲得を目指します。

世界記録

　自然の山の地形を最大限に活かしたアルペンスキーのコースは、コース長、標高差、最大斜度がさまざまで、旗門の配置も毎回違うため、タイム競技ではありますが、陸上競技のような世界記録というものは存在しません。

　以下は、相変わらず強さを発揮するヨーロッパ勢の中にあって日本勢の活躍が目立った2014年ソチ・パラリンピック男子の金メダリストです。

種目	カテゴリー	選手	国	記録
ダウンヒル（滑降）	立位	マルクス・ザルヒャー	オーストリア	1:24.35
	座位	狩野 亮	日本	1:23.80
	視覚障がい	ジョン・サンタカーナ・マイステギ	スペイン	1:21.76
スーパーG（スーパー大回転）	立位	マルクス・ザルヒャー	オーストリア	1:20.92
	座位	狩野 亮	日本	1:19.51
	視覚障がい	ヤクブ・クラコ	スロバキア	1:20.58
スラローム（回転）	立位	アレクセイ・ベールイ	ロシア	1:38.97
	座位	鈴木 猛史	日本	1:53.78
	視覚障がい	ワレリー・レトコズボフ	ロシア	1:43.21
ジャイアントスラローム（大回転）	立位	ヴィンセント・ゴーチエーマニュエル	フランス	2:25.87
	座位	クリストフ・クンズ	スイス	2:32.73
	視覚障がい	ワレリー・レトコズボフ	ロシア	1:43.21

パラアイスホッケー

パラアイスホッケーとは？

・パラアイスホッケーは、脚に障がいのある選手がスレッジ（そり）に乗り、スティックでパックというゴム製の円盤をゴールにシュートするスポーツです。

・スケート靴の代わりに2つの刃を付けたそりに乗り、スティックを2本使います。

・スウェーデンが発祥の地とされていて、特に北欧や北米を中心に広まりました。

・パラリンピックでは、1994年のリレハンメルパラリンピックから正式競技として採用されており、日本でも長野パラリンピックでの開催をきっかけに競技が伝わりました。

パラリンピックに参加できる障がいの種類

肢体不自由	立位	●
	車いす	●
	脳性まひ	●
視覚障がい		
知的障がい		

※ソチパラリンピック時点

競技の歴史

- アイスホッケーの起源は諸説あり、16世紀のオランダ絵画や、1763年にイギリス兵が行ったスポーツなどがあります。
- パラリンピックでは、1994年のリレハンメル大会から正式競技とされました。

はじまり

　アイスホッケーの起源は諸説ありますが、有名なのは、16世紀のオランダの絵画に描かれている、市民が凍結した運河の上で行っているスポーツの光景が、ホッケーの起源ではないかという説です。しかし、この絵画に描かれているのは、どちらかと言えば、ゴルフやポロに近いとも言われています。

　他には1763年にフランスからカナダ領土を勝ち取ったイギリス人兵士達が、カナダの長く厳しい冬を過ごすために、凍結した川や湖などで、フィールドホッケーと原住民が行っていたラクロスを組み合わせて楽しんだスポーツが起源という説もあります。

　現代アイスホッケーの発祥は19世紀後半のモントリオールでホッケーを氷上で遊んだこととと言われています。その後、ラグビーなどを参考にルールが整備され、カナダ各地で試合が行われるようになりました。

パラリンピックでの歴史

　パラリンピックでは、1994年のリレハンメル大会から正式競技となっています。

　なお、オリンピックでは、男子は1924年シャモニー大会より、女子は1998年長野大会より正式競技として実施されています。

競技のルール

- パラアイスホッケーのリンクは、一般のアイスホッケーと同様のものが使用されます。
- パラアイスホッケーの反則には、「技術的な反則」と「罰を科せられる反則」の2種類があります。

リンク

　一般のアイスホッケーと同様の、長さ60m×幅30mのリンクを使用します。

　ベンチとペナルティボックス前のフェンスは、選手がスレッジに乗ったまま試合が見られるよう透明なフェンスボードになっています。

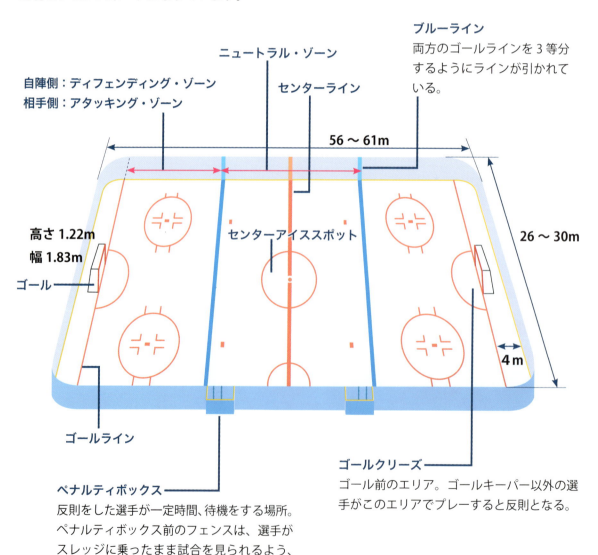

ニュートラル・ゾーン

センターライン

ブルーライン
両方のゴールラインを3等分するようにラインが引かれている。

自陣側：ディフェンディング・ゾーン
相手側：アタッキング・ゾーン

56〜61m

高さ 1.22m
幅 1.83m

ゴール

センターアイススポット

26〜30m

4m

ゴールライン

ペナルティボックス
反則をした選手が一定時間、待機をする場所。ペナルティボックス前のフェンスは、選手がスレッジに乗ったまま試合を見られるよう、透明なフェンスボードが設置されている。

ゴールクリーズ
ゴール前のエリア。ゴールキーパー以外の選手がこのエリアでプレーすると反則となる。

メンバー

1チーム17名で構成されますが、実際にリンク上でプレーするのはゴールキーパーを含めて全部で6名。選手の交代はいつでも可能です。

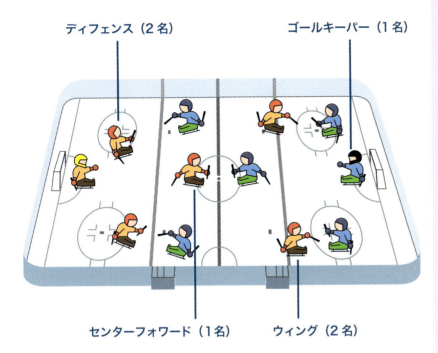

ディフェンス（2名）　　　　ゴールキーパー（1名）

センターフォワード（1名）　　ウィング（2名）

ポジション	説明
ゴールキーパー	最後の防御ラインとしてゴールを守ります。ゲームの流れが最もよく見えるポジションであるため味方選手に適切な指示を出すことも重要な役割の1つとされます。
ディフェンス	センターフォワードと連携して、相手チームの攻撃を阻止します。防御だけでなく攻撃の起点となるポジションです。
センターフォワード	ウィングとディフェンスのつなぎ役。主にリンクの中央でプレー。攻守ともに重要なポジション。
ウィング	主に攻撃を担当します。シュートにより得点しますが、攻守が入れ替わるとすばやくディフェンスのフォローのため相手選手をマークする役割も果たします。

・パラアイスホッケーは体力の消耗の激しいスポーツであるため、選手たちはゲームの流れを読みながら、集中力のあるうちに交代をくり返し、チーム力を維持することでゲームを進めていく。

・ゴールキーパーに必要とされる能力は、スケーティングやキャッチングの技術はもちろんのこと、体の柔軟性、鋭い反射神経、リーダーシップなど多様である。

・ディフェンスには、体を張ったしつこいボディチェック（体当たり）、センターフォワードとの連携、正確な状況判断能力などが要求される。

・センターフォワードには、攻撃においてはウィングの選手をうまく使い、防御ではディフェンスの選手をフォローするなどオールラウンドの技術が要求される。

・ウィングのスピードは相手ディフェンスの脅威となるので、スピード、シュート力、パックのキープ力が要求される。

・パラアイスホッケー
は 2016 年まで「アイ
ススレッジホッケー（
Ice Sledge Hockey）」
という競技名だったが、
ワールドワイドに障が
い者スポーツの名称を
統一させる目的で、「パ
ラアイスホッケー（Para
Ice Hockey）」へ変更
されることとなった。

ルール

基本的に一般のアイスホッケーと同じルールで行われますが、試合時間など一部のルールが異なります。

試合時間

1 ピリオド 15 分で、3 ピリオドの計 45 分行います。それぞれのピリオド間には 15 分のインターバル（休憩）をはさみます。

・試合終了時点で同点
の場合には延長戦を行
い、先に得点を挙げた
チームが勝者となる。

・延長戦でも決着がつ
かない場合には、シュー
トアウト（ペナルティ
ショット）により決着を
つける。

試合の開始

　審判が、リンクの中央のセンターアイススポットでパックを落として、両チームがそれを奪い合う「フェイスオフ」から始まります。

得　点

　パックが相手のゴールラインを完全に超えると1点となります。

　ゴールライン上にパックの一部が重なっている状態では、得点にカウントされません。

・選手は、スティックを使ってパスをしながら、最終的にシュートを打ち、相手チームのゴールにパックを入れようとする。

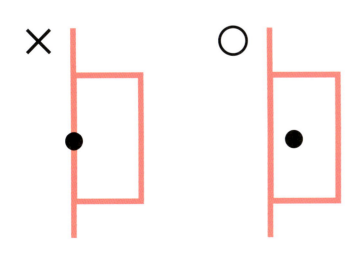

365

反　則

　パラアイスホッケーの反則には、「技術的な反則」と「罰を科せられる反則」の2種類があります。

技術的な反則

　技術的な反則があった場合、ゲームを停止して、定められた場所でフェイスオフにより試合を再開します。

技術的な反則	フェイスオフにより再開する場所
アイシング・ザ・パック 攻められている側がセンターライン手前からパックを出し、誰にも触れずに相手陣（攻撃側）のゴールラインを超えた場合。 攻撃中	攻撃を受けていた側のディフェンディングゾーンのフェイススポット
オフサイド 攻撃側のプレーヤーがパックを持つ選手より先にブルーラインを超えて、アタッキングゾーンに入った場合。	ブルーライン付近のフェイススポット

ブルーライン
リンクを3つの領域に区分する線。くわしくは「リンク」p362を参照。

アタッキングゾーン
ブルーラインによってリンクを3つの領域に区分した場合の、相手側（攻撃側）の領域。くわしくは「リンク」p362を参照。

罰を科せられる反則

罰を科せられる反則があった場合、退場を伴う厳しい罰則が科せられます。

罰を科せられる反則	罰　則
マイナーペナルティ 相手に乱暴したり、相手を突いたり、転ばせたり、パックをつかんだりした場合。 	反則を犯した選手は2分間退場します。 チームは欠員のまま試合を続けます。
メジャーペナルティ 相手に激しく後方からぶつかってフェンスに叩きつけたり、ゴールキーパーに激しくぶつかることによって相手を傷つけたりした場合など。 	反則を犯した選手は5分間退場します。 チームは欠員のまま試合を続けます。

・パラアイスホッケーでは体当たり（ボディチェック）が認められ、これが迫力ある試合の大きな魅力になっている。反面、特にけがを防ぎ、公正な試合を進めるために、危険な行為に対して退場を伴う厳しい罰則が科せられる。

ミスコンダクトペナルティ リンク以外にスティックを投げ出したり、競技役員に対して暴言を吐いたり、質問権を持たない選手がレフェリーに質問した場合など。 	反則を犯した選手は 10 分間退場します。 チームには交代選手が出場することができます。
ゲームミスコンダクトペナルティ 故意の反則。	反則を犯した選手は残り時間すべて退場します。
ペナルティショット ゴールクリーズ内でゴールキーパー以外のプレーヤーがパックを手でつかんだり、持ち上げたり、自チームのディフェンディングゾーンでパックめがけて、スティックを投げたり、スティックで相手をひっかけて相手のショットを妨げた場合など。 	ゴールキーパー 1 人を残して相手チーム代表による 1 回の攻撃が認められます。

 用語

ゴールクリーズ
ゴール前のエリア。くわしくは「リンク」p362 を参照。

注目 キルプレーとパワープレー

　ペナルティを受け退場となった選手は、一定時間ペナルティベンチに待機しなければなりません。したがって、退場選手がいるチームは、相手より少ない人数で試合を続けなければならないことになります。これを『キルプレー（ショートハンド）』と呼び、失点の大きなピンチになります。ちなみに、相手より多い人数で戦うことを『パワープレー』と呼びます。

● ペナルティの種類

　次のような行為はペナルティとなり、審判の判断でそれぞれマイナーペナルティからマッチペナルティが科されます。

主なペナルティの内容
審判の判定に対して執拗（しつよう）に抗議した場合
ひじを使っての妨害行為（エルボーイング）
スティックで相手を叩いたりした場合（スラッシング）
肩よりスティックを上げて相手を叩いたりする行為（ハイスティック）
相手を激しくフェンスに叩きつける行為（ボーディング）

 用語

マッチペナルティ
反則を犯した選手は残り時間だけでなく、以後の試合についても許可が出るまで試合停止となる。

競技用具

・基本的にアイスホッケーと同じ防具を使いますが、2枚のブレードを持つスレッジ（そり）に乗ってプレーします。
・2本のスティックで氷の上をこいで移動します。

スレッジ

パラアイスホッケーでは、基本的にアイスホッケーと同じ防具を使いますが、2枚のブレードを持つスレッジ(そり)に乗ることによって、下肢(あし)に障がいのある選手でも、氷の上を自由に動きまわることができる工夫がされています。

スレッジには足をのばして座ることができ、選手の障がいの程度などに応じて長いものや短いものがあります。

また、ゴールキーパーは、あぐらをかいて座るかたちをしたスレッジを使います。

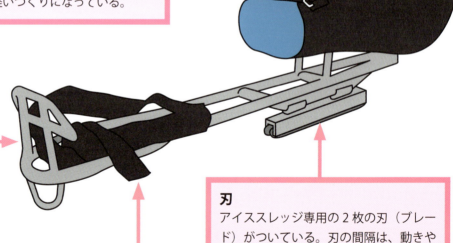

バケットシート
選手はここにすわって、シートに体を固定する。激しいぶつかり合いに耐えつつ、すばやく動きまわれるように軽いつくりになっている。

フットガード
固定した足を守る部分。試合中最もぶつかり合うことが多い。

刃
アイススレッジ専用の2枚の刃（ブレード）がついている。刃の間隔は、動きやすいよう選手によって異なっている。

フットベルト
試合中、足がフレームの外に出ないよう、フットベルトで足を固定することが義務づけられている。

スティック

パラアイスホッケーでは、一般のアイスホッケーのスティックよりも短いものを２本持ちます。この２本のスティックで氷の上をこいで前進したり、パスやシュートをします。

全長１ｍ以内であれば素材は自由ですが、カーボン製や木製のものが多いようです。

ゴールキーパーは、専用のスティックを１本持ちます。

ブレード
ここにパックを当てて、パスやシュートを行う。

ピック
氷をかくため、先のとがったつめが装着されている。

パック

球技におけるボールに相当するものです。加工処理された硬質ゴム製です。

厚さは１インチ（2.54cm）、直径は３インチ（7.62cm）、重さは5.5から６オンス（156-170g）と決められています。

世界で活躍！トップ・アスリートたち

同じ事故にあった友人と共に金メダルを獲得
ニッコー・ランデロス

2014年のソチパラリンピックで同じチームの金メダルメンバーとして活躍したタイラー・キャロンとは、同じ高校のレスリングチームのチームメイトで親友でした。2人は学校からの帰宅途中に事故に遭い、2人とも足を失います。事故後、アイスホッケーの経験者だったランデロスは、キャロンにパラアイスホッケーを勧めます。そしてほどなくして2人は再び、今度はパラアイスホッケーのチームメイトになったのです。

そして、2010年バンクーバー大会、2014年ソチ大会と連続して金メダルを獲得しました。

３大会ぶりの金メダル獲得を目指す
グレッグ・ウェストレイク

先天性欠損のために片足に脛骨がないなどの障がいを負い、生後18ヶ月の時に両足を切断します。

そんな中でも2001年、15歳の時にパラアイスホッケーを始め、2003年にはカナダ代表チームにデビューします。そして、その後代表チームのキャプテンに就任することになります。

パラリンピックでは2006年のトリノ大会で金メダル、2014年のソチ大会で銅メダルを獲得。2017年世界選手権では2連覇を狙っていたアメリカを制して優勝。2018年平昌大会での金メダルを目指します。

注 目の日本人選手たち

日本代表キャプテン
須藤 悟

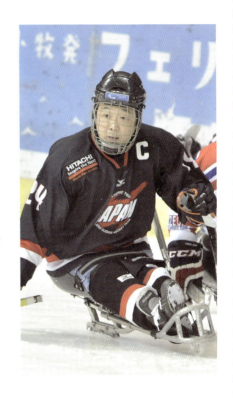

　20歳の時に両下肢を切断する事故に遭います。数年後、身体を動かせるレクリエーションを探していたところ、母親からパラアイスホッケーの新聞記事を見せられたことをきっかけに競技を始めます。

　その後、日本代表メンバーとなり、2002年ソルトレイクシティ大会、2006年トリノ大会、2010年バンクーバー大会と3大会連続で出場、「パラリンピックで活躍する」という目標を達成します。2018年の平昌大会ではキャプテンとして挑む予定です。

日本代表を支えるベテラン
高橋和広

　大学時代は一般のアイスホッケー選手でしたが、21歳の時、スノーボード中の事故で脊髄を損傷。リハビリ中にパラアイスホッケーに出逢います。

　日本代表として、2002年のソルトレイクシティ大会から3大会連続でパラリンピックに出場。2010年バンクーバー大会では、優勝候補の地元・カナダを破る大金星で銀メダルを獲得します。しかし2014年ソチ大会では予選に敗れ出場できませんでした。2018年の平昌大会でのメダル奪回に向け、代表の中心選手として活躍が期待されています。

世界記録

　パラアイスホッケーは、北欧とアメリカ、カナダが強豪国です。パラリンピックでは過去2大会、アメリカが連覇を果たしています。

　パラリンピック過去5大会の上位3か国の一覧は以下のとおりです。

大会	金	銀	銅
長野（1998年）	ノルウェー	カナダ	スウェーデン
ソルトレイクシティ（2002年）	アメリカ	ノルウェー	スウェーデン
トリノ（2006年）	カナダ	ノルウェー	アメリカ
バンクーバー（2010年）	アメリカ	日本	ノルウェー
ソチ（2014年）	アメリカ	ロシア	カナダ

注目　日本代表の活躍なるか?!　出場&メダルへ期待

　国内には複数のパラアイスホッケーチームがあり、これらのチームに所属する選手たちのなかから日本代表チームの選手が選ばれるしくみとなっています。日本は1998年の長野大会でパラリンピックに初出場して以来4大会連続で出場。2010年のバンクーバー大会では銀メダルを獲得しましたが、2014年ソチ大会では残念ながら出場権を逃しました。

　2016年に行われた世界選手権Bプールで準優勝した日本は、2018年平昌大会出場へ向けて、大きく前進しています。

車いすカーリング

車いすカーリングとは？

・カーリングは、16世紀にスコットランドあるいは北欧で生まれたスポーツといわれており、リンク上にある「ハウス」と呼ばれる円に向かって2つのチームが交互にストーンを投げ合い得点を競う競技で、「氷上のチェス」ともいわれています。

・車いすカーリングは、選手が車いすに乗ってカーリング競技を行います。

・パラリンピックでは、2006年のトリノ大会から正式競技として採用されました。

・車いす競技であることから、スイーピングが禁止されるなどルールの一部が変更されています。

パラリンピックに参加できる障がいの種類

肢体不自由	立位	●
	車いす	●
	脳性まひ	
視覚障がい		
知的障がい		

※ソチパラリンピック時点

競技の歴史

- カーリングは 15 ～ 16 世紀にスコットランドもしくは北欧の国で、車いすカーリングは 1990 年代にヨーロッパで始められました。
- パラリンピックでは 2006 年のトリノ大会から正式競技となっています。

はじまり

　カーリングは、15 ～ 16 世紀にスコットランドもしくは北欧の国で始まったと言われています。1511 年の年号が刻まれたストーンが発見されたり、16 世紀のオーストリアの画家、ブリューゲルの『狩人』という作品にアイスシューティングを楽しむ人々が描かれています。

　凍りついた池で、子どもたちが石をすべらせて遊んでいるところを見た大人たちが興味を持ち、スポーツとして発展させていきました。当時は底の平らな川石を氷の上に滑らせていたと言われています。

パラリンピックでの歴史

車いすカーリングは、カーリングをベースに 1990 年代にヨーロッパで始められました。
パラリンピックでは、2006 年のトリノ大会から正式競技として採用されました。

　なお、オリンピックでは、1932 年のレークプラシッド大会、1988 年のカルガリー大会、1992 年のアルベールビル大会は公開競技として行われ、1998 年の長野大会から正式競技となりました。

トリノ大会の様子

376

・競技場は氷上で、オリンピックと同じリンクを使用し、長さ45.72 m、幅5 mのこのエリアを「シート」と呼びます。
・基本的に一般のカーリングと同じルールで行いますが、車いすで競技を行うことを考慮して一部ルールが変更されています。

競技場（シート）

　競技場は氷上で、オリンピックと同じリンクを使用します。競技を行う長さ45.72 m、幅5 mのエリアを「シート」と呼びます。

投げたストーンはホッグラインを超えない場合や、バックラインを超えてしまった場合には無効となり、シートから取り払われます。

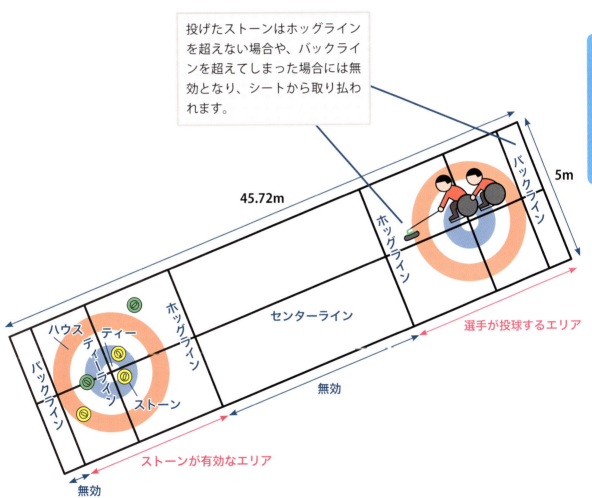

ルール

基本的に一般のカーリングと同じルールで行いますが、車いすで競技を行うことを考慮して一部のルールが変更されています。

基本的なルール

●チームの人数

1チーム4人です。必ず男女混合でなければなりません。

●ストーンの数

対戦する2チーム合計で16個です。

●試合のすすめ方

❶ 両チームの選手が、ハウスに向かって交互にストーンを投げ合います。

❷ ①を全員が2回ずつ行うと、1エンドが終了。得点をカウントします。

❸ ②で得点を得たチームが、次のエンドの先攻となり、再び全員が2回ずつ交互にストーンを投げ合います。

❹ 8エンドまで繰り返します。

❺ 8エンド終了までの合計点が高かった方が勝者となります。

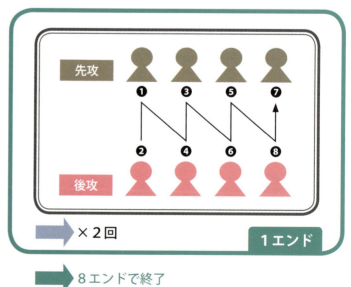

用語

ストーン
カーリングで投げられる石のこと。くわしくは『競技用具』p383参照。

・得点の入り方、カウントの仕方は、『得点の入り方』p379参照。

・先攻・後攻は、各チームの代表者がラストストーンドロー（ハウスの中心に向かってストーンを投げて距離を競うこと）を行って決める。カーリングでは、後攻のチームが圧倒的に有利とされていることから、ラストストーンドローで勝ったチームは、圧倒的に後攻を選ぶことが多い。

●得点の入り方

　１エンドが終了後、ハウスの中心に最も近いストーン（❶）のチームが勝者となり、得点が入ります。

　得点は、負けたチームの一番中心に近いストーン（❷）から内側にある、勝ったチームのストーンの１つにつき１点としてカウントします。

・得点は両チームが８個ずつのストーンを投げ終わった時点で決まる。
・目で見てどちらが近いかわからないときはメジャー（計測器）を使用する。

緑が０点、黄が２点

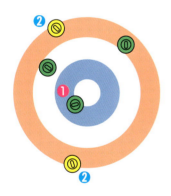

緑が３点、黄が０点

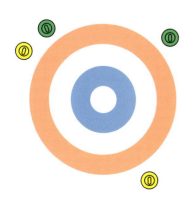

緑、黄ともに０点（ハウスの外にあるストーンは得点にならない）。

車いすカーリング

●アウトとなるストーンとフリーガードゾーン

　ここではアウトとなり取り除かれるストーンと、『フリーガードゾーン』と呼ばれるゾーンについてまとめました。

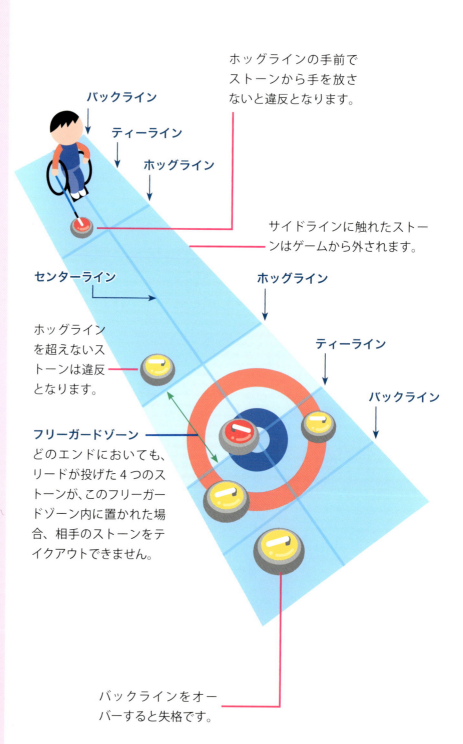

ホッグラインの手前でストーンから手を放さないと違反となります。

サイドラインに触れたストーンはゲームから外されます。

ホッグラインを超えないストーンは違反となります。

フリーガードゾーン
どのエンドにおいても、リードが投げた4つのストーンが、このフリーガードゾーン内に置かれた場合、相手のストーンをテイクアウトできません。

バックラインをオーバーすると失格です。

 用語

フリーガードゾーン
ホッグラインとティーラインの間の円を除いた領域のこと。

●選手のポジションと役割

　カーリングでは、投球の順番によって、ポジションと役割が決められています。

ポジション	1投目	2投目	3投目	4投目
リード チームで最初にストーンを投げる人。スキップの指示を受けてストーンを投球します。	投球	サポート	サポート	サポート
セカンド 2番目にストーンを投げる人。相手のストーンをはじき出す技術が求められます。	サポート	投球	サポート	サポート
サード 3番目にストーンを投げる人。スキップが投球するときは場所を入れ代わりハウスから指示を出します。	サポート	サポート	投球	指示
スキップ（リーダー） 4番目にストーンを投げる人。チームの司令塔。ハウスからチームメイトに指示を出します。	指示	指示	指示	投球

・サードは「バイススキップ」とも呼ばれる。

・このほか、大会規定によって控えの選手（リザーブ）の登録が認められる場合がある。

●カーリングとのルールの違い

車いすカーリングは、車いすで競技を行うことを考慮して、通常のカーリングとルールの一部が変更されています。

	車いすカーリング	カーリング
デリバリー ストーンを氷上に投げる一連の動作	「デリバリースティック」を使って投球することが認められています。	ストーンのハンドルを握って投球します。
スイーピング ストーンが氷上をスムーズに進むよう、リンクをブラシでこすること	行いません（投球を行わない選手は、投球する選手のサポートにまわる）。	行います。
投球する位置	ホッグライン手前の車いすラインの範囲内から投球します。 ホッグライン 車いすライン 車いすライン	シートの両端に設置されている「ハック」に足をかけ、投球します。 ハック

・デリバリーは、通常のカーリングの場合、氷の上に固定したゴムのブロックを足で蹴った勢いでストーンを滑らせるが、車いすカーリングの場合は、氷上に車いすを静止させ、腕を伸ばしてストーンを直接つかんでストーンを滑らせるか、デリバリースティック（キューともいう）を使って、ストーンを押し出すようにして滑らせる。
・車いすカーリングのデリバリーの場合、車いすが動かないように、チームメイトが後ろで車いすを押さえることも許されている。
・車いすカーリングのデリバリーをする選手の足は、デリバリー中アイス表面に触れてはならない。

・車いすカーリングは、他の車いす競技と異なり、「競技用車いす」は存在せず、日常生活用の車いすを改良するなどして競技を行うのが特徴です。
・ストーンは一般のカーリングと同じものを使用します。

デリバリースティック（キュー）

　手の代わりに用いる専用の棒です。
かがんだ状態で投球することが難しい人でも競技できるように開発されました。

　先端はストーンのハンドルにはめ込むしくみになっています。

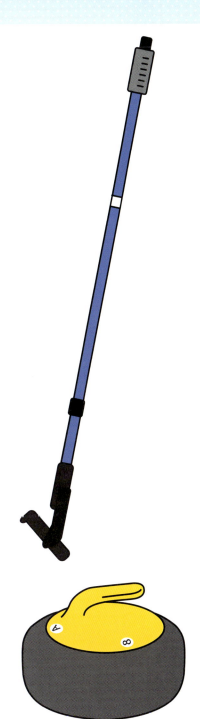

ストーン

　円形で、直径約30cm、重さ約20kgの石です。素材は、摩擦に強く、水を吸収しにくい高密度の花崗岩からできています。

　上部にチーム内で色をそろえたハンドル（持ち手）があります。ストーンは一般のカーリングと同じものが使われます。

車いすカーリング

世界で活躍！トップ・アスリートたち

平昌大会で３連覇を目指すベテランスキップ
ジム・アームストロング

2003年に交通事故に遭うまでカーリング選手として活躍していました。その後、2007年に元チームメイトでカナダカーリング協会メンバーから、車いすカーリングへの参加を呼びかけられ、競技を始めます。

スキップとして、2009年にはカナダを初の世界車いすカーリング選手権金メダルに導くと、2010年バンクーバーパラリンピック、2011年世界選手権、2013年世界選手権、2014年ソチパラリンピックと次々と金メダルを獲得。平昌パラリンピックでも金メダルを目指しています。

注目　平均年齢43歳！　ベテランが第一線で活躍

車いすカーリングは、年齢を重ねても第一線で活躍できるのが特徴です。たとえば、カナダのスキップ、ジム・アームストロングは60代後半。ソチパラリンピック出場国の平均年齢も43歳と他競技に比べると高かったといえます。

それは、車いすカーリングがメンタル面も重要で、経験がものをいう競技であるという側面から来ています。特にスイーピングが禁止され、ストーンが一度手を離れてしまうともう手出しはできないことから、デリバリーの際のメンタルはとても重要なのです。

世界記録

　車いすカーリングは、2006年トリノ大会で初めて正式競技となった歴史の浅い競技です。そして、過去3回大会で金メダルを手にしている国は、まだカナダのみです。ただし、近年は、世界選手権を制したことのあるロシアやスウェーデン、また急成長中の中国も存在感を放っており、各国が競い合うことで底上げされてきています。

　パラリンピック過去3大会の上位3か国の一覧は以下のとおりです。

大会	金	銀	銅
トリノ（2006年）	カナダ	イギリス	スウェーデン
バンクーバー（2010年）	カナダ	韓国	スウェーデン
ソチ（2014年）	カナダ	ロシア	イギリス

注目　日本代表は2022年北京大会の出場権を期待

　日本代表は、2010年のバンクーバー大会には出場を果たしましたが、2014年ソチ大会では残念ながら出場権を逃しました。

　また、2016年11月に行われた世界車いすBカーリング大会2016（フィンランド）で、グループリーグ4位、16チーム中全体第8位となった時点で、2018年平昌大会出場への夢も断たれてしまいました。

　今後は、競技環境の改善・整備や競技人口の増加をしていきながら、代表チームの弱点強化も着々と行い、2022年北京大会への出場権獲得を目指していきます。

パラクロスカントリースキー

パラクロスカントリースキーとは？

・クロスカントリースキーは、スキーをはいて高低差のある長いコースを走り抜く、スキーの歴史の中では最も古い競技であり、そのハードさから「雪原のマラソン」と例えられます。

・アルペンスキーが「滑る」競技なのに対して、クロスカントリースキーは「歩く」「走る」競技です。

・パラリンピックでは、アルペンスキーと同様、1976年の第1回大会から正式競技に採用されている歴史ある競技です。

・オリンピックと同様、個人種目とリレー種目があり、個人種目はカテゴリー分けがされています。

パラリンピックに参加できる障がいの種類

肢体不自由	立位	●
	車いす	●
	脳性まひ	●
視覚障がい		●
知的障がい		

※ソチパラリンピック時点

- クロスカントリースキーは、スウェーデンやノルウェーなど北欧で誕生し、移動手段からスポーツへと発展しました。
- パラリンピックでは、1976年の第1回エーンシェルドスピーク大会から正式競技とされている歴史ある競技です。

はじまり

　スキーの歴史は古く、その起源は紀元前2500年、あるいはそれ以前の神話の時代まで遡ることができます。北欧、ウラル・アルタイ地方、シベリア、中国、朝鮮半島、樺太など広い地域で、スキーについての記録が残されています。

　ヨーロッパでは『スポーツの王様』と呼ばれるクロスカントリースキーは、スウェーデンやノルウェーなどの雪のある北欧で誕生し、かつてはスポーツとしてではなく移動手段として利用されていました。やがてスキー用具なども進歩し、生活の一部だったスキーもレジャーやスポーツとして発展していきます。

　1776年にはノルウェーのトロムソで最初のスキー大会が開かれました。

オリンピックでの歴史

　オリンピックでは、第1回フランス・シャモニー・モンブラン冬季大会（1924年）から正式競技として採用されています。このときは個人種目のみの実施でした。

　その後、第4回ドイツ・ガルミッシュ・パルテンキルヒェン冬季大会（1936年）からリレー種目、第6回ノルウェー・オスロ大会（1952年）から女子種目が追加採用されました。

パラリンピックでの歴史

　パラリンピックでは、アルペンスキーとともに、1976年の第1回エーンシェルドスピーク大会から正式競技とされている歴史ある競技です。

パラクロスカントリースキー

- 登りもあるクロスカントリースキーは、自然を生かした一周5kmほどのコースの周回・組み合わせによって実施されます。
- パラリンピックでは、カテゴリー別に競技を行い、計算タイムによる順位の決定が行われます。

コース

　滑り降りるアルペンスキーと違い、登りもあるクロスカントリースキーは、自然を生かした一周5kmほどのコースがいくつか設置され、その周回もしくは組み合わせによって、距離が5〜20km、登り・下り・平地がそれぞれ約3分の1の割合になるコースに設定されます。

　アップダウンのある起伏に富んだコースのため、80〜100mほどの高低差があり、「クラシカル走法」のレースの場合はコースに滑走用の溝が掘られています。また「フリー走法」でも下り坂などに溝があります。

　クロスカントリースキーは公道や林道などに専用のコースが設置されるのが特徴です。

種　目

パラクロスカントリースキーには、個人種目とリレー種目があります。

個人種目は、「スタンディング」「シッティング」「ビジュアリーインペアード」の３つのカテゴリーに分かれ、各カテゴリーにおいて、男女別に、走法と距離を組み合わせた種目が行われています。

リレー種目は、カテゴリーや男女の別なく、２〜４人で混合チームを組んで行われます。

・リレー種目は、スキー競技の中で唯一の国対抗の団体戦である。

	個人種目		
	スタンディング・カテゴリー	シッティング・カテゴリー	ビジュアリーインペアード・カテゴリー
男子	20km クラシカル	15km	20km クラシカル
男子	10km フリー	10km	10km フリー
男子	1km スプリントフリー	1km スプリント	1km スプリントフリー
女子	15km クラシカル	12km	15km クラシカル
女子	5km フリー	5km	5km フリー
女子	1km スプリントフリー	1km スプリント	1km スプリントフリー
	リレー種目		
男女混合	ミックスリレー オープンリレー		

パラクロスカントリースキー

389

個人種目

●カテゴリー分け

個人種目	スタンディング・カテゴリー
	スキーをはいて、立った状態で滑ります。 
	シッティング・カテゴリー
	「シットスキー」と呼ばれる競技用具を用いて、座った状態で滑ります。 
	ビジュアリーインペアード・カテゴリー
	視覚障がいの選手が、「ガイド」と呼ばれるスキーヤーと滑ります。 

・シットスキーには、障がいによってさまざまなスタイルがあり、例えば腹筋に力の入る選手は正座スタイルのシットスキーを使用することが多い。くわしくは『競技用具』p397参照。

・視覚障がいの選手の身体に触れることは原則として禁止されている。
・ガイドは選手を先導し、コースやカーブ、下り・登りなどを伝える。

●走法×距離の組み合わせ

走法　　　　　　　　　**距離**

クラシカル走法

長距離

| 女子 | 12km/15km |
| 男子 | 15km/20km |

×

スキー板を平行に保ちながら、交互にキックまたは左右同時に滑らせて前進する走法。平地ではあらかじめ専用の圧雪車で作られた2本の溝（シュプール）にそって滑ります。

フリー走法

中距離

| 女子 | 5km |
| 男子 | 10km |

×

短距離

| 女子 / 男子 | 1km |

文字通り、走法に制限がありません。主流は、スキー板を逆ハの字に開いてスケートのように片足ずつ滑ることで前進するスタイル（スケーティング走法）です。

・クラシカル走法で、スキー板を交互にキックする滑走を「ダイアゴナル滑走」と呼ぶ。
・クラシカル走法は力強いストックワークが特徴である。

・スケーティング走法はクロスカントリースキーの中では最も速い走法である。

クラシカル走法ではスケーティング走法を行うことが禁止されており、平地では左右のスキーの滑った跡が以下のように平行になります。

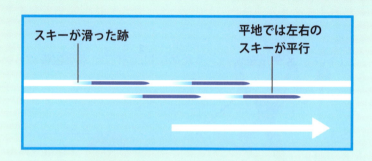

一方、フリー走法では、スケーティング走法をした場合、雪面上の跡は以下のようになります。

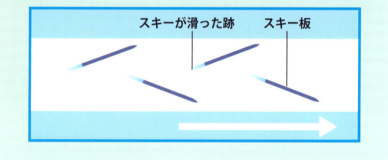

・フリー走法はフリー（自由）なので、クラシカル走法をしてもよい。

・リレー種目は、バンクーバー大会では男女別に行われていたが、参加女子選手の減少により、ソチ大会から男女混合に見直された。
・リレーは２〜４人編成なので、１人で２周走ってもOK。
・リレーは異なる障がいクラスの組み合わせでよく、１チームの４走者の障がいクラスハンデがミックスリレーでは330％以下、オープンリレーでは370％以下と決められている（ハンデは例えばシットスキーなら12％、女性選手なら20％など）。

リレー種目

●ミックスリレー

障がいの重い選手を入れた男女混合の２〜４人の選手が、2.5km を４周して競います。

●オープンリレー

障がいの軽い選手も参加する、だれでも参加できる（オープン）リレー。男女混合の２〜４人の選手が、2.5km を４周して競います。

注目　スタッフの存在の大切さ

　パラクロスカントリースキーは、5〜20kmの中長距離が多く、いずれも選手が時間差で1人ずつスタートするインターバル方式で行われます。また、タイムも計算タイムが使われます。したがって、陸上のマラソンなどとはちがい、選手たちは自分が今何位につけていて、メダルを獲得するためには何秒タイムを縮めたらいいのかを知ることがむずかしいのです。

　そこで、大切なのがスタッフの存在です。スタッフは、計算タイムに対応した順位計算ソフトを使って、レース途中の順位やタイム差を確認。コース各所に散らばった監督やコーチにトランシーバーを使って、その情報を伝えます。選手たちは、監督やコーチからその情報を教えてもらいます。こうして、スタッフと選手が一体となって、過酷なレースをたたかっています。

・インターバル方式のスタートについては、『試合のすすめ方・勝敗の決め方』(p394)参照。

ルール

試合のすすめ方・勝敗の決め方

　試合のすすめ方は、種目ごとに異なります。それぞれの種目ごとに、勝敗決定の方法が次のように決められています。

		試合のすすめ方・勝敗の決め方
個人種目	クラシカル	インターバル・スタート（30秒おきに1人ずつスタート）で行われ、タイムで順位を決定します。
	フリー	
	スプリントフリー	予選は1人ずつレースを行い、タイムで通過者を決定します。予選以外では6人または4人でレースを行い、ゴール順で順位を決定します。
リレー種目		予選以外では6または4チームでレースを行い、ゴール順で順位を決定します。

・クロスカントリースキーでは、前の選手を追い越すときに「バンフライ（Ban Frei ＝ドイツ語で「コースを空けてくれ」の意味）」と声をかける。声をかけられた選手は、コースを明け渡さないと失格となる。

　パラクロスカントリースキーはいずれの種目もインターバル方式のスタートです。インターバル・スタートは選手同士の接触が少ないため、平等にタイムを比較することができます。

　一方、オリンピックなどでのクロスカントリースキーのスタート方法にはもう一つ、全員が同時にスタートする『マススタート』という方式があります。マススタートでは、選手の駆け引きが見どころです。

計算タイム

・計算タイムについては、p352 参照。

　パラクロスカントリースキーの順位の決定には、実走タイムではなく、計算タイムを用いることで、クラスの差による有利不利をなくし、より公平な勝負をすることができるようにしています。

クラス分け

- パラクロスカントリースキーでは、「スタンディング（立った状態）」「シッティング（座った状態）」「ビジュアリーインペアード（視覚障がい）」の3つのカテゴリーに分かれます。
- さらに障がいの種類や程度によりクラス分けがなされます。

　パラクロスカントリースキーでは、「スタンディング（立った状態）」「シッティング（座った状態）」「ビジュアリーインペアード（視覚障がい）」の3つのカテゴリー内では、選手の障がいの種類や程度、運動機能などによって、クラス分けが行われ、順位を決定するときの参考にされます。

スタンディング（立った状態）

　スキーをはいて、立った状態で滑ります。

　障がいの程度によって、LW2 ～ LW9 までのクラスに分けられます。

　同じ部位の障がいの場合、数字が小さい方が重い障がいであることを表しています。

クラス	障がいの種類・程度		具体例
LW2	下肢	片下肢	片大腿切断
LW3		両下肢	足首関節以上の両下腿切断、中度から軽度の両まひ
LW4		片下腿	片下腿切断で義足使用・片側膝関節の固定
LW5/7	上肢	両上肢	両上腕切断・両上肢まひ
LW6		片上肢	片側上腕切断・片側上肢の完全まひで固定
LW8			片側前腕切断・片側上肢のまひで未固定
LW9	片上肢および片下肢		片上肢および片下腿切断

※　LW2 ～ 4 に該当する障がいを持つ選手は、座位クラスを選択することもできます。

シッティング（座った状態）

　「シットスキー」と呼ばれる競技用具を用いて、座った状態で滑ります。

　障がいの程度によって、LW10〜LW12クラスに分けられます。

クラス	障がいの種類・程度	具体例
LW10	下肢に障がい＋座位バランスなし	脊髄損傷・脳性まひ
LW10.5	下肢の機能障がいおよび上部腹筋の機能なし＋座位バランスやや良い	
LW11	下肢に機能障がい＋座位バランスより良い	
LW11.5	下肢に機能障がい＋座位バランス良好	
LW12	下肢に何らかの切断	両大腿切断

ビジュアリーインペアード（視覚障がい）

　視覚障がいのある選手が、「ガイド」と呼ばれるスキーヤーと一緒に滑ることが認められています。

　障がいの程度によって、B1〜B3の3クラスに分けられます。

クラス		
B1	B2	B3
全盲（視力0）から光覚（光を認識する感覚）まで。	矯正後の診断で視力0.03までか、視野（視力の及ぶ範囲）5度までか、その両方。	矯正後の診断で視力0.1までか、視野（視力の及ぶ範囲）20度までか、その両方。

競技
用具

- シッティングカテゴリーの選手は、スキー板にいすが取りつけられたシットスキーに乗り、競技を行います。
- カテゴリー・クラスごとに使用する用具が決められています。

■ シットスキー

　2本のクロスカントリー用スキー板にいすが取りつけられたスキーです。材質や形状については、規定はなく、自由です。

　シットスキーの多くは、スピードを出しやすくするために、軽くてシンプルなつくりをしています。

正座をするタイプ

いすのように座るタイプ

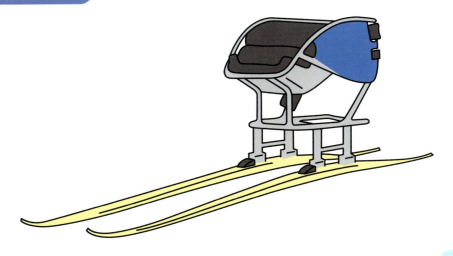

カテゴリー・クラス別の使用用具

● **スタンディング（立位）**

クラス	使用する用具
LW2	2本のストック＋2本のスキー板
LW3	
LW4	
LW5/7	ストックなしで2本のスキー板
LW6	1本のストック＋2本のスキー板
LW8	
LW9	自ら選択した用具を使用

● **シッティング（座位）**

クラス	使用する用具
LW10	チェアスキー
LW10.5	
LW11	
LW11.5	
LW12	

ビジュアリーインペアード（視覚障がい）カテゴリーではガイドと一緒に滑ることが認められていますが、そのうちのB1クラスの選手は、必ず目隠しをしてガイドをつけなければなりません。

世界で活躍！ トップ・アスリートたち

ソチ大会銀メダリストの勝負師
イホール・レプティウク

　ウクライナのスタンディングカテゴリーの選手。陸上や水泳などさまざまな競技に挑戦した後、クロスカントリースキーを始めました。

　2013年に国際大会にデビュー。パラリンピックには、2014年ソチ大会に初出場し、4×2.5kmのオープンリレーで銀メダルを獲得します。その後も活躍をつづけ、2017年世界選手権では20kmクラシカルで優勝。「勝つことが好き」と公言しているイホール選手は2018年平昌大会の金メダル候補の1人として挙げられています。

パラリンピック4大会連続・複数金メダル
ブライアン・マッキーバー

　3歳でスキーを、13歳で競技スキーを始めましたが、19歳のときに中心視力の喪失を引き起こす眼の遺伝的な黄斑変性症であるスターガルト病のために視力を失い始めます。

　パラリンピックでは、2002年ソルトレークシティー大会、2006年トリノ大会でそれぞれ2種目、2010年バンクーバー大会、2014年ソチ大会でそれぞれ3種目で金メダルを獲得したスターです。2014年に別のガイドと交代するまで、兄ロビン・マッキーバーがガイドを務めていたことでも有名です。

注目の日本人選手たち

着実に力をつけている若手のホープ
阿部友里香

　左上腕機能不全の障がいを持っていますが、2010年バンクーバー・パラリンピックのクロスカントリースキーをテレビで見て、同じ腕に障がいのある選手がストック1本で滑っている姿に惹かれ、本格的にクロスカントリースキーを始めます。

　2011-12年ワールドカップで海外大会デビュー。2014年ソチ・パラリンピックに出場、15kmクラシカルで8位入賞を果たします。2016年W杯フィンランド大会ではスプリント・クラシカルで金メダルを獲得するなど力をつけています。

バンクーバー2種目金メダルのベテラン
新田佳浩

　3歳の時に祖父が運転したコンバインに巻き込まれて左前腕を負傷し切断。4歳からスキーを、小学校3年からクロスカントリースキーを始め、岡山県代表として中学校2年で全国大会に出場します。

　パラリンピックでは、2006年トリノ大会では日本選手団の旗手を務め、2010年バンクーバー大会では主将を務め上げます。バンクーバー大会では、10kmクラシカル及び1kmスプリントで金メダルを獲得。2017年世界選手権でも20kmクラシカル（立位）で銅メダルを獲得しました。

世界記録

　2014年ソチ・パラリンピック男子の金メダルは、以下のとおり、ロシアとカナダの独占となりました。

種目	カテゴリー	選手	国
1km スプリント	立位	キリル・ミハイロフ	ロシア
	座位	ロマン・ペツコフ	ロシア
	視覚障がい	ブライアン・マッキーバー	カナダ
10km（フリー）	立位	アレクサンドル・プロンコフ	ロシア
	座位	クリス・クレブル	カナダ
	視覚障がい	ブライアン・マッキーバー	カナダ
20（15）km クラシカル	立位	ルシャン・ミネグロフ	ロシア
	座位	ロマン・ペツコフ	ロシア
	視覚障がい	ブライアン・マッキーバー	カナダ

パラクロスカントリースキー

2014年ソチ大会のそのほかの種目は、リレー種目はミックス・オープンともにロシアが金メダル、女子も5種目でロシアが金メダルと、特にロシアの強さが目立った大会でした。

パラバイアスロン

パラバイアスロンとは？

・バイアスロンは、クロスカントリースキーと射撃の両方を行う競技です。

・競技の原型は、銃を背負って獲物を追いかけ、スキーで野山をかけまわる北欧の冬の狩猟であり、これがのちに競技として発展しました。

・オリンピックでは、男子は1960年スコーバレー大会、女子は1992年アルベールビル大会から正式競技となりました。

・パラリンピックでは、1988年のインスブルック大会から男子のみ正式競技となり、1994年のリレハンメル大会から女子も参加するようになりました。

パラリンピックに参加できる障がいの種類

肢体不自由	立位	●
	車いす	●
	脳性まひ	●
視覚障がい		●
知的障がい		

※ソチパラリンピック時点

- バイアスロン競技の原型は、スキーで野を駆け回り、銃で獲物をうつ北欧の冬の狩猟です。
- パラリンピックでは、1988 年のインスブルック大会から男子、1994 年のリレハンメル大会から女子が正式競技となりました。

はじまり

　バイアスロン競技の原型は、スキーで野を駆け回り、銃で獲物をうつ北欧の冬の狩猟であり、これが後に雪中戦や森林警備隊の技術として用いられるようになりました。

　競技としては、18 世紀後半にスウェーデンとノルウェーの軍人が行ったのが始まりといわれています。そして、1861 年になって、ノルウェーで、それまでの狩猟や戦闘技術として用いていたことを、スポーツとして行うようになりました。

オリンピックでの歴史

　オリンピックでは、まず 1924 年シャモニー大会（フランス）で軍事偵察競技（ミリタリーパトロール〔英語で military patrol〕）というスキー登山も含めた競技として、公開競技として行われたのが最初です。この競技はその後 3 回ほど行われました。

　その後、バイアスロンとして、男子は 1960 年スコーバレー大会、女子は 1992 年アルベールビル大会から正式競技となりました。

　オリンピックでは現在に至るまで数多くのルール改正がなされています。一番大きなものは1976 年に 30 口径ライフル弾を使用する大口径銃（射距離 150 m）から 22 口径競技用ライフル弾を使用する小口径銃（射距離 50 m）に変わったことといわれています。

パラリンピックでの歴史

　パラリンピックでは、1988 年オーストリアのインスブルック大会から正式競技となりました。当時は男子のみ参加が認められていましたが、1994 年ノルウェーのリレハンメル大会から女子も参加できるようになりました。

競技の
ルール

・パラバイアスロンの競技場は、「クロスカントリースキーを滑るコース」と「射撃を行う射場」の大きく2つからなります。

競技場

　パラバイアスロンの競技場は、基本的に一般のバイアスロンと同じで「クロスカントリースキーを滑るコース」と「射撃を行う射場」の大きく2つからなります。「クロスカントリースキーを滑るコース」では、「ショート」「ミドル」の種目でペナルティを受けた場合に周回するための「ペナルティループ」という場所が設けられているのが特徴です。

射場
クロスカントリーのコースを1周した後、射場で射撃を行う。射場は、競技会場の中央エリアに設置される。標的と射座（選手が射撃をする場所）の両方が観客から見やすい位置に置かれる。

ペナルティループ
射撃で外した回数分、ペナルティとして1周150mを周回する（「ロング」以外）。ペナルティループは、射場の直後になるよう設置される。

クロスカントリーのコース
規定回数を周回する。原則として、1周2.5km。登り坂や下り坂、カーブなど、複雑なコースになっている。

10m

種　目

パラバイアスロンは、距離別に「ショート」「ミドル」「ロング」の3種類に大きく分かれます。

		男子	女子	ペナルティ
クロスカントリー	ショート（短距離）	2.5km × 3 周（7.5km）	2km × 3 周（6km）	ペナルティループを周回する（射撃で外した回数× 150 m）
	ミドル（中距離）	2.5km × 5 周（12.5km）	2km × 5 周（10km）	
	ロング（長距離）	3km × 5 周（15km）	2.5km × 5 周（12.5km）	競技タイムに加算される（射撃で外した回数× 1 分）
射撃	ショート（短距離）	5 射× 2 回		
	ミドル（中距離）	5 射× 4 回		
	ロング（長距離）	5 射× 4 回		

ルール

試合のすすめ方

バイアスロンはクロスカントリースキーと射撃を交互に行う競技です。したがって、どの種目もクロスカントリースキーのコースを1周するごとに、射場に入り5射の射撃を行います。

さらに、「ショート」「ミドル」では、射撃に失敗したら失敗した数だけ、射撃をした後にペナルティループを周回してから、次のクロスカントリースキーの周回に移ります。

パラバイアスロン

●**ショート（男子）の場合**

・全員一斉スタート（マススタート）ではなく、時間差（通常30秒間隔）でのインターバル方式でスタートする。

・女子ショートの場合には、2kmを1周する。

・クロスカントリーの時、ライフルは背負わない。

・射撃にかかる時間も競技タイムとして加算されるため、すばやく撃つ必要がある。

・ショートの場合、射撃で失敗すると、射撃の後にペナルティループを周回しなければならないのが特徴。

スタート

クロスカントリー
2.5kmを1周します。

射撃
5発撃ちます。

ペナルティ
射撃を外した数だけ、ペナルティループを周回します。

全部的中!!

戻る
クロスカントリースキーに戻ります。

これらを2回くり返したら、最後にクロスカントリースキーを1周した後、ゴールとなります。

ゴール

●ロング（男子）の場合

スタート

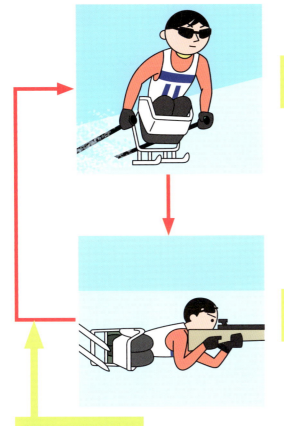

クロスカントリー
3km を 1 周します。

射撃
5 発撃ちます。

戻る
クロスカントリー
スキーに戻ります。

これらを 4 回くり返したら、最後にクロスカントリースキーを 1 周した後、ゴールとなります。

ゴール

ロングの場合、ペナルティループはなく、射撃の失敗はそのまま「失敗した数 ×1 分」として、タイムに加算されるのが特徴です。

・全員一斉スタート（マススタート）ではなく、時間差（通常 30 秒間隔）でのインターバル方式でスタートする。

・女子ロングの場合には、2.5km を 1 周する。

・クロスカントリーの時、ライフルは背負わない。

・射撃にかかる時間も競技タイムとして加算されるため、すばやく撃つ必要がある。

・ロングの場合、4 回射撃を行うので、失敗の数によっては相当なペナルティになってしまうこともある。

・計算タイムについては『計算タイム』p352参照。

順位の決め方

タイムで順位を決めます。

「ロング」の場合は、「『クロスカントリースキーの滑走タイム』と『射撃に要した時間』に係数をかけたタイム（計算タイム）」と「射撃の失敗数に1分をかけたタイム」の合計タイムで競います。

「ショート」「ミドル」の場合は、「『クロスカントリースキーの滑走タイム』と『射撃に要した時間』に係数をかけたタイム（計算タイム）」と「ペナルティループを周回したタイム」の合計タイムで競います。

合計タイムの出し方

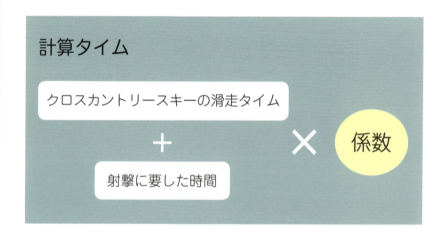

計算タイム

クロスカントリースキーの滑走タイム
＋
射撃に要した時間
×　係数

ペナルティのタイム

「ロング」の場合	射撃の失敗数×1分
「ショート」「ミドル」の場合	ペナルティループを周回したタイム

射撃の方法

パラバイアスロンの射撃は必ず伏射で行います。

カテゴリーによって大きさが異なる的を 10 m離れた場所からねらいます。

スタンディング（立った状態）・シッティング（座った状態）

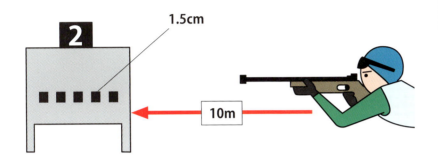

「スタンディング」「シッティング」では、エアガン（空気銃）を使い、実際に実弾が出ます。以前は 2.5cm だった的の大きさが、レベルの高い競技にするため、小さくなりました。

ビジュアリーインペアード（視覚障がい）

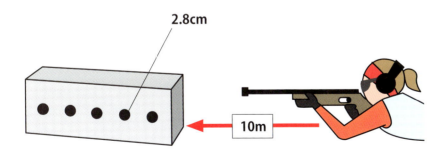

「ビジュアリーインペアード」の選手は、自分の目で的を見ることができません。そこで、音式スコープという装置で周波数を聴き分けてねらいを定めます。使われるのはビーム銃です。

伏射
地面に伏せてうつ姿勢のことをいう。

・カテゴリーについては、『クラス分け』p395、411 参照。

パラバイアスロン

「ビジュアリーインペアード」の選手は、自分の目で的を見ることができないため、「音式スコープ」という装置で周波数を聴き分けてねらいを定めます。ヘッドホンから聴こえる音が、的からの距離で変わっていくしくみになっており、選手はその音を聴き分けて、的中をねらいます。

・銃口が的に向くとヘッドホンから音が出始めるしくみになっている。

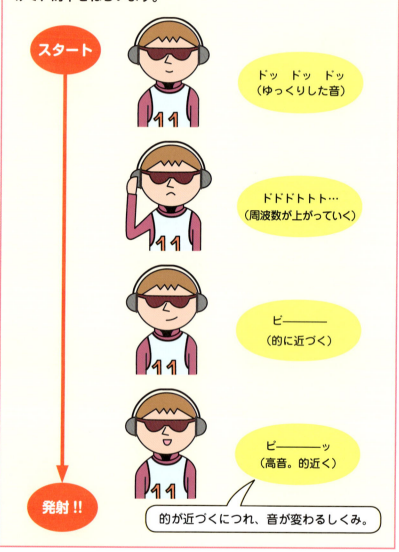

スタート

ドッ ドッ ドッ
（ゆっくりした音）

ドドドトトト…
（周波数が上がっていく）

ビ———
（的に近づく）

・的中かどうかなど、結果も音で知らされるしくみになっている。

ピ———ッ
（高音。的近く）

発射!!

的が近づくにつれ、音が変わるしくみ。

計算タイム

・計算タイムについては p352 参照。

　パラバイアスロンの順位の決定には、実走タイムではなく、計算タイムを用いることで、クラスの差による有利不利をなくし、より公平な勝負をすることができるようにしています。

・パラバイアスロンでもクロスカントリースキーと同じように、「スタンディング（立った状態）」「シッティング（座った状態）」「ビジュアリーインペアード（視覚障がい）」の3つのカテゴリーに分かれます。

　パラバイアスロンでも、パラクロスカントリースキーと同様、各種目「スタンディング（立つ）」「シッティング（座る）」「ビジュアリーインペアード（視覚障がい）」の3つのカテゴリーに分かれます（p395参照）。

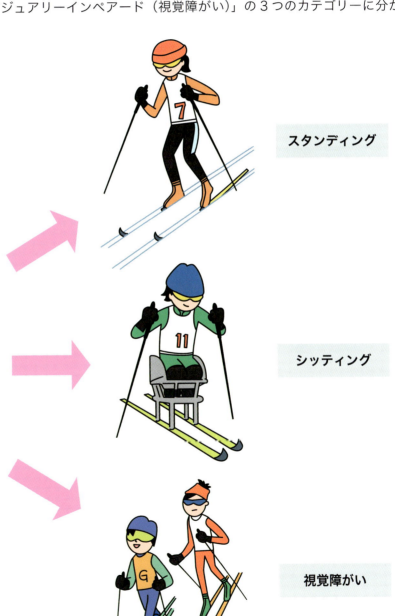

スタンディング

シッティング

男子ショート

このほか、女子も含めて、すべての種目が3つのカテゴリーに分かれます。

視覚障がい

パラバイアスロン

・ビジュアリーインペアード（視覚障がい）のカテゴリーの射撃では、エアライフルではなく、ビームライフルが用いられます。
・障がいによってはサポート台を使って、銃を支える場合があります。

ビームライフル

　ビジュアリーインペアード（視覚障がい）の
カテゴリーの射撃では、エアライフルではなく、
ビームライフルが用いられます。

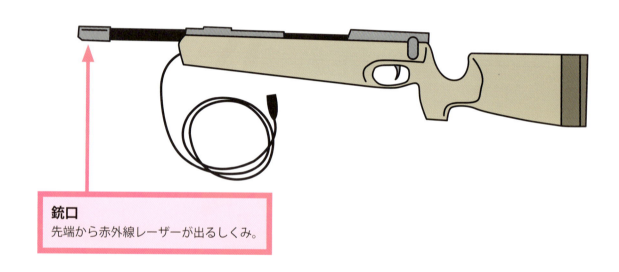

銃口
先端から赤外線レーザーが出るしくみ。

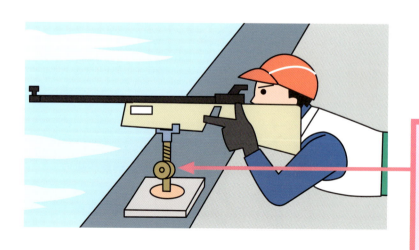

サポート台
エアライフルかビームライフルかにかかわらず、障がいによって、サポート台を使って銃を支える場合があります。

世界で活躍！ トップ・アスリートたち

ソチ大会ミドル金メダリスト
アーニャ・ウィッカー

幼い頃から車いす生活を送っていましたが、フェンシングやバスケットボールなどさまざまなスポーツを経験します。そして2006年からクロスカントリースキーとバイアスロンを始めます。

2011–2012年シーズンにはW杯で優勝。2014年ソチ・パラリンピックではミドル（10km〔座位〕）で金メダルを獲得します。

2017年W杯でもクロスカントリースキーで3位表彰台に輝くなど2018年平昌大会に向けて順調な仕上がりを見せています。

注目 「動」と「静」 正反対の2競技を制するには?!

クロスカントリースキーで速く滑れば呼吸がみだれ、射撃の正確さが損なわれます。クロスカントリースキーの「動」と射撃の「静」。この正反対の性格をもつ2つの競技を、どう組み合わせて戦うかがこの競技の最大のポイントです。

スキー走行した選手の脈拍は、1分間に180を超えるといわれます。それでも競技タイムには射撃のタイムも加算されますから、選手は、なるべく速く射撃することが求められます。強靭な体力と精神力をもつ者が、その栄冠を手にすることができる競技です。

パラバイアスロン

注目の日本人選手たち

世界への挑戦を始めた若き新鋭
新田のんの

　両下半身まひで生まれ、生後6日で大手術を受けた後に車いす生活になり、小学3年で車いすマラソンを始めます。中学3年からは本格的な競技用車いす（レーサー）で長距離マラソン大会にステップアップ、多くの大会で勝ち続けます。そんな中、2015年にシットスキーでクロスカントリーを初体験したことをきっかけに、冬競技でのパラリンピック参戦を決意します。2017年のW杯では表彰台まであと一歩の4位入賞を果たすなど、2018年平昌大会での飛躍が期待されています。

ニックネームは「クロカン王子」
佐藤圭一

　生まれつき左手首から先がない先天性形成不全による左手関節部欠損の障がいを持っています。中学卒業後、新聞販売所で住み込みで働いた後、転職。21歳で定時制高校に入学。将来に迷っていた時、新田佳浩選手の新聞記事が目に入り、パラリンピック出場の夢を描きます。25歳で会社を辞め、ワーキングホリデーでカナダへ。スキー場で働きながら、クロスカントリーの基礎を習いました。パラリンピックでは2010年バンクーバー大会、2014年大会のクロスカントリー、バイアスロンの2競技に出場しました。

世界記録

　2014年ソチ・パラリンピック女子の金メダルは、以下のとおり、地元ロシアが圧倒的活躍を見せました。

種目	カテゴリー	選手	国
ショート	立位	アリョーナ・コーフマン	ロシア
	座位	アンドレア・エスカウ	ドイツ
	視覚障がい	ミカリナ・ルィソヴァ	ロシア
ミドル	立位	アリョーナ・コーフマン	ロシア
	座位	アーニャ・ウィッカー	ドイツ
	視覚障がい	ミカリナ・ルィソヴァ	ロシア
ロング	立位	オレクサンドラ・コノノワ	ウクライナ
	座位	スヴェトラーナ・コノヴァロワ	ロシア
	視覚障がい	ユリヤ・ブダレヴァ	ロシア

2014年ソチ大会は、男子も6種目でロシアが金メダルと、地元ロシアの強さが目立ちましたが、男子はウクライナも残り3種目で金メダルを獲得しています。

パラスノーボード

パラスノーボードとは？

・スノーボードとは、サーフィンやスケートボードのように横向きになって板に乗り、バインディング（ビンディング）と呼ばれる留め具で足を固定し、雪の斜面を滑るスポーツです。

・オリンピックでは 1998 年長野大会から正式競技となっています。

・パラリンピックでは、2014 年ソチ大会ではアルペンスキー競技の 1 種目として「スノーボードクロス」が実施されましたが、2018 年平昌大会では独立競技として「パラスノーボード」が正式採用され、「スノーボードクロス」と「バンクドスラローム」の 2 種目が実施される予定です。

パラリンピックに参加できる障がいの種類

	立位	●
肢体不自由	車いす	
	脳性まひ	
視覚障がい		
知的障がい		

※ソチパラリンピック時点

競技の歴史

- スノーボードの起源は、1963 年にトム・シムスが「スキーボード」を生み出したこととされています。
- パラリンピックでは、2018 年平昌大会から独立競技として正式採用され、2 種目が実施される予定です。

は じまり

雪山を 1 枚の板で滑ることは 1800 年代にはすでに行われていたとも言われていますが、アメリカで 1963 年に当時まだ 12 歳であったトム・シムス（Tom Sims）が、スケートボードを加工して作った「スキーボード」を生み出したことを起源とする説が最も有力です。また、その 2 年後の 1965 年にはシャーマン・ポッペン（Sherman Poppen）が作った「Snurfer（スナーファー：snow と surfer の合成語）」と呼ばれる雪上サーフィンのボードも発明されました。

初期のスノーボードは、板の面積が大きく、降雪後に山に登り新雪をサーフィン感覚で滑り降りるもので、「スノーサーフィン」と呼ばれていました。

パ ラリンピックでの歴史

パラリンピックでは、2014 年ソチ大会でアルペンスキー競技の 1 種目として「スノーボードクロス」が実施されました。2018 年平昌大会では独立競技として「パラスノーボード」が正式採用され、「スノーボードクロス」と「バンクドスラローム」の 2 種目が実施される予定です。

2018 年平昌大会より実施予定

競技の ルール

- スノーボードクロスのコースは、旗門で規制された 1000 m前後のコースで、さまざまなセクションが設定されています。
- バンクドスラロームは予選・決勝と行われ、決勝はトーナメント方式で実施されます。

コース

スノーボードクロス

　スノーボードクロスのコースは、旗門で規制された 1000 m前後のコースで、そのコース上には「キッカー」と呼ばれるジャンプ台や、大きな波のようにうねっている「ウェーブ」、よりスピードが出る「バンク」など、人工的に作られたさまざまなセクションが設定されています。

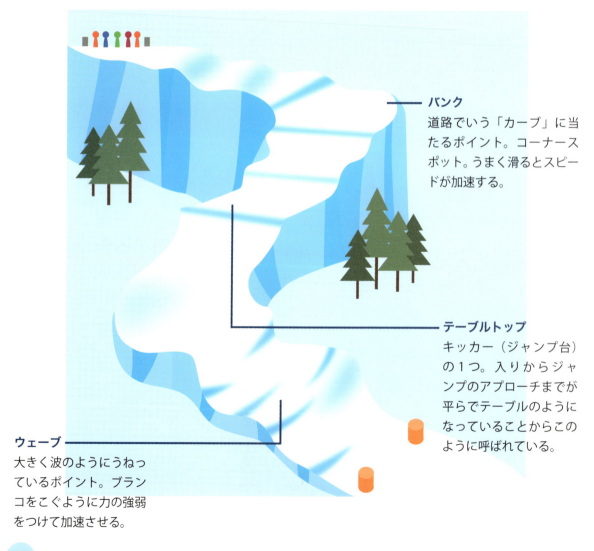

バンク
道路でいう「カーブ」に当たるポイント。コーナースポット。うまく滑るとスピードが加速する。

テーブルトップ
キッカー（ジャンプ台）の1つ。入りからジャンプのアプローチまでが平らでテーブルのようになっていることからこのように呼ばれている。

ウェーブ
大きく波のようにうねっているポイント。ブランコをこぐように力の強弱をつけて加速させる。

バンクドスラローム

　バンクドスラロームのコースは、起伏のある自然の地形を最大限に生かしながら、バンクと旗門が設けられています。アルペンスキーのコースに似ています。扇状に左右に広がるバンクは、スノーボードの原点である重力と遠心力を感じさせるものになっています。

バンク
道路でいう「カーブ」に当たるポイント。コーナースポット。うまく滑るとスピードが加速する。

種　目

スノーボードにはいろいろな種目がありますが、大きく「アルペンスノーボード」と「フリースタイルスノーボード」の２種類に分けられます。

「アルペンスノーボード」はスキーのように固いブーツで滑る、基本的に一方向しか滑らないように出来ているスノーボードで、最速を競う種目です。

一方、「フリースタイルスノーボード」はやわらかいブーツを使用し、滑るだけでなく飛んだり跳ねたりといったテクニックを競う種目です。

パラリンピックで実施される「スノーボードクロス」「バンクドスラローム」は２種目とも、「フリースタイルスノーボード」に分けられます。

種類	アルペン	フリースタイル
特徴	固いブーツで滑る、最速を競う種目	やわらかいブーツを使用し、飛んだり跳ねたりといったテクニックを競う種目
種目例	回転 ●大回転	●ハーフパイプ ●スロープスタイル ●ビッグエア ●スノーボードクロス 　バンクドスラローム

赤字は平昌パラリンピック種目。●は平昌オリンピック種目。

ビッグエアは、2018年平昌オリンピックから正式種目として採用され、注目を集めています。スキージャンプ台のような急傾斜の斜面（高さ30m以上、斜度約40°）を滑り降りて、そのまま角度をつけながら空中に飛び出して、さまざまなエア（技）を繰り出します。採点はエアの難易度・完成度・着地などから行われます。

用語

回転・大回転
コースの斜面に平行に左右２本ずつの旗門がセットされたコースを滑る。違いは旗門の幅で、大回転は23m前後、回転は13m前後。したがって、大回転はダイナミックなスピード感、回転はテクニカルな回転技術が見どころ。

ハーフパイプ
まさにパイプ（円柱）を半分にカットしたような形の斜面を滑りながら、左右の壁でジャンプを繰り返す競技。ジャンプの高さと繰り出す技の難易度、完成度で競い合う。

スロープスタイル
コース上にあるアイテムを攻略しながら滑り降り、その技の完成度などを採点する総合滑走競技。コース前半はジブセクションで、各選手がアイテムを選んで滑走し、後半はジャンプ台が設置されたジャンプセクションとなる。

●スノーボードクロス

ジャンプやウェーブ、バンクなどの人工的に作られたさまざまなセクションを駆け抜ける競技です。

複数選手が同時に滑る場合、接触による転倒が多く、上位選手があっという間に入れ替わることも少なくありません。そのスリリングな展開や体を張った滑走の様子から、『雪上の格闘技』とも呼ばれています。

見どころ → 順位が一瞬で入れ替わる

パラリンピックでも、決勝では複数の選手が同時にスタートします。そして、障害物をクリアしながらハイスピードで滑り降りていくため、接触や転倒が起こりやすく、順位が一瞬で入れ替わる展開が見どころのひとつです。

さらに、最後のジャンプでの転倒で順位が変わることもあります。このように、最後の最後まで見逃せないレース展開には要注目です！

・バンクドスラローム（英語でBanked Slalom）の起源は、北アメリカで30年近く前から自然の地形を利用して作られたバンクを滑り、一人一人タイムを計測し順位を決めるコンペティションといわれている。

●バンクドスラローム

　起伏のある自然の地形を最大限に生かしたコース上に旗門を設け、タイムを競うシンプルな競技です。エア（技）の場面はありませんが、フリーライディング能力、スピードや重力に耐えうる身体能力、精神面の能力などが問われます。

見どころ → バンクを攻める姿勢！

　スピードを競うタイムレースでありながらも、バンクを攻めるその競技スタイルが見どころの１つ。
　旗門、コーナーのほとんどがバンクになっていることから、バンクを利用した無駄のない小さなターン、スピードをロスなく加速して次のターンに向かうその姿勢に注目です。

ルール

試合のすすめ方

●スノーボードクロス

まず予選が行われます。予選では各選手が1人ずつコースを3本滑ります。3本のタイムのうち、一番速いタイムの結果で決勝に進出できるかが決まります。

決勝ラウンドは複数ラウンドで構成されます。予選タイムで組分けされた2名一組の選手が同時にスタートし、勝った方が次ラウンドに進出する「トーナメント方式」によって実施されます。

●バンクドスラローム

バンクドスラロームは、各選手が1人ずつ同じコースを3回滑り、最も早かった1本のタイムで順位が決まります。

・バンクドスラロームのコース上には旗門が立っており、規定どおりに旗門を通過しなければならない。

- パラスノーボードは、障がいの種類や程度によって３つの
 クラスに分かれます。
- 出場するのは切断やまひなど下肢や上肢に障がいのある立位
 の選手です。

パラスノーボードは、障がいの種類や程度によって３つのクラスに分かれます。

クラス	障がいの内容	具体例
SB-UL	上肢障がい	両上腕切断・両上肢まひ・片側上腕切断
SB-LL1	下肢障がい・重い	大腿切断
SB-LL2	下肢障がい・軽い	片下腿切断で義足使用

注目　義足があればできるスポーツ！

　冬季スポーツでは、両足義足の場合、例えばアルペンスキー、クロスカントリースキーなどの場合、チェアスキー、シットスキーなど特別な用具を必要とします。しかし、パラスノーボードの場合、義足でふつうにスノーボードを始めることができます。また、上達すれば健常者と変わらないレベルにまで達することができるのも大きな魅力といわれています。

競技用具

- パラスノーボードは特別な用具を用意しなくとも行うことができるのが魅力で、スノーボードも通常と同じボードを使用します。
- ブーツは2種目ともソフトブーツを使用する選手が多いです。
- 義足は競技のために専用のものを使用する選手もいます。

スノーボード

パラスノーボードは特別な用具を用意しなくとも行うことができるのが魅力といわれています。

選手たちは義足をつけて、一般のスノーボードを使用して競技を行います。

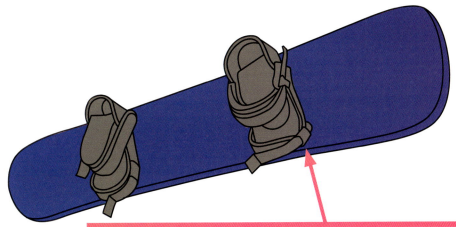

バインディング

ボードに直接つけられている、スノーボードとブーツを固定する器具。日本では「ビンディング」とも表記されます。フリースタイルスノーボードでは、板の進行方向に対して、より横向きにセットされます。

ブーツ

フリースタイルスノーボードではソフトブーツが使用されます。「バンクドスラローム」では以前はアルペン用の固い（ハード）ブーツを使用する選手もいましたが、今はほとんどの選手がソフトブーツを使用しています。

世界で活躍！トップ・アスリートたち

ソチ大会スノーボードクロス金メダリスト
エヴァン・ストロング

　サンフランシスコで生まれハワイ・マウイ島で育った彼は、17歳の時、バイク事故で左脚膝下を切断。事故前はスケートボードのプロとして活躍していましたが、事故後、義足をつけてスノーボードに挑戦します。2011年にアメリカで人気のウインターXゲームズのパラ・スノーボードクロスで金メダルを獲得、さらに2011-12年W杯総合優勝を飾ります。そして、「金メダルに一番近い男」と言われた2014年ソチ・パラリンピックで見事その通り金メダルを獲得します。

　2018年平昌大会で連覇を目指しています。

世界選手権2種目制覇
マッティ・スール-ハマリ
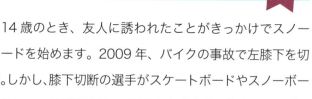

　14歳のとき、友人に誘われたことがきっかけでスノーボードを始めます。2009年、バイクの事故で左膝下を切断。しかし、膝下切断の選手がスケートボードやスノーボードをしている動画を見て、事故から3年後、彼はスノーボードを再開します。

　2014-2015年、2015-2016年にはシーズンチャンピオンに輝き、2017年には世界選手権を2種目で制覇。平昌大会でもメダルは確実だと期待されています。

注目の日本人選手たち

W杯で優勝、「成田3兄弟」の末っ子
成田緑夢

　「成田3兄弟」の末っ子として幼い頃からスノーボードに取り組んでいましたが、12歳で一時はスノーボードをやめました。その後トランポリンなどでオリンピックを目指していましたが、19歳の時、自宅のトランポリンで練習中に落下し、左膝を完全脱臼、じん帯も筋肉もすべて切れ、膝下の感覚を失います。

　しかし日本障害者スキー連盟に誘われ、スノーボードを再開すると、W杯で2度優勝するなど、すぐさま頭角を現し、2018年平昌大会でのメダル候補として注目を集めています。

国内では珍しい大腿義足のスノーボーダー
小栗大地

　もともとプロのスノーボーダーとして活躍していましたが、2014年に仕事中の事故で右足の太ももから下を失いました。しかし、すぐさま「片足が残っているなら、スノーボードができる」と気持ちを切り替えます。国内では珍しい大腿義足のスノーボーダーとしてプロを、パラリンピックを目指すことを決意。

　2017年W杯では5位入賞。パラリンピックでメダルを狙える実力のあることを証明します。2018年平昌大会での活躍が期待される選手の1人として、日々成長を続けています。

世界記録

　スノーボードのパラリンピックでの歴史はまだ浅く、2014年ソチ大会で初めてアルペンスキーの1種目として「スノーボードクロス」が実施されました。以下は、そのソチ大会での結果、上位3名です。男子はアメリカ勢のメダル独占となりました。

	金	銀	銅
男子	エヴァン・ストロング（アメリカ）	マイケル・シア（アメリカ）	キース・ガーベル（アメリカ）
女子	ビビアン・メンテル（オランダ）	セシール・エルナンデズ - セルベロン（フランス）	エイミー・パーディ（アメリカ）

注目　「Xゲームズ」など一般レースで切磋琢磨！

　「Xゲームズ」という試合をご存知でしょうか？「Xゲームズ」はアメリカのスポーツ専門チャンネルが主催するエクストリームスポーツの大会で、毎年夏季、冬季に行われています。高額賞金で日本でも話題になりました。「Xゲームズ」以外にも北米では、夏季・冬季、競技を問わず、さまざまな賞金レースが開催されています。これらのレースには障がい者のカテゴリーがある場合もありますが、一般のレースに障がい者が出場することも少なくありません。ソチ・パラリンピック男子スノーボードクロス金メダルのエヴァン・ストロング選手も「Xゲームズ」の一般レースに参加し、優勝しています。このように、パラスノーボードの選手たちは、一般レースという実戦の舞台で活躍しながら日々ライバルと戦っているため、パラリンピックという舞台でも、非常にハイレベルなメダル争いを見せてくれます。

その他の競技

ブラインドテニス

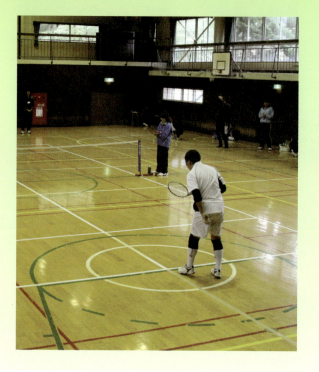

ブラインドテニスとは？

・ブラインドテニスは、視覚障がいをもった人が行うテニスをいいます。

・目が見えなくても空中に浮いているボールで、3次元の球技をやりたいと考えた武井実良さんが高校時代に発案したもので、数少ない日本発祥の競技です。

・ボールに特徴があり、スポンジでできたボールの中には金属球が入った盲人卓球用のボールが入っていて、その金属が卓球の球に当たる音を聞き分けて、選手たちはボールの位置を把握します。

競技の 歴 史

　ブラインドテニスは1984年、日本の武井実良さんが考案した、数少ない日本発祥の競技です。

　武井さんは1歳半の時に病気で視力を失いましたが、球を床や台に転がす視覚障がい者向けの球技に飽きたらず、飛んでくる球を打ち合うテニスの躍動感を追い求めて、弾む時に音が鳴る球を考え出しました。そして、仲間たちと楽しむうちに輪が広がり、90年から全国大会が開かれるようになりました。

　武井さんの夢は、パラリンピックでブラインドテニスを正式競技にすることで、競技の普及を目指して世界各国を訪れていましたが、2011年に駅のホームから転落して亡くなりました。そして、その3日後に、武井さんが改良を加えた新球が完成し、現在、国際公認球として世界中で使われています。

競技の ルール

コート

　ブラインドテニスは国内ルールと国際ルールで異なる点が多くあり、コートの大きさもその1つです。以下は国内ルールのコートです。一般のテニスコートと形は同じですが、2回りほど小さいコートを使用します。

　国際ルールでは、クラスによってコートの大きさが異なり、B1（全盲）クラスでは12.80 m×6.40 m、B2・B3（弱視）クラスでは18.28 m×8.23 mと、B1クラスのほうが小さいサイズのコートを使用するルールとなっています。

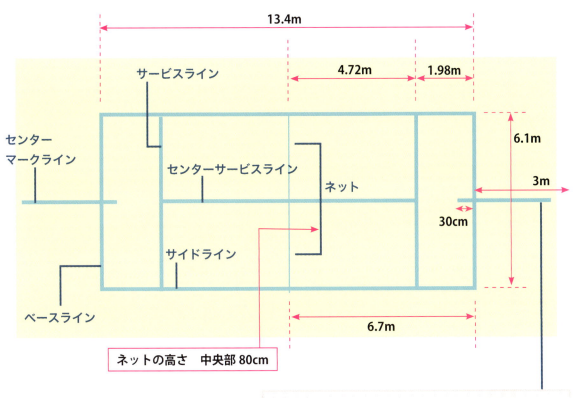

ネットの高さ　中央部80cm

ベースライン、サービスラインの下中央部には、直径2mm程度のひもを通すことで突起をつくり、手や足で触るとラインを確認できるようにしてあります。

ルール

　ブラインドテニスは国内ルールと国際ルールで異なる点が多くあります。ここでは、基本的に国内ルールを紹介します。

ゲームのすすめ方

●試合のセット

　1セット6ゲーム先取の3セットマッチで、2セット先取したほうが勝ちとなります。

●サーブ

　サーバーが「いきます」の声をレシーバーにかけ、レシーバーの「はい」の返答を受けたのち、5秒以内に大きな声で「プレー」と言ってからサービスを行います。かけ声や返答がない場合にはサービスはレットになります。

●ラリー

　B1（全盲）、B2（弱視）クラスでは3バウンド、B3（弱視）クラスでは2バウンド以内に返球します。

●反則

　試合中に第三者からアドバイスを受けたり（コーチング）、故意にラケットに2度以上ボールを当てたり（2度打ち）すると反則となります。

・英語では「Ready」「Yes」「Play」と声かけする。

レット
相手選手がサーブを受ける準備ができる前にサーブを打ち出すこと。サーブはやり直しとなる。

・サーバーやレシーバーが所定の位置を確認する際には、審判やボールパーソンから位置確認のための助言を受けてもかまわない。

・反則はほかに、ネットを越えて返球した場合に失点となる「オーバーネット」、プレー中にネットに触れた場合に失点となる「タッチネット」などがある。

競技用具

ボール

スポンジでできた直径90mmのボールの中に金属球が入った盲人卓球用のボールが入っており、その金属が卓球の球に当たる音を聞き分けて、選手たちはボールの位置を把握します。

空中でも無音状態にならないように改良を重ねた結果生まれたボールです。色は黄色と黒の2種類が使用されます。ブラインドテニス開発者の武井さんが改良したボールが、国際公認球として現在、世界中で使われています。

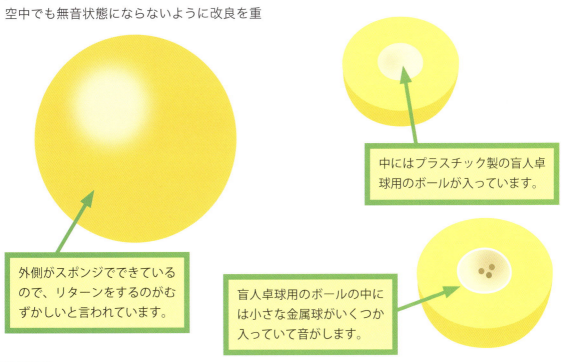

中にはプラスチック製の盲人卓球用のボールが入っています。

外側がスポンジでできているので、リターンをするのがむずかしいと言われています。

盲人卓球用のボールの中には小さな金属球がいくつか入っていて音がします。

クラス分け

B1～B3の3つのクラスに分けられます。B1クラスではアイマスクを装着します。

クラス		
B1	**B2**	**B3**
全盲（視力0）から光覚（光を認識する感覚）まで。	矯正後の診断で視力0.03までか、視野（視力の及ぶ範囲）5度までか、その両方。	矯正後の診断で視力0.1までか、視野（視力の及ぶ範囲）20度までか、その両方。

サウンドテーブルテニス

サウンドテーブルテニスとは？

・視覚障がいのある人が、台上でボールを転がしネットの下を通して打ち合う競技です。

・長年「盲人卓球」という名称で行われてきましたが、2002年4月から現在の名称に変更されました。

・ボールを転がして行う競技であるため、コートに継ぎ目があると正常にボールが転がらないので、一枚板のテーブルを使用します。

・競技はアイマスクをして行います。

競技の ルール

コート

サウンドテーブルテニスは、ボールを転がして行うため、コートに継ぎ目があると正常にボールが転がらないので一枚板のテーブルを使用します。

サイドフレーム
高さ1.5cmのフレーム

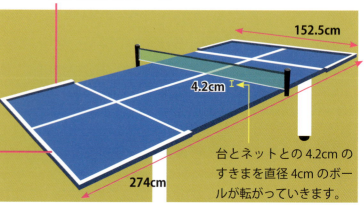

152.5cm

4.2cm

274cm

エンドフレーム
高さ1.5cmのフレームが取り付けられており、ボールが飛び出さないようにしてあります。

台とネットとの4.2cmのすきまを直径4cmのボールが転がっていきます。

ルール

　サウンドテーブルテニスは、ボールの転がり音だけでボールの位置を判断して楽しむことができるよう、以下のようなルールが設けられています。

①ネットとの間に、球が通過できるほどのスペースを設けた台の上を、

②ラバーを張っていない木製のラケットを使用して、

③中に4個の金属球を入れ、転がすと音が出るようになっているボールを、

④ネットの下を通して転がすように打ちます。

●試合のセット

　試合は通常の卓球と同じく5ゲームマッチで行われ、3ゲーム取ったチームの勝利となります。1ゲームは11点先取です。

競技用具

ボール

　4つの鉛の球が入ったボールが中に入っており、その音を聞き分けて、選手たちはボールの位置を把握します。

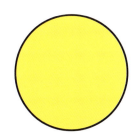

・サービスをする選手は、主審の「プレー」という合図の後、10秒以内に自分のライトコートから相手のライトコートにボールを打つ。

用語

ホールディング
ボールを打ったときにはっきりと打球音がしない場合の反則。

ダブルヒット
2度ボールを打った場合の反則。

・ボールがネットに触れるとサーブミスとなり、相手の得点になる。
・ラリーの中で返球できなければ、相手の得点になる。

卓球バレー

卓球バレーとは？

・卓球台を使用して、6人制バレーボールのルールに準じてプレーする競技です。

・聴覚障がい、肢体不自由、知的障がいなどどのような障がいの人でもプレーすることができる点が特徴です。

・ネットをはさんだ1チーム6人ずつが、いす（または車いす）に座って、金属球の入ったピンポン球を転がして、相手コートへ3打以内で返します。

競技の ルール

選手の人数

1チームは6～10名で編成され、プレーをするのは6名です。そのうち、ネット側の2名を「ブロッカー」、他の4名を「サーバー」とします。6名は卓球台の周りで、いすか車いすに乗ってプレーします。

用語

サーバー
サービスをする人。
ブロッカー
サービスをブロックする人。

436

勝敗の決め方

1セットは15点、3セットマッチで2セット先取したチームが勝ちとなります。

・14対14以後同点になった場合は、先に2点連取したチームが勝ちとなる。

競技用具

ボールは、サウンドテーブルテニスと同じく、卓球のボールに金属球が入っており転がすと音の出るボールを使用します。

・サウンドテーブルテニスの『競技用具』p435参照。

卓球バレー

注目　競技性高し！究極のユニバーサルスポーツ

卓球バレーは、「卓球」と「バレーボール」という私たちになじみのある競技を足して割ったようなスポーツであることから一見、遊びの要素が大きい競技に見えます。

確かに、どんな障がいのある人でも受け入れてくれるという意味では、間口の広い競技です。しかし、だからといって競技性が低いかというとそんなことはありません。競技に習熟した人たちの試合を見ると、ボールのスピードも速く、技術はもちろん、チームワークも必要になってくるなど十分な競技性も持ち合わせています。

その上で、広い場所がなくとも、移動がむずかしい人でも気軽にできるというところにこの競技の魅力があります。気軽にできる団体競技であり、究極のユニバーサル（高齢でも障がいがあっても、大人でも子どもでも、みんなが一緒に参加することのできる）スポーツといえるでしょう。

車いすツインバスケットボール

車いすツインバスケットボールとは？

・車いすツインバスケットボールは、脚だけではなく、手や腕にも障がいを持つ人でも参加できるように、日本で考えられたスポーツです。

・最大の特徴は、正規のゴール以外にもう１つの低いゴールが設けられていることです。「ツイン」バスケットボールという名前は、この２組のゴールがあるというところからきています。

・始まりは 1980 年代といわれています。

競技の ルール

コート

　コートは、一般のバスケットボールと同じ大きさのコートを使用しますが、フリースローサークルの中央に、正規のゴールまで届かない選手のために 1.20m の高さの下ゴールが置かれるのが特徴です。

フリースローサークル
直径 3.6 m

1.20m

3.05cm

ルール

ルールは一般のバスケットボールとほとんど変わりませんが、一部、車いすツインバスケットボール独自のルールがあります。

ボールの運び方

●ドリブル

1回のドリブルで車いすを2回までプッシュ（こぐこと）ができ、ボールを保持していない（ボールに触れていない）時は車いすを何回でもプッシュすることができます。

・したがって、車いすツインバスケットボールにはダブルドリブルはない。

・ボールを保持している時に3回以上プッシュすると、「トラヴェリング」の反則となる。

●シュート

シュートする選手をフリースロー・サークルの円外と円内に区別しています。それにより、それぞれの選手が自分の障がいに応じて独自の役割をゲームにおいて果たすことができるよう工夫されています。

・シュート方法の区分について、くわしくは『クラス分け』p440参照。

用語

制限区域
ゴール周辺の「フリースローレーン」。通常のバスケでは、攻撃側の選手は3秒を超えてとどまることはできない。

8秒ルール
バックコートでボールをコントロールしているチームは、8秒以内にボールをフロントコートに進めなければならない。

ショットクロック
攻撃側は、一定時間にボールをショットし、ゴールするか、そのボールがリングに触れなければならない。

時間の制限

バスケットボールには、さまざまな時間制限のルールが設けられていますが、四肢まひの選手は、早く動くことができないことから、フリースローやスローインなどの5秒ルール以外は、制限時間をより長くとっています。

ルール名	ツインバスケの時間	通常のバスケの時間
フリースロー	5秒	5秒
スローイン		
制限区域	8秒	3秒
8秒ルール	15秒	8秒
ショットクロック	30秒	25秒

ク ラス分け

車いすバスケットボールと同じように、各選手の車いす操作、ドリブルなど基本的な動きによる身体能力や車いすに座った状態での体幹のバランス能力などを見て、クラス分けが行われます。各クラスには「持ち点」（1.0〜4.5の0.5点刻み）が設定されており、コート上に立つ5人の選手の合計の持ち点が11.5点以内になるようにしなければなりません（クラス分けについては『車いすバスケットボール』p242の図参照）。

さらに、コートでプレーする個人持ち点が4.0点以上の選手は1人までで、4.0点以上の選手2人を同時にプレーさせることはできないという決まりがあるよ。

ショット区分

　また、車いすツインバスケットボールでは、「ショット区分」というシステムがあります。各プレーヤーは、持ち点に応じて、上（正規のゴール）にゴールするのか、下にゴールするのかが決まっており、次の３種類に分けられます。ショット区分は、ヘアバンドを使用して見た目にも区別されます。

ショット区分	持ち点	対象となる選手	ヘアバンドの有無・色
上ゴール	3.0 〜 4.5 点	肩・肘を自由に動かし、手首を手の平側に曲げることができます。軽い抵抗にたえること、前に倒れても起き上がることができ、正規のゴールにシュートします。「上シューター」と呼ばれます。	ヘアバンドなし
下ゴール	2.0 〜 3.5 点	肩を自由に動かし、肘を曲げること、軽い抵抗に耐えることができます。手首は手の平側に曲げることに弱いですが、前に倒れても起き上がることができ、下リングにフリースローサークル外からシュートします。「円外シューター」と呼ばれます。	白色
下ゴール	1.0 〜 1.5 点	肩をある程度自分で動かすことができます。肘は曲げることができても力を入れて伸ばすことはできません。手首を手の甲側に上げることはできますが、手の平側には曲げられません。指を動かせないことが多く、前方に倒れると起き上がることができません。下のゴールにフリースローサークル内からゴールします。「円内シューター」と呼ばれます。	赤色

　さらに、「ショット区分」に応じて、ドリブルの仕方も決まっています。

シューター名	ドリブルの種類・やり方
上シューター・円外シューター	ドリブルは床にバウンドさせます（床ドリブル）。
円内シューター	ボールを両手で胸以上の高さまで上げる動作を１回のドリブルとします（膝上ドリブル）。

フロアバレーボール

フロアバレーボールとは？

・フロアバレーボールは、視覚障がいのある人が行うバレーボールです。

・床の上を滑るように転がってくるボールをネットを挟んで打ち合うところが、一般のバレーボールと大きく異なる点です。

・コートは6人制バレーボールコートと同じですが、ネットは専用のものを床上30cmの高さに張ります。

・前衛選手が3人とも「まったく見えない」状態を作ってプレーするというのが、最大の特徴です。

競技の ルール

コート

　コートは、一般の6人制バレーボールと同じ大きさ（9×18ｍ）のコートを使用しますが、ネットは床上に30cmの隙間ができるよう、上下にワイヤーが通された専用のネットを使用します。

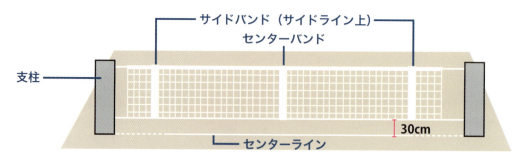

サイドバンド（サイドライン上）
センターバンド
支柱
30cm
センターライン

ルール

基本的なルールは一般のバレーボールと変わりませんが、一部、独自のルールがあります。

選手の人数

1チームは前衛3名、後衛3名の計6名で構成されます。前衛選手はアイマスクもしくはアイシェードを着用し、何も見えない状態とします。

フロアバレーボールは、指示をしながらプレーする後衛選手と、音や声を頼りにする前衛選手が一緒のチームなので、チームワークがとても大切な競技です。

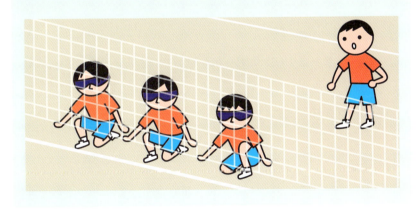

基本の動き

●前衛選手

前衛選手は、アイシェードを着け、何も見えない状態なので「ボールを押えて打つ」ということが基本になります。そして、押えてから3秒以内に打たないと反則となります。また、押えたボールを移動させることも反則です。

・ネットと並行にネットから3mの場所に引かれたアタックラインによって、「後衛エリア」と「前衛エリア」に分かれており、基本的に後衛選手が前衛エリアに入ることはできない。

・後衛の3人はアイシェードなどは着けず、前衛の選手にボールの位置やブロックの位置などの指示をしながらプレーする。

・前衛選手は、ボールの音や後衛選手の指示を聞きながらプレーするため、しゃがんだ姿勢となることが多いので、身体のどの部分にボールが触れても反則にはならない。

●後衛選手

　後衛選手は、ボールを目で見てプレーするので、前衛選手のようにボールを止めてしまうプレーはキャッチボール（ホールディング）という反則となります。そのため、常に動いているボールを明瞭にヒットするようにレシーブしたりパスしたり、相手コートに強く打ち返したり（アタック）します。両手をしっかりと組むか、片手を必ずにぎりこぶしにしてプレーします。

サーブ

　決められたサーブエリアにボールを置いて、審判が「打ってもいいよ」という合図の笛を吹いたら、サーブをする自分の番号をハッキリと言ってからサーブを打ちます。

●前衛選手

前衛選手は、片手でボールを押さえて打ちます。

・ゲームはスリーポイント制（3打以内に攻撃をする）。3セットマッチで、2セット先取した方が勝利する。

●後衛選手

　後衛選手は、ボールを所定のエリア内に置いて、相手コートに打ち込みます。

　サーブしたボールがネットを通過するまでは誰もしゃべってはいけません。ベンチの控え選手も同様です。これは、フロアバレーボールが音を大切にするスポーツだからです。

　サーブがネット下を通過した後はコート内の選手は声を出してもかまいません。特に後衛選手は前衛選手への指示をするために、たくさん声を出します。

・サーブがネットを通過する前に声を出した場合、「ネット前コール」という反則となる。

・反則があった場合、相手チームにポイントが入るとともに、サービス権をもっていた場合はサービス権も相手チームに移る。

ブロック

　前衛選手は、基本的にしゃがんだ状態でブロックします。からだのどの部分を使って受けてもかまいません。

　これに対して、後衛選手はかならず手で受けなければなりません。

サッカー

サッカーとは？

・サッカーは、聴覚障がいのある人による「デフサッカー」、足や腕に切断による障がいのある人が行う「アンプティサッカー」や知的障がい者サッカーなど、障がいに応じて細分化された競技が発展しています。

・どの競技も、基本的にはピッチもルールも一般のサッカーと変わりません。ただし、一部のルールが障がいに応じて変更されています。

競技の ルール

　基本的にはどの競技も、コートもルールも一般のサッカーと変わりません。ただし、一部のルールが障がいに応じて変更されています。

●デフサッカー

　聴覚障がいのある人によるサッカーを「デフサッカー」といいます。

　ほとんど一般のサッカーと同じルールですが、選手たちはホイッスル（笛）が聴こえないので、主審も旗をもってジャッジをします。さらに国際試合では、両ゴール裏1人ずつ、合計5人の旗をもった審判員がいて、プレーを止める審判のジャッジなどを知らせます。

　選手は補聴器の使用は禁止されています。

・「デフ（deaf）」とは英語で「耳が聴こえない」の意味。

・補聴器の使用が禁止されていることから「音のないサッカー」とも呼ばれている。

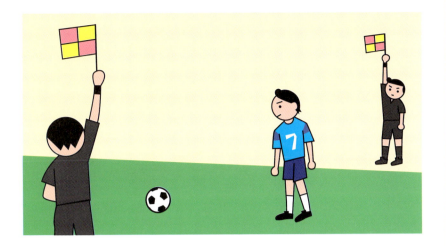

●アンプティサッカー

足や腕に切断による障がいのある人が行うサッカーを「アンプティサッカー」といいます。

・「アンプティ（amputee）」は、「切断手術を受けた人」の意味。

●ピッチ

国際試合では 60×40m の広さで行われます。また、ゴールは 5×2.15m で、少年サッカー用ゴールの大きさです。

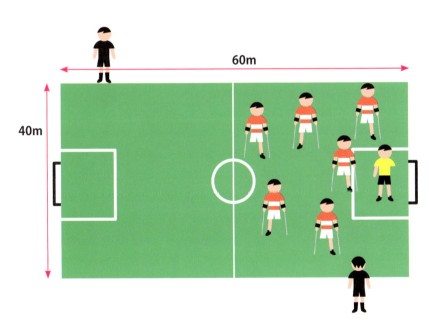

●試合時間

試合時間は、前後半各 25 分の合計 50 分間で行われます。間に 10 分間のハーフタイムをはさみます。

● チームの人数

アンプティサッカーは、7人制の競技です。フィールドプレーヤー6名とゴールキーパー1名の計7名で行います。

フィールドプレーヤーは、基本的には足に切断がある人、ゴールキーパーは腕に切断がある人が担当します。

・選手交代は何回でもOK。

ポジション	人数	障がいの場所
フィールドプレーヤー	6名	足に切断がある人
ゴールキーパー	1名	腕に切断がある人

● フィールドプレーヤー

フィールドプレーヤーは、義足をつけている人は外して、「クラッチ」で体を支えながら、足一本でプレーを行います。このクラッチをボール操作に使用することはできません。もしも、クラッチで故意にボールに触れた場合は「ハンド」の反則となります。

・なお、クラッチで相手選手をたたくなど、暴力行為があった場合は、即退場となる。

 用語

キックイン
フィールドの両側に引かれたタッチラインからボールが出てしまった場合に試合を再開する手順の1つで、キックインの権利を得たチームの選手がボールをフィールド内に足で蹴り入れる。

● そのほかのルール

ボールがタッチラインを割った場合には、スローインではなくキックインでゲームが再開されます。

また、フィールドプレーヤーは転倒した状態でボールを蹴ることはできません。

アンプティサッカーでは、オフサイドルールは適用されません。

● 歴史

1980年代にアメリカの切断の障がいのあるドン・ベネット氏が、偶然ボールを蹴ることによってこの競技を思いつき、以降アメリカ軍負傷兵のリハビリの一環として採用されたことから一気に普及が進みました。

● 競技の用具

フィールドプレーヤーは2本の「クラッチ」を使用してプレーします。クラッチはアンプティサッカー専用具ではなく、主にロフストランドクラッチと呼ばれる医療用補助器具を使用します。

クラッチ

● 知的障がい者サッカー

知的障がいのある人が行うサッカーを「知的障がい者サッカー」といいます。

ルールは、一般のサッカーとほぼ同じですが、障がいの程度によって試合時間が異なります。国際試合などは前後半各45分、合計90分間で行います。

・国内では、障がいの程度により前後半各30分、合計60分間で行われたりする。

7人制サッカー

7人制サッカーとは？

・脳性まひや脳の外傷などによってまひのある選手によって、7人制で行われるサッカーです。

・日本では「CPサッカー」と呼ばれます。

・フィールドやゴールの大きさが通常の11人制サッカーより小さくなっています。

・1982年に初の国際大会が開催され、パラリンピックでは、1984年のニューヨーク・アイレスベリー大会で正式競技となりましたが、2020年東京大会から、正式競技から外れることになりました。

競技のルール

フィールド

フィールドやゴールの大きさが通常の11人制サッカーより小さくなっています。

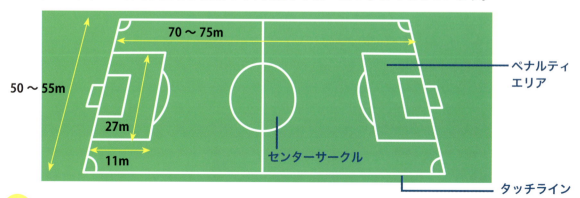

ルール

基本的なルールは一般のサッカーと同じですが、一部のルールに違いがあります。

チームの人数

一般のサッカーは11人で行われますが、脳性まひ者によるサッカーは7人で行われます。この7人の選手の構成には、クラス分けされたFT5またはFT6の選手を2人以上入れなくてはいけないなど、いくつかの決まりがあります。

試合時間

試合は前半・後半各30分の合計60分間で行われます。

前半 30分	ハーフタイム 15分	後半 30分

60分を超えても同点の場合、決勝と準決勝においては、10分間×2回の延長戦が行われます。この延長戦でも勝敗が決まらない場合は、PK戦で勝者が決まります。

特別ルール

●オフサイド

一般のサッカーでは、攻撃側の選手が、「オフサイドライン（ゴールキーパーをのぞく相手ディフェンス（の最終ライン）」よりもゴールに近い位置でボールに触れるとオフサイド（反則）となり、相手ボールになってしまいますが、7人制サッカーでは、このオフサイドが適用されません。

・選手交代は1試合3度、最大5人まで認められている。

・くわしくは『クラス分け』p454参照。

・競技者の交代、けがをした選手のけがの程度の判断、負傷者の搬出などにかかった時間は試合の前後半それぞれの規定試合時間の後に「インジュアリータイム」として追加される。

用語

PK戦
PKとはペナルティーキック（penalty kick）の略で、規定の試合時間を終えても決着がつかない場合に、次の回戦（ラウンド）に進むチームを決める方法の1つ。ゴールキーパーとキッカーが1対1で行う。

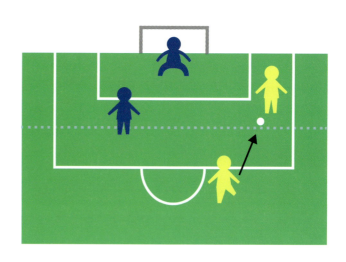

●スローイン

　ボールがタッチラインから外に出たとき、ボールを手で投げて試合を再開するプレーを「スローイン」といい、一般のサッカーでは、ボールを両手で持ち、頭の上から投げる方法で行わなければならないのに対して、7人制サッカーでは、ボールがすぐに（1m以内）地面に触れる場合に限り、片手で下から投げる方法をとることもできます。

用語
フリーキック
略して「FK」。反則があったと審判が判断した場合に、相手チームに与えられるもので、反則の種類によって、直接FKと間接FKがある。くわしくは『5人制サッカー』p304参照。

●フリーキック・ペナルティキック

　どちらも、反則によりプレーが中断されたとき、相手チームのキックによって試合を再開するプレーです。キックが行われる際、反則した側のチームの選手が離れなければならない距離が、一般のサッカーではボールから9.15m以上なのに対し、7人制サッカーでは7m以上とされています。

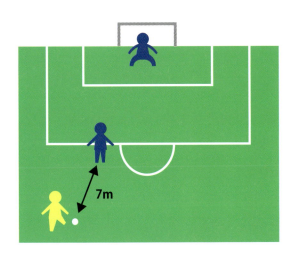

7m

ボールの運び方

●股抜き

　相手選手の足の間からボールをうばうプレーです。高いテクニックを必要とするこのプレーは、7人制サッカーの見どころの1つです。

・股抜きは英語では「ナツメグ」と呼ばれている。

注目　広いスペースで繰り広げられる変化の多い展開

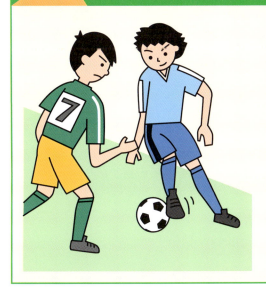

　7人制サッカーは、11人制サッカーと比べてフィールドにいるプレーヤーが4人少ないため、フィールドが多少小さくても、広いスペースが生まれます。そのため、試合の展開を大きく左右するようなスルーパスやダイレクトシュートが多く見られます。

　また、独自ルールによってオフサイドの適用もないことから、ドリブルやロングパスによって一瞬でピンチがチャンスに変わることもめずらしくない激しい展開の変化で、観客を魅了します。

ク ラス分け

　7人制サッカーでは、選手が障がいの程度によってクラス分けされています。もっとも障がいの程度が軽いクラスがFT 8、もっとも重いクラスがFT 5です。出場ができる条件としては、車いすや杖を使用することなく走れることがあります。

クラス	障がいの程度
FT5	両足にまひがあるが走ることは可能
FT6	両手と両足が自由には動かないが走ることは可能
FT7	走ることが可能な半身のまひ
FT8	きわめて軽度なまひ

出場条件

　ゴールキーパーを含めた7人の選手の中に、FT5またはFT6の選手を2人以上入れなくてはいけません。FT5またはFT6の選手がいないチームは、6人で試合をする必要があります。また、FT8の選手は、1チーム1人しか出場できません。
　なお、2017年より女子の参加が認められるようになりました。

電動車椅子サッカー

電動車椅子サッカーとは？

・電動車椅子サッカーとは、電動車いすの前にフットガードを取り付けて行う、「足で蹴らないサッカー」です。

・選手の多くは、自立した歩行ができないなど比較的重度の障がいを持っており、ジョイスティック型のコントローラーを手やあごなどで操作してプレーします。

・性別による区分はなく、男女混合のチームで行います。

・国際大会では、車いすの最高速度は時速10km以下と定められています。

競技の ルール

屋内で、バスケットボールと同じサイズ（14～18m×25～30m）のコートを使用します。

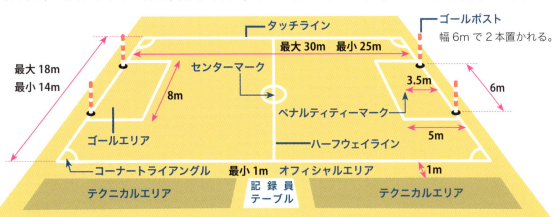

タッチライン
最大 30m　最小 25m
ゴールポスト
幅6mで2本置かれる。
最大 18m
最小 14m
センターマーク
8m
3.5m
6m
ペナルティーマーク
5m
ゴールエリア
ハーフウェイライン
コーナートライアングル　最小 1m　オフィシャルエリア　1m
テクニカルエリア
記録員テーブル
テクニカルエリア

ルール

　基本的なルールは一般のサッカーと同じですが、一部のルールに違いがあります。

チームの人数

　一般のサッカーは11人で男女別に行われますが、電動車椅子サッカーは、男女混合の4人で行われます。

・4人の中にはゴールキーパー1人が含まれる。

試合時間

　試合は前半・後半各20分の合計40分間で行われます。

前半 20分	ハーフタイム 10分	後半 20分

・試合終了時に同点の場合、基本的には引き分けとなる。延長戦等を行うか否かは主審の判断に任せられる。

得　点

　2本のゴールポストの間で、ボールの全体がゴールラインを超えたとき、1点となります。

・ゴールポストが設置されていない場合には、ボールの大部分がゴールマークの内側を通過し、ボール全体がゴールラインを完全に超えたとき1点となる。

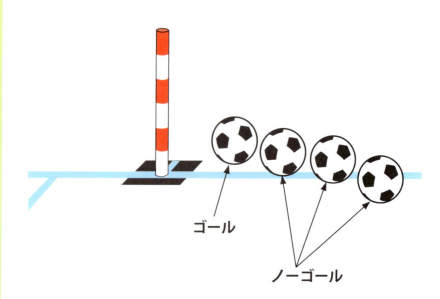

ゴール

ノーゴール

特別ルール

● 3パーソン

自陣のゴールエリアにディフェンス（守備側チームの選手）が3人以上入ると反則となります。

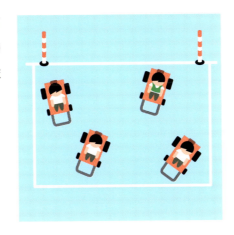

用語 🖊️

ペナルティエリア
ゴールの周囲に書かれる四角い白線のうち外側のエリア。ちなみに内側のエリアは「ゴールエリア」と呼ばれる。

電動車椅子サッカー

● 2on1

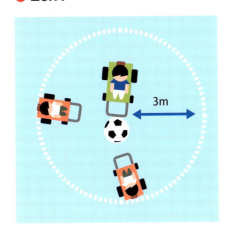

3m

ボールを保持している選手1人に対して、半径3m以内に、各チーム2人以上がプレーに関与すると、反則となります。

●選手交代

選手は交代して退いても、アウトオブプレー中であれば主審の許可を受けて何度でも交代して再度プレーに参加できます。

クラス分け

主に姿勢保持や視野確保、運転技能等を判断基準に、国際大会でのみ PF1 と PF2 の 2 クラスに区分されます。

クラス	障がいの程度
PF1	パフォーマンス全体に影響する相当重度な身体的障がいを持つ選手
PF2	パフォーマンス全体に影響する身体障がいは穏やかで中程度な選手

PF2 クラスの選手は、試合中、一度にフィールド上でプレーできるのは最大 2 名までとされています。

競技用具

 電動車いす

4 輪かそれ以上の車輪のついている電動車いすを使用します。電動車いすの最大速度は前進・後進時共に時速 10km 以内です。

前部分に「フットガード」がついているのが特徴です。ジョイスティック型のコントローラーを手やあごなどで操作します。

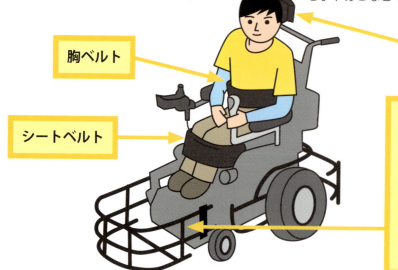

胸ベルト

シートベルト

ヘッドレスト

フットガード
フットガードの底辺は、床から 5cm 以上 10cm 以下、上辺は、地面から 20cm 以上 45cm 以下の高さにつけられます。フットガードは、選手が、常にボールが見える状態に取り付ける必要があります。

ボール

皮革やビニールなど低摩擦な素材からつくられます。直径33cm前後（35.6cm以下、30.5cm以上）と、標準的なサッカーボールよりも大きなものが使われます。

注目 諸刃のつるぎ?!「スピンキック」とは

電動車椅子サッカーには、「スピンキック」という技があります。スピンキックは、ボールに対してまっすぐに進むよりも、より遠く・速くボールを進めることのできる方法で、そのおかげで電動車椅子サッカーは観てもワクワクする素晴らしいスポーツになっています。

しかし、スピンキックは、キッカーがボールやその周辺に誰かが近づいてきているのが見えず、危険な状況を作り出すことになるという弱点があります。

したがって、スピンキックをいかに上手に使うかが、試合を進めていくカギとなることもあります。

電動車椅子サッカーは、選手の中には上体や首の保持ができないなど重度の障がいを持つ選手もいるスポーツですが、車いす同士が激しくぶつかり、ボールを奪い合う迫力・そして展開の早いゲーム進行と、大変見応えがある競技です。

野球

野球

野球とは？

・野球とは、9人編成の2チームが、ボール、バット、グローブなどの用具を用いて交互に攻守を行い、通常9イニングでの合計得点によって勝敗を決める競技をいいます。

・基本的には一般の野球と同じルールで行われますが、「打者代走」が認められたり、盗塁やバントが禁止されるなど、一部のルールが変更されています。

・さまざまな用具や補助具を工夫して、プレーが行われます。

競技のルール

●打者代走

　足に障がいがあって走塁がむずかしい選手の場合は、代わりの人が走る「打者代走」が認められます。

　代走は、3塁と本塁を結ぶファールライン線の延長線からバックネット方向へ1m後退した地点より走り始めます。

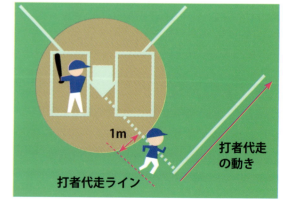

1m

打者代走の動き

打者代走ライン

●走塁

盗塁は認められません。

また、パスボールやワイルドピッチの場合、ボールが捕手のミットまたは身体に触れた時点でボールデッドとなります。

●バント

原則としては認められません。

ただし、障がいによってバントのような動きしかできない選手に限っては、有効となります。

●振り逃げ

振り逃げの規定は適用されません。

四球（フォアボール）となったときの投球が、捕手のミットまたは身体に触れない場合でも、進塁は1塁までとされています。

用語

パスボール
捕手（キャッチャー）が投球をとり損ねること。

ワイルドピッチ
暴投ともいう。捕手が普通の守備では止めたり処理することができないほど高すぎ、低すぎまたは横に逸れるなどした投手の投球のこと。

ボールデッド
タイムがかかった状態のこと。その間にどんなプレーを行っても、どんな事が起こってもそれはすべて無効となる。

振り逃げ
捕手が第3ストライクが宣告された投球を捕球できなかった場合に、三振で直ちにアウトになることを免れた打者が1塁への進塁を試みるプレーのこと。

野球

競技用具

それぞれの障がいに合わせたさまざまな用具や補助具を工夫して、プレーが行われています。

第 2 グリップをつける
通常のグリップの上に第 2 のグリップをつけて、打ちやすくします。

三脚に座って打つ
下半身を固定することがむずかしい場合には、三脚などを利用して打席へ入ります。

車輪つきの台座に座る
台座に車輪をつけることで、スムーズに動くことができるよう工夫しています。

マイチェア
自力で腰を落とすことがむずかしい場合には、自分専用のいすに座ってプレーをします。

フットベースボール

フットベースボールとは？

・知的障がい者のためのソフトボールのルールに準じて行う競技です。

・男女の区別なく1チーム9名で行います。

・ボールはゴム製のサッカーボールを使います。「ベースボール」という名前ですが、野球のようなバッドやグローブは使いません。

・盗塁やデッドボール（死球）がないなどのほか、「停止球」という独特のルールが存在します。

競技の ルール

ルール

ソフトボールのルールに準じていますが、特有のルールも数多く存在します。

チームの人数

1チーム9人で行います。男女の区別はありません。

試合の回数

1試合7回までです。同点の場合、最大2回まで延長します。

・その回の攻撃が1時間を超えた場合は、強制的に次の回に入る。

各プレー

● 投球

投手は、両手でボールをもち、股の下からボールを転がして投げます。

● 打撃

打撃は、転がってきたボールを蹴って行います。

● 停止球

投手が、野手からの返球をピッチャーズサークル内で保持したときはボールデッドとし、塁と塁の間にいた走者は押し出しの状態にならない限り、元の塁に戻らなければなりません。

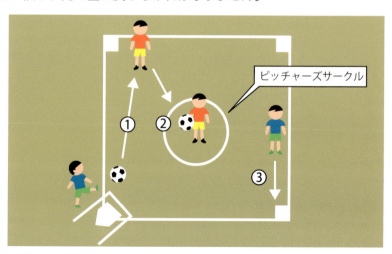

・盗塁やデッドボール（死球）はない。

・「停止球」はフットベースボールの中で、もっとも特徴的なルールである。

ソソフトボール

ソフトボールとは？

・ソフトボールとは、9人編成の2チームが、ボール、バット、グローブなどの用具を用いて交互に攻守を行い、通常7イニングでの合計得点によって勝敗を決める競技をいいます。

・野球の用具やルールが基本となっています。

・知的障がいのある人のソフトボールでは、フィールドの広さや用具は一般のソフトボールと同じですが、ピッチャープレートまでを12.19m として行います。

競技のルール

● フィールド

フィールドの広さは一般のソフトボールと同じですが、ピッチャープレートまでの距離は12.19m とされています。

● 特別ルール

盗塁が禁止されたり、パスボール（キャッチャーが投球をとり損ねること）での進塁（たとえば1塁から2塁へなど、ランナーが塁を進めること）が禁止されることがあります。

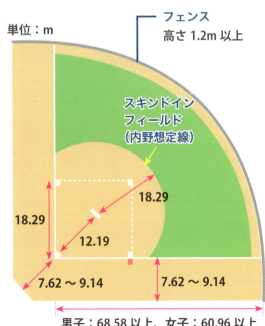

単位：m

フェンス 高さ1.2m 以上

スキンドインフィールド（内野想定線）

18.29

18.29

12.19

7.62〜9.14　　7.62〜9.14

男子：68.58 以上、女子：60.96 以上

グランドソフトボール

グランドソフトボールとは？

・グランドソフトボールは、視覚に障がいのある人が行う野球競技です。

・以前は「盲人野球」と呼ばれていましたが、ソフトボールのルールを基本としていることから「グランドソフトボール」に競技名が変更されました。

・「通常の野球より遊撃手が1人多い1チーム10人で行う」「ハンドボールを使用する」など、野球やソフトボールとは、用具やルール、競技場などが変更されています。

競技のルール

競技場

　各塁に守備、走塁の専用ベースが一つずつ設けてあり、全盲走者の身体接触を防ぎ、危険防止に努め、安心して全力でプレーできるように配慮をしている。走塁ベースの外側に、コーチャーズボックスがあり、特に全盲走者の進塁などの誘導を行う。

全盲プレーヤー（赤い腕章）のおよその守備位置（★印）

コーチャーズボックス
ここにコーチャーが居て全盲ランナーを手ばたきや声で誘導する。

走塁ベース→

この円内へボールを持ち込むと、その瞬間に試合が止まる。

停止圏

守備ベース
2つのベースが離して置いてある。

ファウルライン

ノープレイライン

ルール

　目の不自由な人が、速いスピードで飛んだり転がったりする野球のボールを目で追いかけるのは、かなりむずかしいことです。そこで、グランドソフトボールでは、野球やソフトボールのルールを変更しています。

チームの人数

　1チーム10人制です。そのうち、全盲選手が4人以上いなくてはいけません。残りの選手は、弱視の選手となります。

　10名の守備のポジションは次のように呼ばれています。

投手（ピッチャー）	右遊撃手（ライトショートストップ）
捕手（キャッチャー）	左遊撃手（レフトショートストップ）
一塁手（ファーストベースマン）	右翼手（ライトフィルダー）
二塁手（セカンドベースマン）	中堅手（センターフィルダー）
三塁手（サードベースマン）	左翼手（レフトフィルダー）

　　　全盲の人でなければなりません。

　　　どちらかが全盲の人でなければなりません。

　　　弱視の人でなければなりません。

　赤字　グランドソフトボール特有のポジションです。

各プレー

●投球

　全盲の投手が、捕手が手をたたく音を頼りに、地面を転がすようにして投げます。

・全盲選手は、アイシェード（目隠し）をしなければならない。これはまるで「見えているのでは？」と思われるほどすごいプレーをする選手がいるため、「見えていない」ことをはっきりと示すためである。

・全盲選手は、そでに赤い腕章をつけてプレーする。

・捕手は言葉による指示はしてはいけない。

・コースは、ホームベース上を少しでもかすれば「ストライク」となる。

・球種はストレートのほか、カーブやシュートもある。

グランドソフトボール

467

・全盲の打者に対する攻撃側の指示や守備側の妨害は禁止。

・全盲打者の場合、捕手など弱視野手が内野のフェア地域に入って、打球を処理してはいけない。

・全盲野手同士であれば、守備の際、何回ボールに接触してもかまわない。

・守備側の弱視プレーヤーは、全盲野手に対して指示を出すことはできない（違反すると走者進塁のペナルティとなる）。全盲守備者はボールの転がる音だけで判断し、捕球する。

●打撃

打者は、転がってきたボールを打ちます。

●守備

捕球します。

全盲野手がボールを捕球した場合は、たとえゴロであっても、フライをキャッチしたのと同様に扱われます（アウトとなります）。

このルールのため、例えば外野にゴロが転がっても、すぐにヒットと断定できません。安易に次の塁に進むと思わぬゲッツー（併殺）となります。実はこのルールが、グランドソフトボールの奥深さのひとつでもあります。高レベルの全盲選手がいるチームは、次々にヒット性の当たりをアウトにしてしまいます。

●走塁

まずは一塁の走塁専用ベースに向かって走ります。

全盲者にはランナーコーチが手を叩くことによって塁の方向を指示します。

・走塁専用ベースは、全盲選手がぶつかったりするのを避けるために設けられている。本来の野球ベース（こちらは守備専用のベースとなる）の2m外側に設けられる（くわしくは「競技場」p466の図参照）。

・ランナーコーチは1塁から本塁までの各4つの走塁ベースにいる。

●試合停止圏

マウンドの半径1.5mの円内を「試合停止圏」といいます。この「試合停止圏」に送球されたときは試合停止（ボールデッド）となります。

全盲選手がボールを持ったまま、どこに投げていいかわからず、その間に走者が走り放題になることを避けるためのルールです。

こっちだ!!

　グランドソフトボールは、視覚障がいのある人が行う競技ですから、音が頼りです。したがって、特に全盲の選手が打席に立ったときは、絶対にベンチから大きな声を出してはいけません。そこで、グランドソフトボールは、「静かな野球」ともいわれます。

　また、特に全盲の人は、打撃のときには、投手が地面の上を転がす音でボールを認識します。これは、慣れると、ボールのコースとスピードさえも分かるようになるといいます。このように転がす投球スタイルから、グランドソフトボールは、「転がしソフトボール」ともいわれます。

競技用具

ボール

　ボールはハンドボールに似たもので、全日本グランドソフトボール連盟公認球（外周 58 〜 60cm、重量 425 〜 475g）を使用します。特別に音が鳴るような球ではありません。大きいボールを使用することで、弱視の人でもボールを目で追いかけることができるようになっています。

　このほか、バットは、硬式用のものを使用しますが、野球のようなグローブは使用しません。全盲の人はアイシェードを着用します。

車椅子ハンドボール

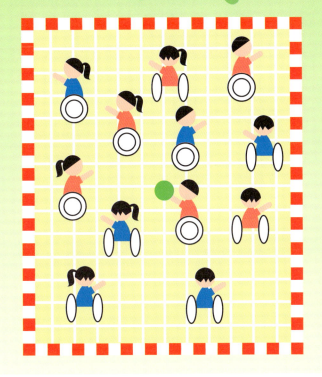

車椅子ハンドボールとは？

・車椅子ハンドボールとは、車いすで行うハンドボールです。

・ハンドボールは、2つのチームがボールをゴールポストに投げ入れることを競う団体競技で、防御から攻撃、攻撃から防御に移るスピーディーさが魅力です。

・1チーム6人のプレーヤーから構成され、必ず障がい者もしくは女性1名がコートに出場していることが必要です。

競技の ルール

コート

コートの広さは 35m×20m、ゴールポストは横 3m、高さ 1.65 mのものを使用します。

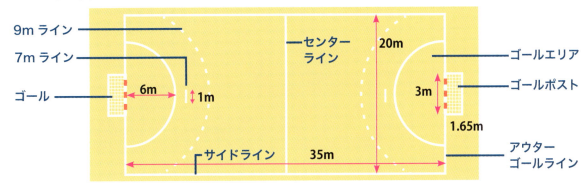

ルール

　基本的なルールは一般のハンドボールと同じですが、一部のルールに変更があります。

チームの人数

　一般のハンドボールはゴールキーパーを含む7人で行われますが、車椅子ハンドボールは、ゴールキーパーを含む6人で行われます。また、障がい者もしくは女性1名以上が含まれている必要があります。

試合時間

　試合は、前後半各15分の合計30分で、休憩は5分間です。

前半 15分	ハーフタイム 5分	後半 15分

試合の開始

　コートの中央でスローオフによって始めます。

得　点

　相手側のゴールへシュートし、ゴールに入れば1点となります。

・前後半終わって同点の場合、5分の休憩後、延長戦を前後半各5分ずつ行う(休憩2分間)。延長戦をしても同点の場合は、3名による7mスローを行う。さらに同点のときは、1名ずつのサドンデスによる7mスローを行い、勝敗を決める。

用語

スローオフ
最初に攻撃するチームの1人が、片足でセンターラインを足で踏み、審判が笛を吹いたら、3秒以内にコート内の味方にボールを投げて試合を始める方法。

・得点の際は、ボールが半分以上ゴール内に位置することが必要。

反　則

　ボールを保持して（ボールを膝の上に置いて）、車いすのハンドリムを連続して4回以上プッシュした場合は反則となり、相手ボールになります。

・電動車いすの場合は、最高3秒間移動でき、それ以上だと反則となる。

注目　変化に富んだスピーディーな攻防の迫力！

　ハンドボールでは、プレーヤーがお互い協力しあって、ボールをパスとドリブルによって前進させ、相手側のゴールへシュートします。防御側は相手チームの攻撃を防いで、ボールを奪ったらすぐに攻撃に移ります。そして、ゴールキーパーも、ゴールを守り相手の得点を阻止するだけでなく、攻撃のきっかけを作ります。このようにハンドボールはもともと攻撃から防御、防御から攻撃に移る変化に富んだスピーディーさが魅力ですが、車椅子ハンドボールの場合、シュートの迫力やボールさばきに、さらに魅力がある競技といわれています。

競技用具

ボール

　ボールは直径16〜18cmのナガセケンコー2号球、ソフトタイプのボールを使用します。
　なお、競技用車いすは、車いすバスケットボールと同様、タイヤの下の部分がハの字型に広がっているものを使用します。

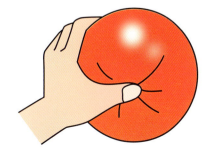

473

ローンボウルズ

ローンボウルズとは？

・「ボウル」と呼ばれる偏心球を、「ジャック」と呼ばれる目標球にどれだけ近づけられるかを競う球技です。

・ボウリングとゴルフを足して2で割ったような競技といわれます。

・「シングルス」「ペアーズ」「トリプルス」「フォアーズ」の4種目があります。

・パラリンピックにおいては、第3回テルアビブ大会（1968年）〜第10回アトランタ大会（1996年）まで、ほぼすべての大会で実施されていました。

競技の歴史

　小さな目標球にボウルを近づけあうゲームは、古代からあったといわれています。イギリスの考古学者フリンダーズ・ピートリーは、紀元前5200年頃の古代エジプトのピラミッドの遺跡調査で、こどものミイラとともに、1対のボウルと目標球を発見しています。

　今日の競技の直接の起源は13世紀のイギリスなどで流行した「ボウリング・オン・ザ・グリーン」にあるとされています。

　パラリンピックにおいては、イスラエルで実施された第3回テルアビブ大会（1968年）〜第10回アトランタ大会（1996年）まで、ほぼすべての大会で実施されていました。

競技の ルール

コート

約35m四方の芝生（コート）を、5m幅に区切った5×35mの面（リンク）内で試合をすすめます。

コートの周囲には約30cmの溝が掘ってあり、溝の外側には約30cmの高さの堤防（壁）があります。この堤防にボールを強く当て跳ね返させるなどのプレーがあります。

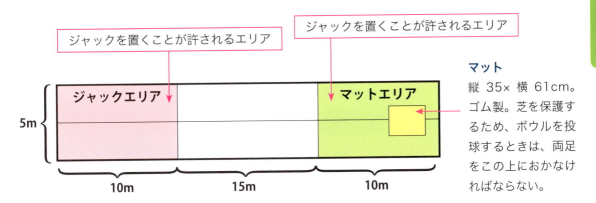

ジャックを置くことが許されるエリア

ジャックを置くことが許されるエリア

ジャックエリア **マットエリア**

5m

10m　　　15m　　　10m

マット
縦35×横61cm。ゴム製。芝を保護するため、ボウルを投球するときは、両足をこの上におかなければならない。

種　目

種目は、「シングルス」「ペアーズ」「トリプルス」「フォアーズ」の4つあります。それぞれに持ち球の数が決められています。

種類	人数	持ちボール
シングルス	1対1	1人4球ずつ
ペアーズ	2対2のチーム戦	1人4球ずつ
トリプルス	3対3のチーム戦	1人3球ずつ
フォアーズ	4対4のチーム戦	1人2球ずつ

・それぞれの種目では投球する順番によりプレーヤーに名前がつけられており、たとえばフォアーズでは1番めを「リード」、2番めを「セカンド」、3番めを「サード」、4番めを「スキップ（スキッパー）」と呼ぶ。このうち、スキッパーはチームのメンバーに指示を送る指令塔の役割をする。

ローンボウルズ

エンド制

エンドとは「回」。両チームが持ちボウルをすべて投げ終わると1エンドが終了する。エンド制とは、決められたエンド数をプレーすれば、得点にかかわらず試合終了となるゲーム形式をいう。

得点制

エンド数に関係なく、一定の得点に達すると試合が終了するゲーム形式。

ルール

勝　敗

種目によって、エンド制、得点制など勝敗の決め方が異なります。

種目	勝敗
シングルス	25 点先取
ペアーズ	21 エンド
トリプルス	18 エンド
フォアーズ	21 エンド

試合のすすめ方

　試合のすすめ方は、どの種目も基本は同じです。ここでは、ペアーズを例にとって説明します。

ジャック

白色の目標球。選手はこのジャックをめがけてボウルを投げる。

❶

❶　コイントスなどで、先攻・後攻を決めます（ここではＡチームが先攻とします）。

❷

❷　Ａチームの１番めのプレーヤー（リード）がジャックを転がします。ジャックが止まったら、マット～ジャックまでの距離を維持したまま、ジャックを中央へ移します。

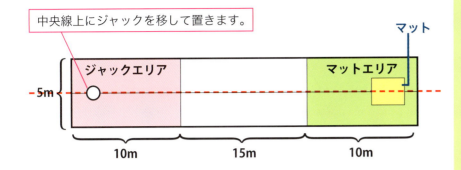

中央線上にジャックを移して置きます。

マット

ジャックエリア　　　マットエリア

5m

10m　　　15m　　　10m

❸

❸　AチームのリードとBチームのリードが交互に4球ずつ投げます。

❹

❹　両チームのリードの持ち球（4球）が投げ終わったら、次は両チームの2番めのプレーヤー（セカンド）が交互に投げます。

・ボウルは偏心球なので、スピードが遅くなるにつれ、大きなカーブを描きながら転がる。ボウルが描くカーブと芝の状態を予測しながら、できるだけジャックに近づけて停止させることに、難しさと面白さがある。

❺

❺　両チームのスキップの持ち球（4球）を投げ終わったら、全員投げ終わったことになるので、エンドが終了します。

　ジャックの周囲のボウルの配置から、エンドごとに得点を数えます。

・得点の数え方は次ページ参照。

❻

❻ エンド制の場合、これを決められたエンド（ペアーズの場合21エンド）を繰り返します。

・得点権のないチームは0点となる。

得点の数え方

得点の数えかたは、車いすカーリングに似ています（p379参照）。ジャックにより近い位置にボウルがあるチームに「得点権」があり、得点権のないチームの、ジャックに一番近いボウルより近いボウルの数が「得点権」のあるチームの得点になります。

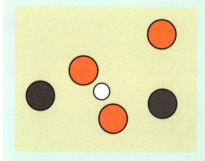

例えば、左図のような配置の場合、赤いボウルのほうがジャックに近いため、赤いボウル側のチームに「得点権」認められます。そして、ジャックに一番近い左側の黒いボウ

・黒いボウル側のチームの得点は0点となる。

ルより内側にある赤いボウルを数えると、2つであるため、赤いボウル側のチームが2点となります。

競技用具

ボウル

ボウルは、完全な球体ではなく重心が一方に偏った「偏心球」で、投げるとカーブして転がるという特徴を持っています。木製やゴム製で、直径は最大131mm、重さは1.59kgまで。色は黒か茶色。ジャックはボウルよりも小さな球で、色は白色か黄色です。

車椅子空手

車椅子空手とは？

・車椅子空手とは、車いすを操作しながら、主に上半身を使って行う空手です。

・空手とは、突き・打ち・蹴りなどの全身技を使って外敵から身を守ることを目的に始まった武術です。

・一般の空手と同様、技の美しさや正確さを競う「型」と相手と対戦する「組手」の2種目があります。

・車いすは、競技用のものではなく、普通の車いすが使われています。

競技の ルール

競技場

「組手」の競技場はマットが敷かれた一辺8m、その外側に各辺2mの安全域が設けられた正方形と決められています。

「型」の競技場は、十分に演武できるだけの広さと決められています。

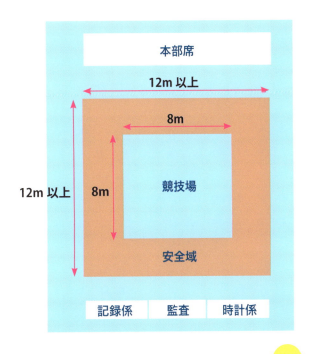

・車椅子空手は平成12年ごろ考案されたといわれている。

・流派によっては、車椅子空手のための型（たとえば松濤流の「初輪」〜「五輪」）をもっている。

・車椅子空手の型では、空手そのものだけでなく、車いすの操作技術も審査対象とされる。

種　目

　種目は、一般の空手と同様、技の美しさや正確さを競う「型」と相手と対戦する「組手」の2種目があります。

種　目	演技をする人数
型	各種の技を決まった順番で演武する1人練習形式。演武にかかる時間はそれぞれの型によって異なり、数十秒の場合もあれば数分続く場合もあります。
組手	各種の技を2人で相対して行います。決まった順序に従った技を掛け合う「約束組手」、自由に技をかけあう「自由組手」、勝敗を目的とした「組手試合」がありますが、競技として行うのは「組手試合」です。

ゴルフ

競技の 歴 史

　イギリス発祥の「紳士のスポーツ」といわれることが多いですが、起源については諸説あります。初期のゴルフでは現在のような整備されたコースはなく、モグラの穴を利用してゴルフを楽しんでいたといわれています。1400年代にはヨーロッパに広まりました。

　障がいのある人によるゴルフは、第一次世界大戦終了後、イギリスで主に上半身に障がいのある戦傷者が始めたのが最初です。第二次世界大戦以降は、乗用カートの普及にともない、足に障がいのある人にもゴルフのチャンスが生まれ、アメリカでも広まっていき、ベトナム戦争の傷痍軍人を中心に、リハビリとしても行われました。

競技の ルール

ホール

　ゴルフは、ボールを打ち出す所（ティーボックス）から穴（カップ）まで、何打でフィニッシュできるかを競うゲームですが、プレーをするために用意された1つの競技スペースを「ホール」といいます。ホールは距離によって「ロング（長距離）」、「ミドル（中距離）」、「ショート（短距離）」に分けられます。

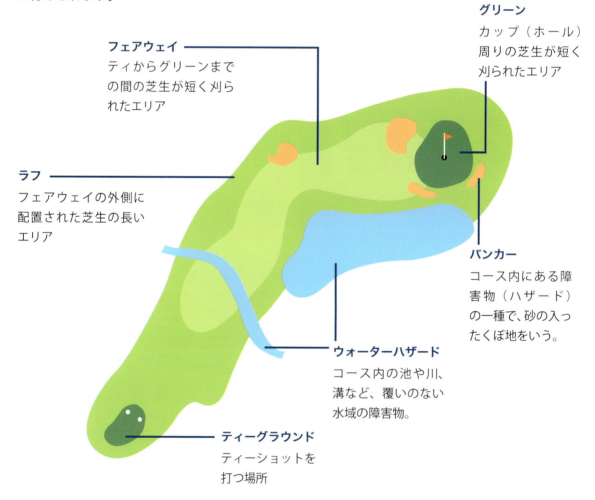

フェアウェイ
ティからグリーンまでの間の芝生が短く刈られたエリア

グリーン
カップ（ホール）周りの芝生が短く刈られたエリア

ラフ
フェアウェイの外側に配置された芝生の長いエリア

バンカー
コース内にある障害物（ハザード）の一種で、砂の入ったくぼ地をいう。

ウォーターハザード
コース内の池や川、溝など、覆いのない水域の障害物。

ティーグラウンド
ティーショットを打つ場所

　障がいのある人が行うゴルフも、ルールは基本的に一般のゴルフと同じですが、障がいのある人向けに修正を行った「障害者ゴルファーのための修正ゴルフ規則」というものが存在し、ルールが一部修正・追加されています。

　以下では、主に視覚に障がいのある人向けの「ブラインドゴルフ」を中心に見ていきます。

基本ルール

18 番あるホールでの合計の打数の少なさを競うという点では、一般のゴルフも、ブラインドゴルフも同じです。

距離別に分かれたホールには、規定打数が設定されており、それより少ない打数でカップにボールを入れられたか、多いかによってスコアの名称が変わってきます。

ホールの種類	距離 （単位：ヤード、カッコ内は女子）	規定打数
ショート（短距離）	～ 250（～ 210）	3 回
ミドル（中距離）	251 ～ 470（211 ～ 400）	4 回
ロング（長距離）	471 ～（401 ～ 575）	5 回

規定打数との差（単位：打）	スコア名称
＋ 2	ダブルボギー
＋ 1	ボギー
± 0	パー
－ 1	バーディー
2	イーグル

用語

ヤード
ヤード・ポンド法における長さの単位。正確に決まりがあり、1 ヤードは 0.9144m。したがって、たとえば男子のショートホールは、228.6m までとなる。

ゴルフ

特別ルール

ガイド

ブラインドゴルフでは、視覚障がいのある人と「ガイド」と呼ばれる障がいのない人がペアになってラウンドします。ガイドは、コースのデザインを選手にイメージさせ、どのクラブで、どの方向に打つべきかを判断し、スタンスを決める作業を手伝います。

用語

キャディ
プレーヤーのバッグや
クラブを運ぶ人。プ
レーヤーに助言を与え
たり、士気を鼓舞する
役割も果たす。

クラブヘッド
ゴルフクラブの先の、
ボールを打つ部分。

ガイドの役割は、一般のゴルフの「キャディ」が果たす役割と似ていますが、ガイドは、一打ごとにクラブヘッドを持ち、ボールとの位置、方向をきちんとセットします。次のポイントに向かう時は、プレーヤーの手を取ったり、自分の肩に手を置かせたりして、プレーヤーが転んだりしないように気を配ります。

用語

ハザード
ホール内の障害物。く
わしくは p482『ホー
ル』図参照。

ハザード

ブラインドゴルフでは、ハザード内の地面にクラブを付けて良い（バンカーで地面にソールを着けても良い）とされています。

競技用具

 車いす用両手打ちクラブ

車いすの人がゴルフを行う場合には、専用の車いす用両手打ちクラブを使用することがあります。

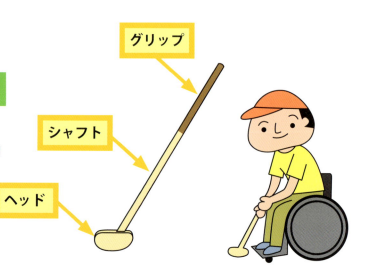

グリップ

シャフト

ヘッド

フライングディスク

フライングディスクとは？

・「ディスク」と呼ばれる円盤を回転させ投げる競技で、「フリスビー」とも呼ばれていました。

・アメリカの学生が、パイ皿を投げて遊んだことがはじまりと言われています。

・肢体不自由・知的・視覚障がいのある人が参加することができる競技です。

・フライングディスクは、ディスク1枚あればできる気軽さから、障がい者スポーツの中でも比較的メジャーで、多くの人に楽しまれています。

競技の歴史

　1940年代後半に、アメリカのイェール大学の学生が、フリスビー・パイ・カンパニー（Frisbie Pie Company）のパイ皿を投げて遊んだことから始まったといわれています。

　障がい者のフライングディスク競技もまたアメリカで始まりました。1960年代、知的障がい者のスポーツプログラムである「スペシャルオリンピックス」の第1回大会（1968年）で、フライングディスクが正式競技として行われています。

競技の ルール

種　目

　フライングディスク競技は、一般に、現在 12 種目があるとされていますが、このうち、障がい者フライングディスク競技は「ディスタンス」と「アキュラシー」の 2 種目が行われています。

●**ディスタンス**

　飛距離を競う種目です。

　1 回のテストの後、3 回試技を行い、最も遠い地点の記録が、その選手の記録となります。

　競技は、「レディース・スタンディング（女子立位）」「レディース・シッティング（女子座位）」「メンズ・スタンディング（男子立位）」「メンズ・シッティング（男子座位）」の 4 つにカテゴリーが分けられています。

　年齢順に試技を行います。

・世界公認 11 種目と日本公認 1 種目の合計 12 種目である。

・プレーヤーがスローイングラインの上部または外側の地面に触れたときは反則となり、記録は無効とされる。

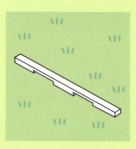

スローイングライン

・無効となったスローイングは 1 回として数えるが、計測はされない。

フライングディスクのディスタンスは、前方180度が有効エリアです。したがって陸上競技の投てき種目のように狭い有効エリア内に投げるのと違って、上肢（腕など）に障がいがあっても思い切り投げることができます。

●アキュラシー

コントロールの正確さを競う種目です。

地面から0.61mの高さにおかれた円形の「アキュラシーゴール（標的）」の中を、ディスクを何回通過させることができたかを競います。

10回連続して試技を行い、ディスクが地面に触れずに直接アキュラシーゴールを通過した回数が記録となります。

標的までの距離によって「ディスリート・ファイブ（5m）」「ディスリート・セブン（7m）」があり、そのうち1種目を選択して競技を行います。

・アキュラシー（英語でAccurasy）とは「精密さ」という意味。

・アキュラシーゴールは直径（内径）0.915mの円形である。

・得点が同じだった場合は、10回の通過過程において第1得点を先に取得した者が上位となる。第1得点が同じであれば第2、第3となる。得点及び通過過程も同じであった場合には、上位3名の決定にあたっては、3回の再スローイング（再投）によって順位を決定し、その他の者については同順位とする。

・プレーヤーがスローイングラインの上部または外側の地面に触れたときは反則となるのは「ディスタンス」と同様である。

視覚障がいの人がアキュラシーを競技する場合には、競技役員が、スローイングの方向をゴール後方 3m の位置から音で知らせます。

競技用具

 ディスク（円盤）

ディスクにはいろいろな大きさやかたさの種類がありますが、障がい者フライングディスク競技では、比較的柔らかく握りやすい「ファーストバックモデル」という型の種類が使われています。

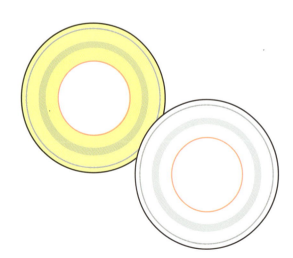

日本障がい者フライングディスク連盟公認ディスクは、直径 23.5cm、重さは 100 ± 5g と決められています。黄色のディスクは、「ディスタンス」のテスト用です。

ボウリング

ボウリングとは？

・レーンに正三角形に並べられた10本の「ピン」をめがけてボールを転がし、ピンを倒すスポーツです。

・ボウリングは、レーンの長さや幅、ピンの大きさなどのプレー環境が常に一定であることから、工夫次第で、肢体、視覚、知的それぞれに障がいのある人が、障がいに関わらず楽しむことができます。

・障がいの種類・程度によって、クラス分け、補助具の使用や補助者が必要となることがあります。

競技の ルール

基本的に競技そのものは一般のボウリングと変わりません。規則は、全日本ボウリング協会競技規則に準じて行われますが、それぞれの障がいによって一部ルールに変更があります。

ゲーム数

1ゲーム10フレームで構成され、4ゲームのトータルスコアで競技することもあれば、2ゲームの場合もあります。障がいや大会によって異なります。

・1フレームにつき、2回投球できる。

・4ゲームの場合、最高得点は1200点となる。

競技用具

ボウリングランプ

「ボウリングスロープ」または「ボウリングシューター」ともいいます。主に車いすなど肢体不自由な人が投球する際の補助具として使用します。スロープ状の上部でボールを構え、方向を定めてボールを転がすことで、ピンを倒します。

市販品はアメリカ製が多く、金属製のものが多くなっています。

市販品は金属製で重いため、簡単に持ち運べるように、選手が自分でつくる場合もあります。その場合、木製で作られることが多くなります。

スロープ状の上部でボールを構え、方向を定めてボールを転がします。

　視覚障がい者ボウリングの場合には、B1（全盲）・B2（強度の弱視）クラスのボウラーは、投球方向確認のために「ガイドレール」と呼ばれる補助具を使用することができます。

　ガイドレールは、視覚情報を補ってくれ、全日本視覚障害者ボウリング選手権大会では、高さ約90cm、長さ約370cmのものが使用されています。

ガイドレールを使った投球のようす。「スタンディングポジション」といわれます。

　視覚障がいの人のうち、B1（全盲）クラスの人は、アイマスクまたはアイシェードをつけることが義務づけられています。

　また、視覚障がいの人は、「どれくらいピンが残っているか」「ボールはどんな軌道をえがいたか」「今のスコア」などの情報を得るためのサポートも必要とします。

ボウリング・ボール

「ハンディキャップ・ボウリングボール」を使用することがあります。指穴がなく、その代わりに取っ手をもって投球します。取っ手は投球後バネの力でボールの中へしまわれます。

ボウリング

車椅子ビリヤード

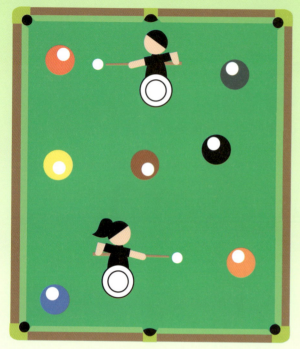

車椅子ビリヤードとは？

・車椅子ビリヤードとは、脊髄損傷の人や四肢を切断している人が車いすに乗って行うビリヤードです。

・ビリヤードは、長方形のビリヤードテーブル上にある球を、「キュー」（つき棒）でつくことで精度を競う室内スポーツです。

・ルールは一般のビリヤードに準じて行われますが、車いすの特性を考慮して一部ルールが変更されています。

・「ポケットビリヤード」「キャロムビリヤード」「スヌーカー」などの種類があります。

競技の ルール

ビリヤードテーブル

ポケットビリヤード

長方形のテーブルの四すみと、長辺上の真ん中に２つ、「ポケット」と呼ばれる穴があるのが特徴です。

中台

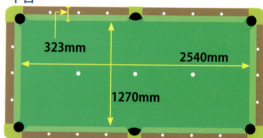

323mm

2540mm

1270mm

大台

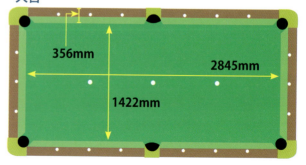

356mm

2845mm

1422mm

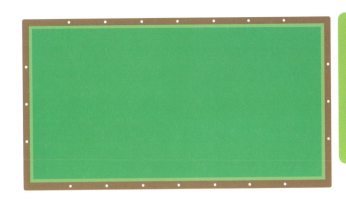

キャロムビリヤード

　長方形のポケットがないテーブルを利用するのが特徴です。

種　目

　一般のビリヤードと同じように、大きく分けて「ポケットビリヤード」「キャロムビリヤード」「スヌーカー」の3種類があります。

●ポケットビリヤード

　1〜15まで番号が振られた的球に、白い手玉をついて当てて、的球をポケットに入れることが基本となります。

　ポケットビリヤードには、日本国内でも有名な「ナインボール」を始め、「エイトボール」「テンボール」「14-1（ストレートプール）」といった競技が含まれます。

・ポケットビリヤードは、アメリカ、ヨーロッパ、東南アジアで盛んにプレーされている。

・キャロムビリヤード
は、日本のビリヤードの
歴史において、ポケット
ビリヤードよりも先に普
及したといわれている。

●キャロムビリヤード

ポケットがないテーブルで、3つもしくは4つの球を使用します。手球をその他の2つ以上の球へ当てることを競います。

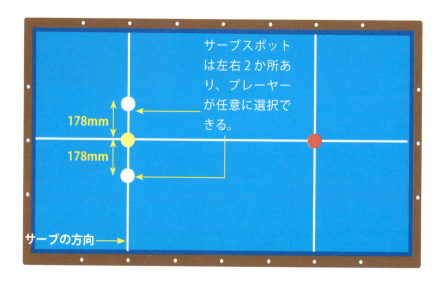

サーブスポットは左右2か所あり、プレーヤーが任意に選択できる。

178mm
178mm

サーブの方向→

・スヌーカーは、本場イ
ギリスではプロスポーツ
としても人気が高く、ア
ジア圏でもビリヤードと
言えばスヌーカーという
国も多い。世界的には
最もプレー人口の多いビ
リヤード競技とも言われ
ている。

●スヌーカー

ポケットビリヤードの1.5倍の大きさのテーブルに形状の違うポケットのついたテーブルでプレーします。手球1個と的球21個を使用し、相手より多く点数を取った方が勝ちとなります。

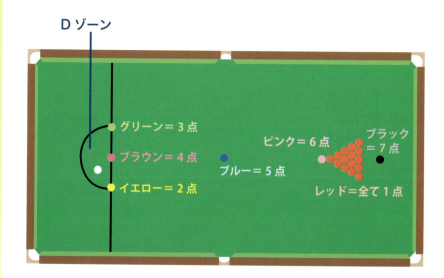

D ゾーン

グリーン＝3点
ブラウン＝4点
イエロー＝2点
ブルー＝5点
ピンク＝6点
ブラック＝7点
レッド＝全て1点

ルール

　車椅子ビリヤードは、一般のビリヤードに準じて行われますが、車いすの特性を考慮して一部ルールが変更されています。

　ショットする時に、足を床につけたり、おしりをシートから浮かせてはいけません。

　ショットをする時の補助を審判に要求することができます。

・ほかにも、「医学的理由がない限り体幹部の固定は認められない」などのルールがある。

クラス分け

　障がいを考慮して、2クラスに分けられています。

　車椅子ビリヤードは、海外では障がいの有無にかかわらず、同じ大会に出場し対戦することがあるなど、健常者とも一緒にプレーすることができるスポーツとして親しまれています。
　近年、日本選手も世界選手権で3位に入るなど力をつけています。

車いすダンス

車いすダンスとは？

・車いすダンスは、車いすに乗ってダンスを踊る競技です。

・大きく「コンビスタイル」と「デュオスタイル」の2つのスタイルに分けられます。

・「コンビスタイル」は、障がいのないスタンディングダンサーと車いすダンサーがペアとなって競技を行います。

・「デュオスタイル」は、車いすダンサー同士が、ペアになって競技を行います。

・車いすダンサーの障がいの程度により2クラスに分けられます。

競技の歴史

1960年代当時、ヨーロッパでは、戦争やウインタースポーツ、交通事故などが原因で障がいがある人たちが多く、車いすの人同士でダンスを楽しんでいました。

1970年頃、障がいがある人同士のダンスを見て何とか健常者と一緒に踊れないものかと考えた、自らもダンス教師の資格を持つミュンヘン工科大学のクロムホルツ博士が、自校で障がいがある学生を含めた学生たちと研究を重ね、社交ダンスが踊れる車いすダンスを確立したのが、競技のはじまりといわれています。

当初は車いす使用者同士で踊るデュオ方式でしたが、のちに車いす使用者と健常者が一緒に踊るコンビスタイルが考案され世界中に普及しました。

スタイル

　車いすダンスは、大きく「コンビスタイル」と「デュオスタイル」の２つのスタイルに分けられます。

●コンビスタイル

　「コンビスタイル」は、障がいのないスタンディングダンサーと車いすダンサーがペアとなって競技を行います。

●デュオスタイル

　「デュオスタイル」は、車いすダンサー同士が、ペアになって競技を行います。

・スタンディングダンサーは、「立って踊る人」という意味。

用語

ボールルームダンス
ボールルーム(ball-room)とは「舞踏室」という意味。したがって、ボールルームダンスとは「舞踏室で踊るダンス」を意味する。最大の特色は、2人組(カップル)で踊るダンスであるという点。

ホールド
スタンダード種目はカップルが両手をつないで踊るが、その際、お互いが向き合って両手をつなぐ形を「ホールド」という。

・競技会では、1種目めにワルツ、2種目めにタンゴが踊られることが多く、ワルツの優雅さとタンゴの力強さの対比を表現する。スローフォックストロットは主に3種目めもしくは4種目めで踊ることが、クイックステップは最後に踊ることが多い。ウインナーワルツは、最後もしくは3種目めに踊ることが多いが、予選の段階では踊らず、準決勝などになってから踊ることがある。

種　目

車いすダンスの種目は、ボールルームダンスの種目と同じで、「スタンダード種目」と「ラテンアメリカ種目」の2つに分かれ、それぞれ次のとおりです。

スタンダード種目

スタンダードは、カップルがお互いに対面してホールドをし、自分が前進すると、相手は後退するという、相対するかたちで踊られる種目です。優雅なイメージの種目が多いのが特徴です。

種目	特徴
ワルツ	スローワルツのこと。ゆっくりとした4分の3拍子で1拍目にアクセントがある音楽で踊ります。
タンゴ	リズムは4拍子で、1拍目と3拍目に強いアクセント、スタッカートがある音楽で踊ります。コンティネンタルタンゴともいいます。
スローフォックストロット	リズムは4拍子で、1拍目と3拍目にアクセントがある音楽で踊ります。緩やかで流れるような動きが特徴。
クイックステップ	リズムは4拍子で、1拍目と2拍目にアクセントがある音楽で踊ります。飛んだり跳ねたり、軽快で素早いダンスです。
ウインナーワルツ	リズムは3拍子で、1拍目にアクセントがある音楽で踊ります。優雅ですばやいダンスです。

ラテンアメリカ種目

ラテンアメリカは、カップルが向かい合ってホールドしたり、あるいは離れたりとさまざまな変化を作りながら踊る種目です。

種目	特徴
ルンバ	リズムは4拍子で、2拍目に弱いアクセント、4拍目に強いアクセントがある音楽で踊ります。なめらかでゆったりした動きが特徴です。
チャチャチャ	リズムは4拍子で、4拍目からチャチャチャと歯切れのよいアクセントがある音楽で踊ります。軽快さと歯切れのよさが特徴です。
サンバ	ブラジルの代表的な音楽の1つで、リズムは2分の4拍子で、2拍目にアクセントがある音楽で踊ります。妖艶で弾むような動きが特徴です。
ジャイブ	リズムは4分の4拍子で、2拍目と4拍目に打楽器による強いアクセントがある音楽で踊ります。ぴょんぴょんと飛び跳ねるように踊るイメージが特徴。
パソ・ド・ブレ	リズムは2分の4拍子で、各小節の第1拍目に音楽的なアクセントがある音楽で踊ります。力強く勇ましい動きが特徴。

クラス分け

車いすダンサーの障がいの程度によって、種目ごとに「クラスⅠ」「クラスⅡ」の2つに分けられます。

・競技会では、1種目めもしくは2種目めにチャチャチャかサンバを、3種目めにルンバ、4種目めにパソ・ド・ブレを、5種目めにジャイブを踊ることが多い。

・ダンス用車いすは、介助用・自走用、テニス用、バスケットボール用、片手駆動、電動などさまざまな種類が使われている。

セーリング

セーリングとは？

・セーリングは、帆を張った専用のヨットを操縦し、海上に設置されているコースを回ってタイムを競う競技です。

・2000年のシドニーパラリンピックから正式競技でしたが、2020年東京大会では正式競技から外れることになりました。

・パラリンピックでは、1人乗りの「2.4mR」、2人乗りの「SKUD18」、3人乗りの「ソナー」という3種目が行われていました。

競技の ルール

対象者

パラリンピックでは、肢体不自由もしくは視覚障がいのある選手が出場対象となっていました。ただし、障がいの程度によるクラス分けなどはありませんでした。

また、パラリンピックのセーリングに参加するには、世界選手権で上位に入ることが条件になっていました。

パラリンピックに参加していた障がいの種類

肢体不自由	立位	●
	車いす	●
	脳性まひ	●
視覚障がい		●
知的障がい		

※リオデジャネイロパラリンピック時点

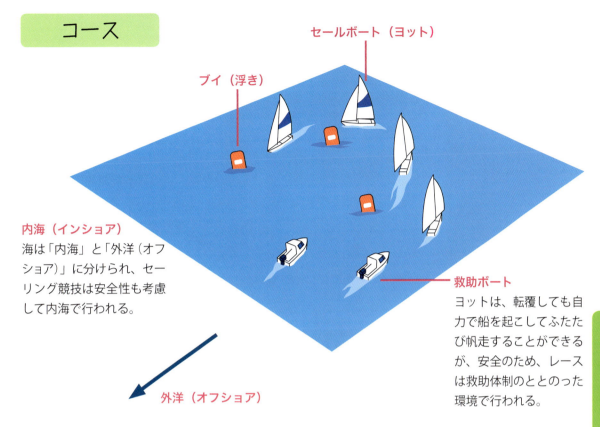

コース

セールボート（ヨット）

ブイ（浮き）

内海（インショア）
海は「内海」と「外洋（オフショア）」に分けられ、セーリング競技は安全性も考慮して内海で行われる。

外洋（オフショア）

救助ボート
ヨットは、転覆しても自力で船を起こしてふたたび帆走することができるが、安全のため、レースは救助体制のととのった環境で行われる。

●セーリングのコース

　セーリングにおいては、コースの中に、台形や三角形にレイアウトされたブイ（浮き）が設置されていて、決められた走行コースを通過しなければならない。

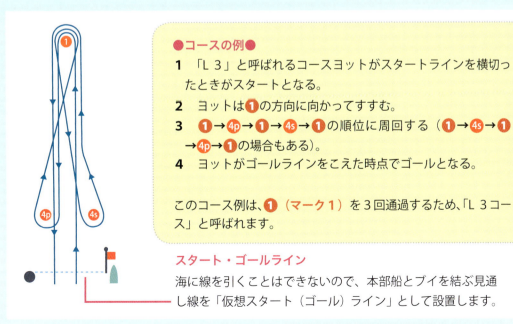

●コースの例●
1　「L 3」と呼ばれるコースヨットがスタートラインを横切ったときがスタートとなる。
2　ヨットは①の方向に向かってすすむ。
3　①→④p→①→④s→①の順位に周回する（①→④s→①→④p→①の場合もある）。
4　ヨットがゴールラインをこえた時点でゴールとなる。

このコース例は、①（マーク1）を3回通過するため、「L 3コース」と呼ばれます。

スタート・ゴールライン
海に線を引くことはできないので、本部船とブイを結ぶ見通し線を「仮想スタート（ゴール）ライン」として設置します。

基本的なルールは一般のセーリングと変わらず、スタートの合図で各選手たちのヨットがいっせいにスタートし、先にゴールした順に順位がつけられます。

種　目

パラリンピックのセーリングでは、1人乗りの「2.4mR」、2人乗りの「SKUD18（スカッド18）」、3人乗りの「ソナー（SONAR）」という3種目が行われていました。

障がいの程度によるクラス分けはなく、障がいの程度によってポイントを与えるしくみでした。男女の別もありません。

ボートの定員	種　目
1人乗り用	2.4mR
2人乗り用	SKUD18
3人乗り用	ソナー

●ポイントの例

セーリングは、ポイントの低い順に、勝ちとなります。したがって、障がいの程度によって与えられるポイントは、重い障がいほど低いポイントとなります。

肢体不自由	視覚障がい	ポイント
上肢の機能を全く有しない		1
下肢の機能を全く有しない 上肢の機能をおおむね有しない		2
下肢の機能をおおむね有しない	B1（全盲）	3
立てるが行動が不自由		4
片足の切断	B2	5
片足膝上切断		6
片足膝下切断	B3	7

・ポイントは、すべてのチームが公平に勝負できるよう、障がいの程度によって各選手に付与される。チームの合計ポイントが一定の値を超えないように決められている。

競技具

■ セーリングボート

　２人乗り（SKUD18）のセーリングボートはパラリンピックにあわせて開発されたものを使用しましたが、１人乗り（2.4mR）、３人乗り（ソナー）のセーリングボートは、一般の競技で用いられるものに、いすや操縦をしやすくするための装置を付けるなどの改造を施し、四肢や視覚に障がいがあっても、競技が行えるようにしていました。

1人乗り用（2.4mR）

2人乗り用（SKUD18）

3人乗り用（ソナー）

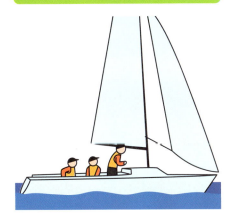

注目　スピード感あふれる海上の闘い！

　基本的には風のみを動力としているヨットですが、その移動スピードは早く、コーナーを曲がる時も、選手がセールの出し入れを調整し、スピードを落とすことなくターンを行います。

　最後の直線のデッドヒートなど、スピード感あふれる展開に観客も手に汗を握ります。

スキューバダイビング

スキューバダイビングとは？

・スキューバダイビングとは、空気を詰めたタンクを使ってダイビング（潜水）するスポーツです。

・スキューバダイビングを行うために法律上の決まりはありませんが、実際は「Cカード」という資格と、安全に行うためのさまざまな器材が必要です。

・さまざまな障がいのある人が楽しむことができます。特に足に障がいのある人にとっては、浮力によって負担が軽減されることから、近年人気が高まっています。

競技の ルール

用語🖊

Cカード
英語で表記をするとCertification-cardで、「技能認定証」の意味。

資格

　スキューバダイビングを行うためには、法律上の決まりはありませんが、ほとんどの場合Cカードの提示を求められることから、事実上「Cカード」という資格を取得する必要があります。

競技用具

安全にダイビングを行うためには、以下のようなさまざまな器材を必要とします。

ただし、最初からすべて自分でそろえる必要はなく、レンタルを利用することも可能です。

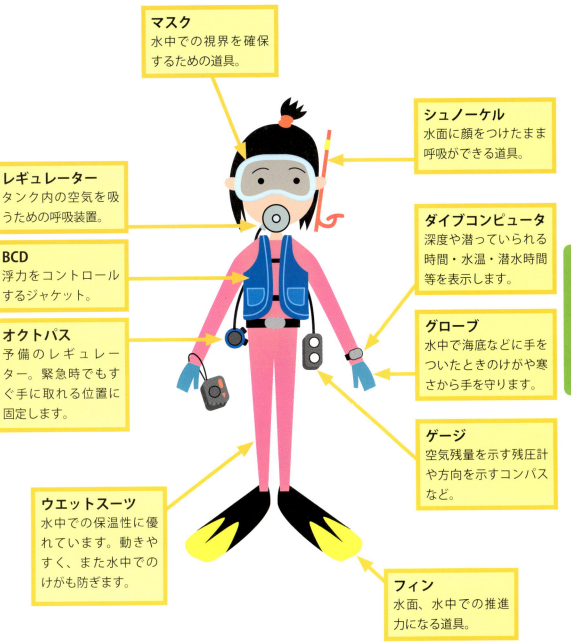

マスク
水中での視界を確保するための道具。

シュノーケル
水面に顔をつけたまま呼吸ができる道具。

レギュレーター
タンク内の空気を吸うための呼吸装置。

ダイブコンピュータ
深度や潜っていられる時間・水温・潜水時間等を表示します。

BCD
浮力をコントロールするジャケット。

グローブ
水中で海底などに手をついたときのけがや寒さから手を守ります。

オクトパス
予備のレギュレーター。緊急時でもすぐ手に取れる位置に固定します。

ゲージ
空気残量を示す残圧計や方向を示すコンパスなど。

ウエットスーツ
水中での保温性に優れています。動きやすく、また水中でのけがも防ぎます。

フィン
水面、水中での推進力になる道具。

スキューバダイビング

505

シンクロナイズドスイミング

シンクロナイズドスイミングとは？

・シンクロナイズドスイミングは、水泳種目の1つです。水深3m以上のプール内で音楽に合わせて肉体を動かし、技の完成度、同調性、構成、芸術的な表現力などの得点で競います。

・障がいのある人とない人が、同じ演技者として演技をします。

・種目は「ソロ」「デュエット」「トリオ」「チーム」があり、どの種目も演技者の半数以上は障がいのある人で構成されます。

競技のルール

一般のシンクロナイズドスイミングと技術の違いがあり、できないこと・してはいけない技術（動き）がある点は異なりますが、水と音楽と人と同調するというシンクロナイズドスイミングの基本は同じです。

種目

種目は、それぞれ演技をする人数が異なる「ソロ」「デュエット」「トリオ」「チーム」の4種類があります。

どの種目も演技者の半数以上は障がいのある人で構成される必要があります。

・一般のシンクロナイズドスイミングでは、このほか「コンボ」という種目がある。

種目	演技をする人数			
ソロ	1人			
デュエット	2人			
トリオ	3人			
チーム	8人			

・一般のシンクロナイズドスイミングにある「コンボ」という種目の演技人数は10人。

基本ルール

競技方法

　一般のシンクロナイズドスイミングにおいては、どの種目も、競技は1回めにテクニカル・ルーティン（TR）、2回めにフリー・ルーティン（FR）が行われますが、障がい者シンクロナイズドスイミングにおいては、フリー・ルーティンのみが行われます。

得　点

　障がい者シンクロナイズドスイミングにおいては、演技の評価は、1人1人障がいが異なることから、採点ではなくシンクロ競技審判員による講評によって行います。

用語 ✎

テクニカル・ルーティン（TR）
あらかじめ決められた「規定要素」と呼ばれる技を演技に取り入れて行う。競技者の技術力に重点をおいて採点が行われる。

フリー・ルーティン（FR）
規定要素はなく自由に演技する。リフトやジャンプといった大技が多く盛り込まれ、技術だけでなく構成力や芸術的な表現力が問われる。

競技	TR	FR	得点
一般のシンクロナイズドスイミング	○	○	審判員がTRとFRそれぞれの採点を行い、両得点を半分ずつ合計した総合得点。
障がい者シンクロナイズドスイミング	×	○	審判員がFRの講評を行う。

注目 障がい者シンクロナイズドスイミングフェスティバル

　障がい者シンクロナイズドスイミングフェスティバルは、障がいのある人とない人が、一緒にシンクロナイズドスイミングに取り組む大会です。このフェスティバルは、1988年全国身体障がい者スポーツ大会で初めて公開演技として発表されたのをきっかけとして、少しずつ広がりを見せ、1992年から全国各地で行われています。

障がい者スポーツに
参加するには

パラリンピックに参加するには

選手として参加する

　世界最大の大会であるパラリンピックに選手として参加するには、国内や世界の大会を勝ち抜き、さらに出場権を得るための選考会で、よい結果を出す必要があります。パラリンピック選手は、障がいに負けずにスポーツを楽しみ、高い目標のもとに努力を積み重ねていくトップアスリートたちなのです。

障がい者スポーツをはじめる

　各自治体に設置されている障がい者スポーツセンターでは、入門用のさまざまなスポーツ教室やイベントが開催されています。専門の障がい者スポーツ指導員のもと、初めて競技にふれる人も、楽しく競技の手ほどきを受けることができます。

　また日本障がい者スポーツ協会では、まだ競技に取り組んだことのない若い人や、これまでに何かの競技をやったことがある選手等に向けて、さまざまな選手発掘事業を行っています。

トレーニングをする

　障がい者スポーツを行うには、各地のスポーツチームに参加するほか、特別支援学校や大学、企業のクラブに所属するなど、さまざまな方法があります。

　また個人競技かチーム競技かによって、試合形式や練習方法も変わってきますので、まず各競技団体に問い合わせてみるのもよい方法です（p518 参照）。

大会に出場する

　大会には、地域で行われるものや、各競技団体が主催するものなど、さまざまなものがあります。公式試合に選手として出場するためには、各競技団体に登録する必要があります。大きな大会としては、全国障害者スポーツ大会、ジャパンパラ競技大会、アジアパラ競技大会などがあります（競技大会のくわしい説明については、p528 参照）。

パラリンピックに出場する

　パラリンピックに出場するためには、国際大会で優秀な結果を出し、さまざまな条件をクリアしたうえで、国の代表として選考会で選ばれる必要があります。パラリンピックは、世界のトップアスリートだけが出場できる、4 年に一度の障がい者スポーツの祭典です。

　2016 年のリオデジャネイロ・パラリンピックには、肢体不自由、視覚障がい、知的障がいの選手が参加し、聴覚障がいや精神障がいの選手は参加しませんでした。

●パラリンピックに参加するには
・標準記録を突破する（水泳や陸上など）
・世界ランキングの上位に入る（卓球やテニスなど）
・国際大会で上位に入り、出場枠を獲得する（車いすバスケットボールや 5 人制サッカーなど）

注目　パラスポーツを体験してみよう

　東京都は、「パラリンピック選手発掘プロジェクト」として、パラリンピック等の国際大会を目指す意思がある小学 5 年生以上、59 歳以下の障がい者を対象に、さまざまな競技の体験会を行っています。

　また、障がいの有無に関わらず、車いすバスケットボールやボッチャ、ブラインドサッカー（5 人制サッカー）など、パラスポーツを体験できる「チャレスポ！TOKYO」や「NO LIMITS CHALLENGE（ノーリミッツチャレンジ）」も実施されています。誰でも参加できるイベントも多く開催されているので、一度足を運んでみてはいかがでしょうか。

競技サポーターとして参加する

　視覚障がい者のための競技では、選手を助けるためにいっしょに競技に参加する競技パートナーが活躍します。競技パートナーは、試合当日だけガイドをするのではなく、日頃からトレーニングや生活をともにして大会を目指します。障がいのない人も、競技パートナーとしてなら、パラリンピックに参加することができます。

　そして、陸上競技のガイドランナーや自転車のパイロットなどは、選手といっしょに表彰台に上がります。

陸上競技

ガイドランナー

マラソンやトラック競技で、選手とひもを握り合い、いっしょに走ります。選手がコースをはずれないように、声をかけます。

コーラー

走り幅跳びなどのフィールド競技で、声を出したり、手をたたいたりして、跳ぶ方向や、ゴールの位置を教えます。

水泳

タッパー

ターンやゴールの前に、選手の頭や背中をタッピング棒でたたいて知らせます。選手が壁にぶつかってけがをすることを防ぎます。

自転車

パイロット

２人乗りの自転車の前に乗り、後ろに乗った選手といっしょに自転車を走らせます。いっしょに自転車をこぐので、パイロットの実力が、成績に大きく影響します。

5人制サッカー

ゴールキーパー

視覚障がいのない、または軽い選手が担当し、味方に声をかけて指示を出します。

コーラー

相手ゴールの後ろから声をかけ、ゴールの場所を選手に伝えます。PKのときは、ゴールをたたいたりします。

スキー競技

ガイド

選手の前を滑り、コースの状況を声や音で正確に伝えます。アルペンスキーでは、猛スピードの中、選手は危険を恐れず、ガイドを信頼して滑りきります。

計算タイム制が用いられるクロスカントリースキーでは、監督やコーチとスタッフがトランシーバーを使って情報をやり取りすることもあります。

その他のサポーター

●ボッチャ

自分の力でボールを投げたり、けったりすることができない選手が「ランプ」（勾配具）を使用するときは、アシスタントが選手を補助します。その際コートを振り返ったり、選手にアドバイスをすること、サインを送ることは禁止されています。

●トライアスロン

スイム→バイク、バイク→ランへと移り変わるトランジションの際に、ハンドラーが着替えなどをサポートします。

●パワーリフティング

挙上の前にバンドで選手の脚を固定する際には、介助者がサポートします。

スタッフとして参加する

　パラリンピックの日本代表選手団は、選手と競技パートナーのほかに、監督やコーチ、トレーナーなどのスタッフから構成されています。2016年リオデジャネイロ・パラリンピックには、選手132名、競技パートナー15名のほかに、83名のスタッフが選手団として参加しました。

●監督・コーチ
チームを戦術面や技術面から支えます。選手の発掘や、育成、強化を行うほか、練習環境を整えるのも大事な仕事です。

●メカニック
競技に用いるさまざまな用具の調整や修理をします。調整次第で成績に大きな影響が出るため、選手の義手や義足から、車いすや自転車、チェアスキーまで、競技ごとに専門のスタッフがついています。

●医師・看護師
障がいスポーツのアスリートにとって、特に医師・看護師の協力は欠かせません。健康状態をベストに保てるように調整するほか、突然のけがや病気にも対応します。

●栄養サポート
選手の食事において、管理栄養士が栄養面でのサポートをします。選手の体格や体調に合わせて、メニューを決めていきます。

●トレーナー
疲労を取るためのマッサージなどを行い、選手の調子を整えます。ほかに筋力トレーニングやけがの予防など、幅広い範囲で選手を支えます。

●心理サポート
選手たちの心の健康をサポートします。さまざまな不安やストレスに対処し、万全の状態で試合にのぞめるようにします。また練習に対するモチベーションを保つためのサポートも欠かせません。

●輸送スタッフ
選手の移動や、用具の運搬をサポートします。選手たちが会場へスケジュールどおりに入り、円滑に準備ができるようにする大切な仕事です。

障がい者スポーツの指導員になるには？

　障がいがある人たちのスポーツ活動をサポートするには、一般的な指導のための知識に加えて、専門的な知識が必要です。公益財団法人日本障がい者スポーツ協会では、障がい者スポーツ指導者養成講習会を開催しています。講座を受講し、活動経験を重ねることで、さまざまな資格を得ることができます。

障がい者スポーツ指導員	初級	障がい者のスポーツ参加のきっかけ作りを支援する指導員。健康や安全管理を学び、スポーツの喜びや楽しさを伝える役割を担う。地域の大会や教室など、スポーツ現場におけるサポートを行う。資格取得後は、経験を積み講習会を受講することで、中級・上級指導員にステップアップできる。
	中級	地域のスポーツ大会や行事において中心となり、障がい者スポーツの普及・振興を進める役割を担う。より専門的な知識を学ぶことで、上級指導員やスポーツコーチを目指すことができる。
	上級	障がい者スポーツに関する高度な専門知識だけでなく、初級・中級指導員への助言や事業の企画運営など、多様なスキルを持って障がい者スポーツに関わる指導員。大会やイベントでは、調整・マネジメントなど都道府県における障がい者スポーツ振興のリーダーとしての役割が期待される。
障がい者スポーツコーチ		パラリンピックをはじめとする国際大会で活躍する競技者に対して、専門的に育成・指導できる高度な技術を備えた指導者。都道府県の障がい者スポーツ協会や競技団体と連携し、障がいのある競技者の強化・育成などを推進する。受講するには、中級・上級指導員の資格と競技団体の推薦が必要。
障がい者スポーツ医		障がい者のスポーツ・レクリエーション活動において、様々な疾患や障がいに対応し、障がい者が安全にスポーツに取り組むための効果的な医学的サポートを行う。関係団体と連携し、医学的な視点から障がい者のスポーツ実施における健康の維持、増進、競技力の向上を推進する。
障がい者スポーツトレーナー		スポーツトレーナーとしての高い知識・技能と、障がいに関する専門知識を持ち、アスレティックリハビリテーション及びトレーニング、コンディショニング等にあたる役割を担う。障がい者のスポーツ活動に必要な安全管理や競技力の維持・向上について、関係団体と連携して推進する。

ボランティアとして参加する

　パラリンピックは、数多くのボランティアによって支えられます。2012年のロンドン大会では、大会ボランティアは「ゲームズメーカー」、都市ボランティアは「ロンドン・アンバサダー」と呼ばれ、一人ひとりが自覚と責任をもって活躍しました。2016年リオデジャネイロ・オリンピックには、国内外から3万7000人が、パラリンピックには1万9000人のボランティアが参加。2020年の東京大会では、オリンピック・パラリンピックあわせて、約9万人のボランティアが必要と考えられています。

大会ボランティア

　競技会場や選手村などで働くボランティアで、大会運営を支えます。

● 観客サポート

● 競技サポート

● メディアサポート

会場内誘導・案内、ドーピング検査、ドライバー、スタッフ受付、ユニフォーム配付、メディア対応サポート、言語サービス、選手団サポート、物流サポート、物品貸し出しサポート、持続可能性活動サポート、ID発行サポート、競技運営サポート、医療サポート　など

都市ボランティア

　空港や駅、観光地などで働くボランティアで、オリンピックを見に来る人々を支えます。

● 交通案内

● 観光案内

・空港、主要ターミナル駅、観光地等に設置するブースにおいて、選手・大会関係者や、国内外からの旅行者に対する観光・交通案内を行う。

・競技会場の最寄駅周辺において観客への案内等を行う。

2020年　東京パラリンピック・ボランティアガイド

　大会の運営にかかわる大会ボランティアは、（公財）東京オリンピック・パラリンピック競技大会組織委員会が、都内における都市ボランティアは、東京都オリンピック・パラリンピック準備局が、募集・研修・運営を行います。東京2020大会のボランティアは、2018年の夏ごろから募集開始の予定です。この大会は、ボランティアとしてオリンピック・パラリンピックに参加する絶好のチャンス。今から準備をして、あなたもボランティアとして参加してみませんか？

●**大会ボランティア応募条件（案）**

・2020年4月1日時点で、満18歳以上

・ボランティア研修に参加できる

・日本国籍を持っている、または日本に滞在する資格を持っている

・10日以上活動できる

・東京2020大会の成功に向けて、情熱を持って最後まで役割をまっとうできる

・お互いを思いやる心を持ち、チームとして活動したいと考えている

・オリンピック・パラリンピック競技に関する基本的な知識がある

●**都市ボランティア応募条件（案）**

・2020年4月1日時点で、満18歳以上

・ボランティア研修に参加できる

・日本国籍を持っている、または日本に滞在する資格を持っている

・5日以上活動できる

・東京の交通案内や防災、救急救命などの知識を生かしたいと考えている

　このほか、小中学生や高校生、障がいのある人が活動できる仕組みも検討されています。さらに大会時には、大会ボランティアと都市ボランティア以外にも、全国各地で観光案内などのボランティアが活躍することが期待されています。

今から準備しておこう

❶ボランティア経験を積む

❷競技について学ぶ

❸コミュニケーション力を高める（語学はもちろん、ジェスチャーも！）

もっと知りたい！パラリンピック

パラリンピック全般

公益財団法人　日本障がい者スポーツ協会
http://www.jsad.or.jp/

日本パラリンピック委員会
http://www.jsad.or.jp/paralympic/jpc/

国際パラリンピック委員会（英語）
https://www.paralympic.org/

一般財団法人　全日本ろうあ連盟スポーツ委員会
http://www.jfd.or.jp/sc/

社会福祉法人 日本盲人会連合スポーツ協議会
http://nichimou.org/activities/sportsconf/

公益財団法人　スペシャルオリンピックス日本
http://www.son.or.jp/

公益社団法人 日本精神保健福祉連盟
http://www.f-renmei.or.jp/

東京オリンピック・パラリンピック競技大会
組織委員会
https://tokyo2020.jp/jp/

東京都オリンピック・パラリンピック準備局
https://www.2020games.metro.tokyo.jp/

東京都オリンピック・パラリンピック教育
https://www.o.p.edu.metro.tokyo.jp/index

公益財団法人　日本財団
パラリンピックサポートセンター
https://www.parasapo.tokyo/

夏季競技

一般社団法人　日本パラ陸上競技連盟
https://jaafd.org/

認定特定非営利活動法人　日本盲人マラソン協会
http://jbma.or.jp/

特定非営利活動法人
日本知的障がい者陸上競技連盟
http://www.jidaf.org/

一般社団法人　日本知的障害者水泳連盟
http://jsfpid.com/

一般社団法人　日本ろう者水泳協会
http://deaf-swim.com/

一般社団法人　日本身体障がい者水泳連盟
http://new.paraswim.jp/

日本障がい者水泳協会
http://association.paraswim.jp/

一般社団法人　日本車いすテニス協会
http://jwta.jp/

一般社団法人　日本ボッチャ協会
http://japan-boccia.net/

日本肢体不自由者卓球協会
http://www.ne.jp/asahi/para/tabletennis/

特定非営利活動法人　日本視覚障害者柔道連盟
http://judob.or.jp/

特定非営利活動法人　日本車いすフェンシング協会
https://jwfa.jimdo.com/

特定非営利活動法人
日本パラ・パワーリフティング連盟
http://jppf.jp/

一般社団法人　日本身体障害者アーチェリー連盟
http://nisshinaren.jp/

一般社団法人　日本パラサイクリング連盟
http://www.jpcfweb.com/

公益社団法人　日本トライアスロン連合
http://www.jtu.or.jp/

一般社団法人　日本障がい者乗馬協会
http://jrad.jp/

特定非営利活動法人　日本障害者スポーツ射撃連盟
http://www.geocities.jp/shinbi39/jssfd/jssfd.html

特定非営利活動法人　日本パラローイング協会
http://jpra-net.org/

一般社団法人　日本障害者カヌー協会
https://www.japan-paracha.org/

一般社団法人　車いすバスケットボール連盟
http://www.jwbf.gr.jp/

一般社団法人　日本パラバレーボール協会
http://www.jsva.info/

一般社団法人　日本ウィルチェアーラグビー連盟
http://jwrugby.com/

一般社団法人　日本ゴールボール協会
http://www.jgba.jp/

特定非営利活動法人　日本ブラインドサッカー協会
http://www.b-soccer.jp/

一般社団法人　日本障がい者バドミントン連盟
http://jpbf.jp/

一般社団法人　全日本テコンドー協会
http://www.ajta.or.jp/

冬季競技

特定非営利活動法人　日本障害者スキー連盟
http://www.sajd.com/

一般社団法人　日本アイススレッジホッケー協会
http://sledgejapan.org/

公益社団法人　日本カーリング協会
http://www.curling.or.jp/

特定非営利活動法人
日本障害者クロスカントリースキー協会
http://www.sajd.com/

パラノルディックスキー日本チーム
http://japanteam.jp/

一般社団法人　障害者スノーボード協会
http://dp-snow.com/

その他の競技

日本ブラインドテニス連盟
http://jbtf.jpn.org/

日本視覚障害者卓球連盟（サウンドテーブルテニス）
http://jatvi.web.fc2.com/

日本卓球バレー連盟
https://sites.google.com/sitenihontakkyuubareerenmei/

認定特定非営利活動法人　ローンボウルズ日本
http://bowls.jp/

日本車いすツインバスケットボール連盟
http://www.jwtbf.com/

全日本車椅子空手道連盟
http://jks.jp/wheelchair

日本フロアバレーボール連盟
http://www.jfva.org/

特定非営利活動法人　日本障害者ゴルフ協会
http://dga-japan.com/

一般社団法人　日本障がい者サッカー連盟
http://www.jiff.football/

特定非営利活動法人　日本デフゴルフ協会
http://japan.deaf-golf.net/

特定非営利活動法人　日本アンプティサッカー協会
http://j-afa.jp/

特定非営利活動法人
日本視覚障害ゴルファーズ協会
http://vig-jp.com/

特定非営利活動法人
日本知的障がい者サッカー連盟
http://jffid.com/

日本障害者フライングディスク連盟
http://www.jffd.jp/

特定非営利活動法人
日本ソーシャルフットボール協会
http://jsfa-official.jp/

一般社団法人　全日本視覚障害者ボウリング協会
http://www.bbcj.org/

一般社団法人　日本ろう者サッカー協会
http://jdfa.jp/

特定非営利活動法人　日本車椅子ビリヤード協会
http://www.jwba.jp/

一般社団法人
日本 CP サッカー協会（７人制サッカー）
http://jcpfa.jp/

特定非営利活動法人
日本車いすダンススポーツ連盟
http://jwdsf.official.jp/

一般社団法人 日本電動車椅子サッカー協会
http://www.web-jpfa.jp/

特定非営利活動法人　日本障害者セーリング協会
http://jads-parasailing.world.coocan.jp/

特定非営利活動法人　日本身体障害者野球連盟
http://www.portnet.ne.jp/~ciwasa30/

特定非営利活動法人
日本バリアフリーダイビング協会
http://www.e-jbda.jp/

一般社団法人　日本車椅子ソフトボール協会
http://www.jwsa.jpn.com/

日本障害者シンクロナイズドスイミング協会
http://www.eonet.ne.jp/~wa-o-synchro/

全日本グランドソフトボール連盟
http://www.aj-gsb.com/

一般社団法人　日本車椅子ハンドボール連盟
http://jwhf.jp/

義肢装具士の活躍

　障がい者スポーツに欠かせないのが、車いすや義足、専用のスキーなど、体をサポートする器具。これらは、通常の生活のための車いすや義足とはまったく違う、スポーツのために特化した形、機能となっています。これらを作り、選手のサポートをするのが、義肢装具士やエンジニア、メカニックといったスタッフたちです。

 肢装具士

　病気や事故で手足を失った人のために、医師に処方された義手や義足、装具の採型や調整などをする専門家。指定の大学または義肢装具士養成所において義肢装具士として必要な知識や技能を修得したうえで、厚生労働省が行う義肢装具士国家試験に合格することで国家資格が得られます。

　スポーツ用義肢を作る義肢装具士は、パラリンピック選手の日常生活やトレーニングを心身の双方向から支える重要な役割があります。試合に同行して義肢の修理・調整をすることもあります。

注目　「義肢」「装具」とは？

　「義肢」とは、病気や事故で手足を失った人が使う人工の手足のことです。主に「義手」と「義足」に分かれています。使用感や目的など使う人の要望に応じて製作されます。

　これに対して「装具」とは、病気や事故で四肢・体幹の機能が損なわれてしまった場合に使用されます。部位や目的に合わせ、「ギプス」「コルセット」など、さまざまな装具があります。

スポーツ用義肢・装具

スポーツで使用する義肢や装具は、日常に使うものと違い、競技に特化した形になっています。

義足

陸上競技用

陸上競技で使われる、走るための義足。足部には「板バネ」と呼ばれる独特の形状の板がついています。走るだけではなく跳ぶこともできます。

自転車用

自転車競技で使われる、自転車に乗るための義足。足部がペダルと連結できるように特殊な加工が施されています。

スキー用

スキーを履くための義足。滑りやすいように膝の角度を調整して固定できます。

義手・装具

陸上競技用義手

スタート時の補助や、走行中のバランスを取る役割があります。

陸上競技用装具

走るときに、ひじの関節を好きな角度で固定することができる装具。腕をほとんど動かせない障がいのある選手が用います。

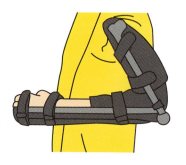

スポーツ用義足の作り方

❶切断部分の型を取る
トレーニングによって筋肉のつき方などが変わると、型を取りなおしてきちんとフィットするように調整します。

❷型を元に石こうで脚のモデルを作る

外ソケット

ライナー式二重ソケット

❸モデルに繊維を巻き付け樹脂で固めて、ソケットを作る

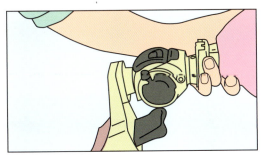

❹ソケットと板バネをコネクターや継手などのパーツを使って固定する

❺バランス・履き心地などを見て調整していく
板バネと接続する角度やバネの長さなどを調整するだけでタイムが変わることも。

義肢装具士になるには

義肢装具士として働くためには、義肢装具士国家試験に合格することが必要です。試験に合格すると、装着部分の採型・採寸・補装具の製作・できあがった補装具の装着・適合・状態の調整・装着後のリハビリテーションをすることができます。

●受験資格を得る方法

受験資格を得るためには、4つのルートがあります。

❶高校卒業後、義肢装具士養成所で3年以上義肢装具士として必要な知識及び技能を学ぶ。

❷大学または短大で1年以上（高等専門学校は4年以上）学び指定科目を履修した後、義肢装具士養成施設で2年以上義肢装具士としての知識や技術を学ぶ。

❸職業能力開発促進法に基づく義肢及び装具の製作の技能検定に合格し、養成所において1年以上義肢装具士として必要な知識及び技能を学ぶ。

❹外国の相当する学校卒業者または免許所持者で、厚生労働大臣の認定を受ける。

●国家試験の合格率は9割

義肢装具士を目指す人のほとんどは義肢装具士養成学校に通って、国家試験の受験資格を得ます。合格率は80～90％と高くなっており、義肢装具士養成校に通った人の多くが資格を取得しています。しかし、決して簡単な試験というわけではありません。義肢装具士になりたいという志を強く持ち、勉強に励んだ人が受験・合格しています。

●これからの義肢装具士

義肢装具士の資格を受験する人は毎年200人程度。しかし、2020年の東京パラリンピックの影響で障がい者スポーツの競技人口が増えるとともに、技術の発展のための専門知識をもった義肢装具士の需要が高まっていくと考えられます。

義肢装具に用いる材料やパーツは年々進化しているため、日々新しい技術に関する知識の習得は欠かせません。また、義肢装具士の仕事は単にモノづくりをするだけの仕事ではありません。患者や選手のことを思いやれる心と、コミュニケーション能力を持った人材が求められています。

エンジニア

　エンジニアとは、選手たちの細かい要望を聞き、車いすやスキーなどを設計・製作する技術者のこと。競技用の車いすなどは一人ひとりの障がいの種類や程度に合わせ、最高のパフォーマンスを発揮できるよう、緻密な計測と設計が必要となります。

●エンジニアの役割とは

　パラリンピックには、車いすやスキー、自転車などの用具が必要なスポーツがたくさんあります。それらの競技用の用具は、日常生活で使われるものと違い、それぞれ競技に適した形となっています。

　さらに、選手の足代わり、つまり体の一部ともいえる乗り物なので、1台1台、同じものはありません。選手一人ひとりの体形や障がいの種類・程度に合わせて、ていねいにオーダーメードで作られます。

　そこで活躍するのが、エンジニアです。車いす作りの一般的な知識だけでなく、最新の情報や知識を生かし、よりよい1台を選手の要望をくみ上げながら作っていきます。

●障がい者スポーツが健常者スポーツを抜く日

　技術が進歩するにつれて、義肢・装具や用具も目覚ましい発展を遂げました。2012年には、両足義足のスプリンター、オスカー・ピストリウス選手がロンドン・オリンピックに出場。2012年ロンドン・パラリンピック、2016年リオデジャネイロ・パラリンピック陸上男子走り幅跳び覇者、マルクス・レーム選手は2014年のドイツ選手権で健常者を抑えて優勝しました。

　そんな中、義足エンジニアの遠藤謙さんは「世界最速の義足」作りを目指しています。100mでウサイン・ボルトの世界記録9.58を抜くことを目標にしています。

マルクス・レーム選手

競技用車いすの作り方

❶選手の要望をヒアリングし、新しい車いすのイメージを固める

打ち合わせは1回3～4時間かかることも。これまでの車いすの改善点や、競技をするときにどんなことをしたいのか、選手の求めているものは何かを話し合います。

❷選手と相談しつつ、設計図を起こし、使用する素材などを決める

エンジニアは、車いすのデザインや素材など、常に最新の情報や知識を得て、車いすの開発に活かします。

❸シートの大きさなどを決めるために選手の体を採寸する

障がいのある場所や使える筋力など、選手一人ひとりの体の状況やプレースタイルに合わせて、パーツの寸法を決めていきます。

❹組み上げた車いすを実際に使いながら、微調整を重ねて、最適な状態を探っていく

選手たちが実際に試合で使う様子を見に行って調整に活かしたり、メカニックとして同行することも。

メカニック

　義肢や車いすなどの機材の修理・組み立てをするスタッフ。大会に帯同して、破損の際の修理や調整を行い、選手をサポートします。

　正式にチームに雇われていく場合、機材のメーカー側が派遣する場合など、帯同の仕方はさまざま。パラリンピックでは選手村に修理センターもありますが、障がい者選手にとっては体の一部でもある競技用具なので、製作した義肢装具士やエンジニアをメカニックとして帯同させる選手が少なくありません。

●一流のチームにはメカニックが欠かせない

　ウィルチェアーラグビーや車いすバスケットボールといった、車いす同士で激しくボールを争うような激しいスポーツも、ひたすら記録に挑戦する陸上競技も、障がい者スポーツは義肢や用具が欠かせません。試合中のパンクや転倒などにも、わずかな時間で速やかに対応し、選手を支えるメカニックは選手たちにとって欠かせない存在です。

注目　パラリンピアンを支える修理センター

　パラリンピックでは、義肢や車いすなどの修理をしてくれる修理センターが設置されています。競技会場はもちろんですが、選手村にも修理センターがあり、無料でメンテナンスをしてもらえます。

　運営するのはドイツの義肢メーカー。世界各国から100名近い一流の義肢装具士たちが集まり、無償で修理を担当します。

　このサービスのおかげで、メカニックを同行させられないような予算の厳しい国の選手も、安心して競技に集中することができるのです。

さまざまな障がいとスポーツ大会

　「障がい」というと、車いすや切断などの肢体不自由や視覚障がいを思い浮かべる人が多いかもしれませんが、それ以外にもさまざまな障がいがあります。聴覚障がい、知的障がい、精神障がいなど、さまざまな障がいの選手たちのための大会が開催されています。

3つの **オ** リンピック

　国際オリンピック委員会が「オリンピック（〜リンピック）」という名称の使用を許可している大会は、パラリンピックを含めて全部で3大会あります。

パラリンピック

　障がい者を対象とした、「もうひとつのオリンピック」。4年に1度、オリンピックと同じ年に同じ開催地で行われる、世界最高峰の障がい者スポーツ大会です。

　1948年にルーツとなった競技大会が開かれた当初はリハビリテーションのためのスポーツだったパラリンピック。徐々に競技数も増え、1976年には冬季大会も開催されるようになりました。

　現在では、アスリートによる競技スポーツへと発展しています。出場者も「車いす使用者」だけだったところから、その他の身体障がい者や視覚障がい者、知的障がい者へと対象が広がってきました。1985年に定められた、もうひとつの（Parallel）＋オリンピック（Olympic）という意味をもつ「パラリンピック」という公式名称にふさわしい競技大会へと成長し続けています。

　パラリンピックのシンボルマークは、「スリーアギトス」と呼ばれる「動き」を象徴する3つの曲線からなり、2004年のアテネ・パラリンピック閉会式から使われています。困難なことがあってもあきらめずに、自らの限界に挑戦し続けるパラリンピアンを表現しています。「赤」「青」「緑」の3色は、世界の国旗に最も多く使われていることから選ばれました。

デフリンピック

ろう者によるろう者のための国際的スポーツ大会

　デフリンピックは重度の聴覚障がい者（ろう者）自身が運営する、聴覚障がい者のための国際的なスポーツ大会です。また、国際手話を使って参加者同士の友好を深められるというのも、大きな特徴になっています。

　デフリンピックを主催するのは、国際ろう者スポーツ委員会です。1924年の設立以来、デフリンピックやろう者世界選手権大会の開催、そして各国のろう者スポーツの発展に向けて活動してきました。現在の加盟国は104か国にのぼります。

　「OK」「GOOD」「GREAT」を意味する手の形が重ねられたデフリンピックのシンボルマークは、「手話」「ろう文化」「結束と継続」といった要素を象徴しています。

デフリンピックの歴史

　1924年にパリで、聴覚障がい者同士が記録を競い合うために、「第1回国際ろう者スポーツ競技大会」が開催されました。これは、第1回パラリンピックが開かれる36年前のことで、世界ではじめての国際的な障がい者のスポーツ大会でした。

　2001年から、この競技大会は国際オリンピック委員会の許可を得て、聴覚障がい者のみが出場できる総合国際大会「デフリンピック」と呼ばれるようになりました。「ろう者の（デフ）」と「オリンピック」を合わせた造語です。オリンピックやパラリンピックと同様に、夏季大会と冬季大会が4年に1度ずつ開催され、日本からも多くの選手が出場しています。

オリンピックに負けないハイレベルな戦い

　デフリンピックでは、基本的には一般のルールと同様に競技を行います。しかし、参加者にはスタートの号砲や審判のホイッスルが聞こえないので、ランプやフラッグによる合図で選手に伝わるように工夫されています。それ以外はすべてオリンピックと同じルールで実施され、オリンピックに近いレベルの記録が出ることもあります。

日本人の活躍

　日本は、1965年、アメリカのワシントンで開かれた「第10回国際ろう者競技大会」から参加するようになりました。日本（チーム）は、1965年に日本初のメダルを獲得してから現在まで、金55個・銀49個・銅33個を獲得しています。2017年7月にトルコで開催されたデフリンピックでは、日本は過去最多の27個ものメダルに輝きました。

スペシャルオリンピックス

日々のトレーニングを重ね、その結果を発表する場所として

　「スペシャルオリンピックス世界大会」は、知的障がい者のための国際スポーツ大会です。障がいのある人たちにさまざまなスポーツ・トレーニングとその成果を発表する場（競技会）を提供する国際的なスポーツ組織「スペシャルオリンピックス」によって運営されています。

「スペシャルオリンピックス」を創設
したユニス・ケネディ・シュライバー
（1921年～2009年）
写真：ロイター／アフロ

スペシャルオリンピックスの歴史

　スペシャルオリンピックスは、スポーツの治療的効果に長い間関心をもっていたケネディ大統領の妹、ユニス・ケネディ・シュライバーによって1968年に設立されました。当時、スポーツを楽しむ機会が少なかった知的障がいのある人たちがスポーツを通じて社会に参加することを応援するというのが目的でした。

　1968年に「第1回スペシャルオリンピックス国際大会」が開かれた後、1971年にはアメリカオリンピック委員会から、1988年には国際オリンピック委員会から「オリンピック」の名称を使用する許可をもらいました。

　スペシャルオリンピックスは、1975年から4年に1度開催されています。1977年からは冬季大会もスタートしました。2015年のアメリカ・ロサンゼルス大会（夏季）には、177の国と地域から約7000人もの選手が参加し、2017年3月に開催されたオーストリア大会には、107か国から約2700人の選手が参加しています。日本は1995年のアメリカ・コネチカット大会から参加しています。

参加アスリート全員の努力をたたえる競技会

　スペシャルオリンピックス世界大会は、ほかの競技会のように成績を競うものではなく、「継続的なスポーツトレーニング」を発表するために開催されています。そのため、競技結果よりも、努力して自分の力を発揮することを大切にしています。

　大会では順位は発表されますが、それとは関係なく、出場したすべてのアスリートがメダルやリボンで表彰されます。順位だけでなく、競技場に立ち最後まで競技をやり終えたことに価値があるというのがスペシャルオリンピックスの考え方です。

そのほかの 国 際大会

障がい者スポーツの国際大会は「パラリンピック」「デフリンピック」「スペシャルオリンピックス」だけではありません。ほかにもさまざまな大会が開催されています。

アジアパラ競技大会

4年に1度、夏季パラリンピックの中間年に開催されます。国際パラリンピック委員会の地域委員会であるアジア・パラリンピック委員会が主催します。1975年に日本の呼びかけで始まった「極東・南太平洋身体障害者スポーツ大会（フェスピック大会）」を引き継いだ、アジア地域の障がい者総合スポーツ大会です。

パラリンピックの正式競技のうち、一定の参加数が見込まれる競技と、アジアパラ競技大会ならではの競技が数種目行われます。10本のピンを倒すテンピンボウリングや車いすダンスは、パラ競技大会ならではの種目です。

アジアユースパラゲームズ

2003年からはアジア・南太平洋地域の障がいのある若い世代のための「極東・南太平洋身体障害者スポーツ大会（フェスピック大会）」のユース大会がスタートしました。現在は、アジアパラ競技大会のユース大会として、「アジアユースパラゲームズ」と呼ばれています。アジアパラ競技大会と同じく、アジア・パラリンピック委員会が主宰しています。

INAS グローバル競技大会

知的障がい者のスポーツをとりまとめる国際知的障害者スポーツ連盟（INAS）が運営する国際総合競技大会。4年に1度、夏季・冬季の世界大会（グローバルゲーム）を開催しています。パラリンピックと違い、クラス分けがありません。

IBSA 世界選手権大会

視覚障がい者のスポーツをとりまとめる国際視覚障害者スポーツ連盟（IBSA）が運営する国際総合競技大会です。陸上競技・チェス・5人制サッカー・ゴールボール・柔道・パワーリフティング・水泳などの競技が行われます。

内大会

　障がい者スポーツの大会には、スポーツを通じて心身の健康を目指したり社会参加を促したりするものや、純粋にスポーツとして技能を競うものなど、さまざまな目的があります。

全国障害者スポーツ大会

　障がいのある人々の社会参加や、障がいのある人々への理解を深めることを目的に開催される国内最大の障がい者スポーツの祭典です。毎年「国民体育大会（国体）」終了後に同じ開催地で行われています。

　2001年に、「全国身体障害者スポーツ大会」と「全国知的障害者スポーツ大会」が統合され、「全国障害者スポーツ大会」として開催されるようになりました。2008年からは、精神障がい者の競技も加わり、全国の身体、知的及び精神に障がいのある選手が一堂に会して開催される大会となっています。

　全国障害者スポーツ大会のロゴマークは、21世紀の「21」をモチーフに、障がい者の「走る」「飛ぶ」「泳ぐ」姿をデザインしています。

ジャパンパラ競技大会

　日本障がい者スポーツ協会が主催する、国内最高レベルの障がい者スポーツ大会です。パラリンピックや世界選手権を目指すトップレベルの選手のために、それらの大会に出場するための標準記録の設定、国際競技団体の競技規則やクラス分けを導入しました。

　身体障がいをもつ選手たちの競技力向上を目的に、国際大会での活躍が期待できる陸上競技・水泳・ゴールボール・ウィルチェアーラグビー・ボッチャ・アルペンスキーの6競技について大会を開催しています。年によってはパラリンピック出場選手の選考会の意味をもつこともあります。ロゴマークは力強いSpirit（精神）を燃える炎（聖火）でイメージしたデザインになっています。

全国ろうあ者体育大会

　聴覚障がい者がスポーツを通して健康な心と体を養い、自立と社会参加を目指す体育大会です。毎年、夏季と冬季に開催されています。夏季大会は野球・卓球・陸上・バレーボール・テニス・サッカーなどの10競技、冬季大会はスキー・スノーボード・スキー技術の3競技が行われています。

その他の国内大会

競技別の国内大会には、以下のようなものがあります。

●大分国際車いすマラソン大会

1981年に始まった世界初の車いす単独のマラソン大会。国際パラリンピック委員会が公認する世界最大級の車いす大会です。

●全国車いす駅伝競走大会

1988年に開催された第24回全国身体障害者スポーツ大会の公開競技として実施。その後、1990年に名称を「全国車いす駅伝競走大会」として、毎年開催されるようになりました。

●かすみがうらマラソン兼国際盲人マラソン

日本最大規模の盲人マラソン大会。国際視覚障害者スポーツ連盟公認の国際盲人マラソンで、世界初の国際パラリンピック公認レースでもあります。

●厚生労働大臣杯争奪全国身体障害者アーチェリー選手権大会

1973年に第1回大会を行い、以後毎年開催されています。

●日本障害者自転車競技大会

1993年より毎年開催されています。健常者と同じ2輪によるレースをはじめ、脳性まひ者が行う3輪自転車レースや、視覚障がい者によるタンデムレースなどが行われています。

●内閣総理大臣杯争奪日本車椅子バスケットボール選手権大会

1970年に始まった車椅子バスケットボール競技大会が起源。第8回大会（1979年）からは日本最高のクラブチームを決定する車いすバスケットボール大会となっています。

●厚生労働大臣杯争奪日本車椅子ツインバスケットボール選手権大会

ツインバスケットボールは、1970年代半ばにリハビリ施設で誕生した、頸髄損傷者のためのスポーツです。1987年に「第1回日本車椅子ツインバスケットボール大会」が開催されました。

●全国身体障害者スキー大会

1972年に第1回を開催した歴史ある競技大会。1971年、故笹川雄一郎氏がカナダからアウトリガー（ストックの代わりに使う補助具）を持ち帰ったのがはじまりと言われています。

障がい者スポーツの発展にむけて ～日本・各国の取り組み～

　1960年に第1回パラリンピックが開催されてから半世紀、障がい者スポーツが発展するとともに、参加国・地域数は約9倍、参加人数は約20倍になりました。その理由としては、参加できる障がいの種類が増えたこと、競技スポーツとしての要素が重視されるようになったこと、そして各国が強化に熱心に取り組むようになったことがあげられます。

　ここでは、パラリンピックで多くの金メダルを獲得している国々での障がい者スポーツの現状を紹介しつつ、これからの障がい者スポーツのあり方を考えてみましょう。

 金メダル数、4大会連続でトップ

　1984年に初めてパラリンピックに参加した中国。2004年のアテネ・パラリンピックでメダル数トップになってからは、夏季は4大会連続で金メダル獲得数を伸ばし続けて、首位を守っています。

　中国が障がい者スポーツの強化に取り組み始めたのは、2008年の北京オリンピックと北京パラリンピックの開催が決まった2001年から。中国国内の障がい者・約8500万人の中から素質のある選手を発掘して、集中的に強化してきました。現在、中国の選手は270万人にもなり、日常的にスポーツを楽しむ障がい者も600万人にのぼります。

パラリンピック・メダルランキング（夏季大会）

2016年リオデジャネイロ・パラリンピック

		金	銀	銅	合計
1	中国	107	81	51	239
2	イギリス	64	39	44	147
3	ウクライナ	41	37	39	117
4	アメリカ	40	44	31	115
5	オーストラリア	22	30	29	81

2012年ロンドン・パラリンピック

		金	銀	銅	合計
1	中国	95	71	65	231
2	ロシア	36	38	28	102
3	イギリス	34	43	43	120
4	ウクライナ	32	24	28	84
5	オーストラリア	32	23	30	85

イギリス　パラリンピックのルーツでの新たな取り組み

　パラリンピックのルーツでもあるイギリスは、2012 年のロンドン・オリンピック・パラリンピックの開催をきっかけに障がい者スポーツの選手育成にも力を入れるようになりました。大会後も継続的に障がい者スポーツのイベントなどが開かれ、障がい者がスポーツ活動を行えるクラブが増えたことで、障がい者アスリートを取り巻く環境が激変しました。

　また、大会をきっかけに、誰でも参加できる社会を目指す地域社会の拠点として、大学が施設を開設・開放し、バリアフリー化するなどして、障がい者に限らず高齢者から子どもまで利用できるような環境づくりを目指しました。

アメリカ　けがを負った軍人たちの社会復帰の手段として

　アメリカでは、戦争でけがを負った元軍人たちが障がい者スポーツに積極的に参加しているのが特徴です。イラクやアフガニスタンなどでけがをした軍人たちにとって、軍隊をやめた後の社会復帰は簡単ではありません。

　その一手段として障がい者スポーツが役立っています。退役軍人省からの助成金には、重傷を負って帰国した軍人の社会復帰を支援するために、障がい者スポーツについての予算も設けられています。

　直近 4 大会の夏季パラリンピックでのメダル獲得上位 5 か国です。北京パラリンピックにむけて強化を図った中国の躍進が目立ち、4 大会連続で首位となっています。

2008 年北京・パラリンピック

		金	銀	銅	合計
1	中国	89	70	52	211
2	イギリス	42	29	31	102
3	アメリカ	36	35	28	99
4	ウクライナ	24	18	32	74
5	オーストラリア	23	29	27	79

2004 年アテネ・パラリンピック

		金	銀	銅	合計
1	中国	63	46	32	141
2	イギリス	35	30	29	94
3	カナダ	28	19	25	72
4	アメリカ	27	22	39	88
5	オーストラリア	26	39	36	101

ーストラリア 「するスポーツ」としての障がい者スポーツ

オーストラリアでは、1995年に「障がいをもつアスリートの指導法」が出版され、1999年には「障がい者教育プログラム」で障がい者がより多くのスポーツに参加できるよう取り組み、障がい者を受け入れるための方法を模索してきました。プログラムでは、不足しがちな障がい者のコーチもできる指導者の必要性などにも注目されています。2000年にシドニー・パラリンピックを開催してからは、障がい者に対しても健常者と同様のスポーツ・プログラムを提供できるようになり、さらなるパラスポーツ推進が図られています。

ロシア 競技スポーツにこだわるあまりに……

1980年のモスクワ・オリンピックで「ソ連に障がい者はいない」との公式見解に基づいてパラリンピック開催を拒否したロシア（当時はソビエト連邦）。障がい者に対する差別と偏見が根強くありましたが、1994年のリレハンメル・パラリンピック冬季大会からはパラリンピックにも参加するようになり、2014年にはソチ・パラリンピックを開催しました。

国の政策として障がい者スポーツの強化に取り組んでいましたが、2016年のリオデジャネイロ・パラリンピックではドーピング問題で全面的に出場禁止となりました。パラリンピックが競技スポーツとして勝敗を競うことが重視されていく中では、こうした問題は避けて通れないものだと言えるでしょう。

パラリンピック・メダルランキング（冬季大会）

2014年ソチ・パラリンピック

		金	銀	銅	合計
1	ロシア	30	28	22	80
2	ドイツ	9	5	1	15
3	カナダ	7	2	7	16
4	ウクライナ	5	9	11	25
5	フランス	5	3	4	12

2010年バンクーバー・パラリンピック

		金	銀	銅	合計
1	ドイツ	13	5	6	24
2	ロシア	12	16	10	38
3	カナダ	10	5	4	19
4	スロバキア	6	2	3	11
5	ウクライナ	5	8	6	19

 **ドイツ** # 国内リーグも盛り上がる 障がい者スポーツ先進国

　ドイツは、1888年に世界で初めて障がい者のスポーツ組織が設立された「障がい者スポーツ先進国」で、スポーツに対する意識の高さは世界で一番ともいえる国です。また、「誰もがスポーツを楽しむのが当たり前」という文化のもとに、すべての年齢、ジェンダー（性別）、さらに障がいの有無にかかわらず参加できるスポーツイベントが数多く実施されているのも特徴です。現在、国内の約50万人の車いす使用者のうち約1万人がスポーツをし、世界最大の障がい者スポーツのコミュニティを作っています。

 **ウクライナ** # 国主導の取り組みで 躍進を見せる

　ウクライナは特に障がい者スポーツの強化に力を入れており、オリンピック選手と同等の練習環境と指導体制で、強化に取り組んでいます。国内には各州にトップ選手のための学校や施設があり、才能のある選手が集まる仕組みを国をあげて推進しています。

　オリンピックよりもパラリンピックでの活躍が目立ち、夏季パラリンピックでも、冬季パラリンピックでも金メダル獲得ランキング上位に食い込んでいます。さらに、パラリンピックやデフリンピックでメダルを獲得した選手には、順位に応じた報奨金が用意されています。中には1000万円を超える報奨金をもらい、競技を本職として生活する選手もいます。

　直近4大会の冬季パラリンピックでのメダル獲得上位5か国です。ロシアやドイツの強さが際立っています。また、ウクライナは夏季・冬季ともに躍進が目立ちます。

2006年トリノ・パラリンピック

		金	銀	銅	合計
1	ロシア	13	13	7	33
2	ドイツ	8	5	5	18
3	ウクライナ	7	9	9	25
4	フランス	7	2	6	15
5	アメリカ	7	2	3	12

2002年ソルトレークシティ・パラリンピック

		金	銀	銅	合計
1	ドイツ	17	1	15	33
2	アメリカ	10	22	11	43
3	ノルウェー	10	3	6	19
4	オーストリア	9	10	10	29
5	ロシア	7	9	5	21

日本

障がい者スポーツの枠組みを広げた「東京パラリンピック」

　日本で障がい者スポーツが盛んになったきっかけは、1964 年の東京パラリンピック。当初は車いすの選手だけを対象とした大会でしたが、東京パラリンピックでは足以外に障がいがある選手たちも参加できる第 2 部が行われ、障がい者スポーツの枠組みを広げることになりました。

　そして、1979 年には養護学校が義務教育機関となり、国内の心身に障がいをもつ子どもたちも十分な体育・スポーツ指導が行われるようになりました。

二度目の「東京パラリンピック」にむけ、盛り上がりを見せる障がい者スポーツ

　2009 年に車いすテニスの国枝慎吾選手が日本初のプロ車いすテニスプレーヤーになりました。それ以来、障がい者スポーツへの注目が高まり、2020 年の東京パラリンピック大会での活躍を期待して、各障がい者スポーツのトップ選手と契約する企業も増えています。

　このように、スポーツへの関心が高まると、障がい者スポーツに資金を出す人や会社が増えて、選手たちは練習に集中できる環境を作りやすくなります。今後も障がい者スポーツのファンが増え、選手たちの環境が整っていくことが期待されています。

日本選手団の成績

（夏季大会）

	金	銀	銅	合計	国別金メダルランキング（出場国数）
2016 年　リオデジャネイロ・パラリンピック	0 個	10 個	14 個	24 個	64 位（159 か国）
2012 年　ロンドン・パラリンピック	5 個	5 個	6 個	16 個	24 位（164 か国）
2008 年　北京・パラリンピック	5 個	14 個	8 個	27 個	17 位（146 か国）
2004 年　アテネ・パラリンピック	17 個	15 個	20 個	52 個	10 位（135 か国）

障がい者スポーツで
結果を出すために

　日本選手団は、2016年リオデジャネイロ・パラリンピックでの金メダル獲得はなりませんでした。競技スポーツとしての要素が重視されつつある今、パラリンピックでも、オリンピックと同じように最先端のスポーツ科学に基づいた効果的なトレーニングができる環境が必要です。さらに、将来性のある優秀な選手を発掘し、スポーツのすばらしさを広めていくためには、障がい者スポーツを楽しむ人の数を増やすことも重要であるといえるでしょう。

これからの社会のために
「障がい者スポーツ」ができること

　障がい者スポーツのすそ野を広げ、誰もがスポーツを生活の中で楽しむためにはどうしたらいいでしょうか。それには、スポーツに親しめる機会や施設を用意すること、そして、各地域に障がい者スポーツの指導者を配置し、障がいのある人も、ない人とともに身近な地域でスポーツを楽しむことができるような環境を作ることが大切です。

　そして、障がいのある人たちが安全に暮らし、スポーツを楽しめるような環境や社会を作ることができれば、障がい者ではなくても何らかの不自由を感じながら生活する人、つまり高齢者などにとっても、生活しやすい環境づくりにつながります。2度目のパラリンピック開催を機に、社会自体をバリアフリーに作り替え、新しい社会のモデルを作ってみせれば、スポーツが社会の問題を解決する手がかりになるかもしれません。

直近4大会の夏季・冬季パラリンピックでの日本の獲得したメダルです。

（冬季大会）

	金	銀	銅	合計	国別金メダルランキング（出場国数）
2014年　ソチ・パラリンピック	3個	1個	2個	6個	7位（45か国）
2010年　バンクーバー・パラリンピック	3個	3個	5個	11個	8位（44か国）
2006年　トリノ・パラリンピック	2個	5個	2個	9個	8位（38か国）
2002年　ソルトレークシティ・パラリンピック	0個	0個	3個	3個	22位（36か国）

さくいん

■協力：公益財団法人 日本障がい者スポーツ協会

■監修：陶山 哲夫（すやま てつお）
　日本障がい者スポーツ協会医学委員長、日本リハビリテーション専門学校、日本福祉教育専門学校校長。1969 年北海道大学医学部医学科卒業。東京大学医学部整形外科、筑波大学医学部講師、国立身体障害者リハビリテーションセンター整形外科医長、埼玉医大総合医療センターリハビリテーション科教授を経て、現職に至る。現在、日本リハビリテーション医学会認定臨床医、同学会専門医、同学会指導医、日本体育協会スポーツドクター、日本整形外科医学会スポーツ医、日本義肢補そう具適合判定医師、アジアパラリンピック医科学委員長を兼任し、パラリンピックを始めとする障害者スポーツとリハビリテーション医療の分野を中心に活躍中。

■編著：コンデックス情報研究所（じょうほうけんきゅうじょ）
　1990 年 6 月設立。法律・福祉・技術・教育分野において、書籍の企画・執筆・編集、大学および通信教育機関との共同教材開発を行っている研究者・実務家・編集者のグループ。

■イラスト：矢寿 ひろお

■写真提供：エックスワン／アフロ／日本ブラインドサッカー協会

定価はカバーに表示

パラリンピック大百科

2017 年 9 月 15 日　初版印刷

編著者　コンデックス情報研究所（じょうほうけんきゅうじょ）
発行者　渡部哲治

発行所　株式会社　清水書院
　東京都千代田区飯田橋 3-11-6　〒 102-0072
　電話　　　東京（03）5213-7151
　振替口座　00130-3-5283
　印刷所　　広研印刷　株式会社

●落丁・乱丁本はお取り換えいたします。
　本書の無断複写は著作権法上での例外を除き禁じられています。複写される場合は、そのつど事前に、（社）出版社著作権管理機構（電話 03-3513-6969，FAX03-3513-6979，e-mail：info@jcopy.or.jp）の許諾を得てください。
Printed in Japan　　ISBN978-4-389-50059-7